I CONGRESSO NACIONAL DE DIREITO DO TRABALHO

I CONGRESSO NACIONAL DE DIREITO DO TRABALHO

MEMÓRIAS

Coordenação
ANTÓNIO MOREIRA

LIVRARIA ALMEDINA
COIMBRA, 1998

TÍTULO:	I CONGRESSO NACIONAL DE DIREITO DO TRABALHO
COORDENADOR:	ANTÓNIO MOREIRA
EDITOR:	LIVRARIA ALMEDINA – COIMBRA
DISTRIBUIDORES:	LIVRARIA ALMEDINA ARCO DE ALMEDINA, 15 TELEF. (039) 851900 FAX. (039) 851901 3 000 COIMBRA – PORTUGAL Livrarialmedina@mail.telepac.pt LIVRARIA ALMEDINA – PORTO R. DE CEUTA, 79 TELEF. (02) 2059773/2059783 FAX. (02) 2026510 4050 PORTO – PORTUGAL EDIÇÕES GLOBO, LDA. R.S. FILIPE NERY, 37-A (AO RATO) TELEF. (01) 3857619 1250 LISBOA – PORTUGAL
EXECUÇÃO GRÁFICA:	G.C. – GRÁFICA DE COIMBRA, LDA. MAIO, 1998
DEPÓSITO LEGAL:	124314/98

Toda a reprodução desta obra, por fotocópia ou outro qualquer processo, sem prévia autorização escrita do Editor, é ilícita e passível de procedimento judicial contra o infractor.

NOTA PRÉVIA

O presente livro reproduz, na íntegra, as conferências, prelecções e comunicações que foram apresentadas no I Congresso Nacional de Direito do Trabalho que decorreu nos dias 20 e 21 de Novembro de 1997 no Centro de Congressos do Instituto Superior Técnico de Lisboa.

As memórias correspondem à promessa assumida pelo signatário, face a todos os congressistas antes da Sessão de Encerramento do Congresso, de que os trabalhos seriam publicados em livro e que o mesmo seria distribuído gratuitamente a todos os que nele participaram.

Agradece-se vivamente a colaboração empenhada de todos os senhores conferencistas, prelectores e entidades convidadas.

Porto, 16 de Abril de 1998

O Coordenador do Congresso

Com o Alto Patrocínio de Sua Excelência
o Senhor Presidente da Républica

DIA 20 DE NOVEMBRO DE 1997
9h 30m

SESSÃO SOLENE DE ABERTURA

Presidência
Deputada Elisa Damião, presidente da Comissão
de Trabalho da Assembleia da República

Mesa de Honra
Prof. Doutor António Menezes Cordeiro,
Prof. Dr. Mário Pinto,
Prof. Dr. António Moreira,
presidente da CAP,
vice-presidente da CIP,
representante da UGT

DECLARAÇÃO DE ABERTURA DOS TRABALHOS

António Moreira

Professor da Universidade Lusíada
Assessor Principal do IDICT
Mestre em Direito
Coordenador do Congresso

AS RAZÕES DUM CONGRESSO

O saber jurídico, estratificado em tratados, manuais, lições, princípios, apontamentos, artigos de revistas, traduzindo um acumular de conhecimentos e uma reflexão propiciada por vivências de quem pensa, age e cria, tem, em época de velocidade vertiginosa, esperança de vida curta. O fugaz e o efémero marcam cada vez com maior intensidade o mundo do Direito, condenado, por alguns, a viver à sombra e na sombra daqueles que, há longas luas, fizeram dos deuses Hércules, Júpiter e Hermes, os juízes da força, equilíbrio, bondade e justiça, com a simbologia da espada de Dámocles e da balança a marcar ainda o nosso quotidiano. E se, sem dogmatismos, podemos estar face a uma verdade relativa, o afirmado é mais condizente com a realidade no mundo do Direito do Trabalho, filho pródigo da ciência do Direito, baptizado há menos de um século e que resiste, com esforço, às tendências tentaculares e avassaladoras do Direito Civil. E se é verdade que o Direito do Trabalho sempre foi muito *civilizado,* também não é menos verdade que o Direito Civil se tem *socializado.* Exigências da vida ditaram que assim fosse. Porém, o corte do cordão umbilical do Direito do Trabalho de tão rente que foi, e com a engorda que o tempo lhe imprimiu, ditou o surgimento dum buraco cada vez maior que quase daria cratera de vulcão, em actividade residual, mas com turbulências preocupantes e ameaças constantes de lavas, capazes de fazerem perigar quem vive nos terrenos férteis das imediações. Daí as inseguranças e incertezas de quem procura em terra firme o necessário suporte para um agónico equilíbrio face a relações contratuais por natureza desniveladas.

Falamos, pois, de realidades hipertensas, fortemente permeáveis às mutações tecnológicas e sociais. E tantas elas são! O efémero tem, aqui, terreno especial de eleição o que, não contribuindo para uma sólida dogmática, tem a virtualidade da adaptabilidade e mobilidade, fora de quadros ultrapassados e de posturas rígidas, com o arremedo de visões milenaristas, pantagruélicas e catastrofistas. Direito do Trabalho que tem como destinatário o Homem-Trabalhador, ser que vive da retribuição que o trabalho lhe confere, qual crédito alimentar fundamental para a sua existência, numa vida onde esteja longe a lei do bronze e que não se reconduza puramente a uma ideia vegetativa. Será, pois, o Humanismo, por contraposição ao Economicismo reinante, a cidade não do mito e da utopia, mas a cidade real, defendida com princípios fundamentais, tipo carta de direitos naturais e inalienáveis. Direitos essenciais para o equilíbrio, ambivalência e proteccionismo que ao Direito laboral estão assacados.

Pensar e partilhar o Direito do Trabalho, no *sein* e no *dasein,* são, assim, objectivos fundamentais deste I Congresso Nacional de Direito do Trabalho, organizado por uma Editora que, ao longo de várias décadas, tem contribuído, de forma ímpar, para a difusão do saber jurídico. Pensar o Direito laboral com muitos dos melhores cultores portugueses deste saber, num leque bem aberto em que, praticamente, quase só não coube quem não pôde ou quem não quis. Entre entidades oficiais, conferencistas, prelectores e congressistas estão reunidas neste Centro de Congressos do Instituto Superior Técnico perto de três centenas de pessoas, o que diz bem do interesse da iniciativa e da apetência pela partilha viva dos saberes, também de experiências feitos. É, pois, motivo de muito orgulho para o juslaboralismo português a realização deste conclave com um claustro de juristas tão ilustres.

A temática do Congresso parece abrangente, envolvendo algumas das grandes questões que preocupam os juslaboralistas do nosso tempo. Foi preocupação da Coordenação interligar as problemáticas do trabalho e do emprego, com a convicção de que, não sendo o Direito do Trabalho a via purificadora, o mesmo pode contribuir eficazmente para a destruição de postos de trabalho.

Em época de Reformas, há que repensar o Direito do Trabalho, nomeadamente quanto ao papel que lhe está cometido. Mas sem medos e angústias mas, também, com a repulsa da ideia, infelizmente muitas vezes concretizada, de se andar no carro vassoura, atrás da realidade social. Repensar o Direito na busca de princípios, caminhar para uma

As Razões dum Congresso   15

Reforma laboral que coloque o freio necessário à cavalgada galopante para o abismo do lodaçal legislativo, da poluição legal, onde só os mais intrépidos e insensatos conseguem lugar no inferno da cratera vulcânica, com a ameaça constante da lava. Que nos salve Mefistófoles desses horrores!

Há que apelar aos deuses do equilíbrio e sem os complexos da arte circense. Equilíbrio entre o económico e o social; entre a segurança e a liberdade; entre a eficácia e a equidade; entre o individual e o colectivo. A Reforma pode passar por aí. Mas, perante uma economia internacionalizada à escala mundial, haverá que respeitar outras coordenadas para que o Direito do Trabalho não deixe de ser Direito.

Espera-se, sinceramente, que das conferências, prelecções, comunicações e debates, nasça um novo fôlego para o Direito do Trabalho e que todos possamos vir a respirar de alívio quando, dispersos já pelos caminhos da vida, encontrarmos neste I Congresso Nacional de Direito do Trabalho uma boa fonte de referência e de inspiração para a construção teorética e para a resolução praxeológica dos grandes e graves problemas que, queiramos ou não, vão invadir o nosso quotidiano.

A todos aqueles que quizeram marcar presença – entidades oficiais, conferencistas, prelectores, congressistas –, o obrigado pela confiança depositada, pela reflexão a produzir, pela partilha. Gostaríamos que não ficassem, minimamente, desiludidos e que sentissem a necessidade de novos encontros.

Conferência de Abertura

O RESPEITO PELA ESFERA PRIVADA DO TRABALHADOR

António Menezes Cordeiro

Professor da Faculdade de Direito da Universidade de Lisboa
e da Universidade Católica
Doutor em Direito

O RESPEITO PELA ESFERA PRIVADA DO TRABALHADOR

1. O PROBLEMA

I. No Direito do trabalho, uma pessoa – o trabalhador – presta serviço sob a subordinação de outra – o empregador. A situação de subordinação implica a sujeição do trabalhador ao poder de direcção e ao poder disciplinar da entidade patronal.

No Direito do trabalho, podemos considerar que o trabalhador aliena parte da sua personalidade: no âmbito da relação de trabalho, ele perde autonomia e sujeita-se às sanções imediatas – sanções privadas! – implicadas pelo *status* em que se encontre.

II. A esfera privada duma pessoa corresponde ao conjunto de posições tuteladas pelo Direito e que não podem ser objecto de intromissão, sem autorização do próprio. Podemos distinguir desde já entre esfera privada disponível e indisponível: a primeira corresponde à noção acima adiantada; a segunda irá abranger o conjunto das posições que não possam ser afectadas **nem** com intromissão do próprio.

III. Perante estas noções elementares, já verificámos que a relação de trabalho e a esfera privada do trabalhador estão, ontologicamente, numa situação de conflito.

A própria força de trabalho pertence à esfera privada. Uma pessoa deve trabalhar porque, livremente, assumiu o compromisso de o fazer, isto é: aceitou limitar a sua esfera. **A submissão de um ser humano à direcção e à disciplina de outro implica uma intromissão na esfera do primeiro.**

Paralelamente, o empregador assume uma responsabilidade grave: corre por ele o risco da empresa e ele deve assegurar o posto de trabalho, com tudo o que isso implica. Não é este, porém, o tema da minha intervenção.

Até onde vai a intromissão necessária?

Até onde vai a intromissão permitida pelo próprio trabalhador?

Até onde vai a intromissão permitida pelo Direito?

IV. Vamos pensar um pouco sobre todas estas questões.

2. QUATRO CASOS PARA REFLEXÃO

I. Os problemas suscitados pela exigência de respeito pela esfera privada do trabalhador são inúmeros. Têm a ver:

– com o Direito do trabalho;
– com o Direito civil em geral;
– com os direitos de personalidade;
– com o Direito constitucional em geral;
– com os direitos fundamentais.

II. Para não nos perdermos, vamos referenciar quatro casos, decididos nos nossos tribunais e que poderão constituir ponto de partida para as reflexões subsequentes.

Assim:

RPt 21-Out.-1985: considera-se haver justa causa para despedimento por parte da trabalhadora que agride, fora do local de trabalho, uma colega, na presença de outras; passa, de seguida, a injuriar e a apedrejar as presentes, causando burburinho e confusão que se prolongaram, depois, no local de trabalho; a Relação entendeu que pelos reflexos tidos no serviço, os factos relatados inviabilizavam a situação de trabalho [1].

Temos, aqui, factos pessoais exteriores ao local de trabalho, mas com reflexos directos no trabalho.

---

[1] RPt 21-Out.-1985 (Vasco Tinoco), CJ X (1985) 4, 281-282.

O Respeito pela Esfera Privada do Trabalhador 21

RPt 16-Dez.-1985: confirmado por **STJ 31-Out.-1986**: considera-
-se haver justa causa de despedimento no facto de um
trabalhador duma Companhia de Seguros ser condenado
por estar implicado numa rede internacional de tráfego de
droga [2].

Desta feita, temos factos pessoais exteriores ao local de trabalho,
mas apenas com reflexos potenciais no mesmo: não se invocaram nem
documentaram reflexos reais junto da empresa.

REv 7-Abr.-1992: discutia-se a suspensão dum despedimento
duma trabalhadora acusada de manter, no local de trabalho,
relações sexuais com um trabalhador; o acto foi presenciado,
através de frinchas na porta do gabinete onde ocorreu, sendo
alvo de comentários públicos [3]; o tribunal entendeu que não
se justificava a suspensão.

Temos factos pessoais, no local de trabalho, com reflexos no
mesmo por terem sido indevidamente devassados.

RLx 5-Jul.-1989, confirmado por **STJ 29-Mar.-1991**: a entidade
patronal – um banco – inspecciona as contas bancárias do
próprio trabalhador para determinar a prática de infracções
disciplinares; os tribunais admitiram essa prática [4].

Temos a invasão da esfera privada do trabalhador, para aferir de
infracções disciplinares.

III. Estes casos podem suscitar concordância ou discordância, no
que toca ao modo por que foram resolvidos. Para já, vamos apenas
isolar os aspectos da esfera privada aqui em causa:

– factos exteriores ao local de trabalho, com reflexos no mesmo
(rixa entre trabalhadores);
– factos exteriores ao local de trabalho, sem reflexos no mesmo
(droga);

---

[2] RPt 16-Dez.-1985 (Vasco Tinoco), CJ X (1985) 5, 212-214 e STJ 31-Out.-
-1986 (Miguel Caeiro), BMJ 360 (1986), 468-472.

[3] REv 7-Abr.-1992 (Loureiro Pipa), CJ XVII (1992) 2, 321-322.

[4] RLx 5-Jul.-1989 (Roberto Valente), CJ XIV (1989) 4, 176-178 e STJ 29-Mar.-
-1991 (Barbieri Cardoso), BMJ 407 (1991), 308-310.

- factos verificados no local de trabalho, mas que só foram conhecidos por violação da intimidade (idílio no local de trabalho);
- factos apurados no local de trabalho, com violação da esfera protegida (acesso à conta bancária).

3. SEQUÊNCIA

Pretendendo esclarecer o tema da esfera privada dos trabalhadores e da sua protecção, vamos verificar, sucessivamente:

- o papel da Constituição;
- direitos fundamentais e Constituição;
- o direito à intimidade privada;
- a via de solução preconizada.

II – O PAPEL DA CONSTITUIÇÃO

4. PRINCÍPIOS PRECEPTIVOS

I. A Constituição tem um reflexo importante nos diversos ramos jurídicos. Mesmo áreas cuja sedimentação histórico-cultural, permitiria dispensar tal tipo de arrimo – como a do Direito privado – lhe têm sido sensíveis [5]. O relevo da temática constitucional nas diversas disciplinas, com excepção, naturalmente, da do próprio Direito constitucional, **varia na razão inversa do seu desenvolvimento**: as matérias pouco estudadas ou com dogmáticas incipientes, esgotam-se em grandes discussões de princípios, vocacionadas para colocações constitucionais [6]. O melhor exemplo é, sabidamente, o do Direito da economia.

---

[5] Cf., p ex., Larenz/Wolff, *Allgemeiner Teil des Burgerlichen Rechts*, 8.ª ed. (1997), 106 ss. e Dieter Medicus, *Allgemeiner Teil des BGB*, 7.ª ed. (1997), 261 ss..

[6] Duas razões explicam esta realidade: a falta de matéria elaborada permite discussões de princípios para as quais, de outra forma, não haveria oportunidade; a ausência de uma dogmática elaborada priva as discussões de uma bitola que lhes ponha cobro: sem ela, a liberdade de especulação e de locubração expande-se até ao infinito.

O *Respeito pela Esfera Privada do Trabalhador* 23

No Direito do trabalho, os temas constitucionais desempenham um papel importante. Em certa medida, poder-se-ia mesmo afirmar que o juslaboralismo ocupa, nesse domínio, um lugar de charneira:

- não é uma disciplina carecida de desenvolvimentos dogmáticos, em termos que lhe façam correr o risco de se esgotar em questões de princípios, quando confrontada com a Constituição;
- é uma disciplina em plena expansão científica que já, no seu seio, conseguiu reunir material proveniente de diversas áreas juscientíficas; está, pois, bem colocada para, com homogeneidade, receber elementos das constituições.

II. A primeira preocupação, quando se pergunte pelos princípios laborais consignados na Constituição é, efectivamente, o levantamento das normas que, incluídas na lei fundamental, se possam considerar de Direito do trabalho.

A Constituição portuguesa em vigor é, nesse ponto, muito rica [7]. Ela dedica, a temas laborais e aos trabalhadores uma série de preceitos, por duas ordens de ideias:

- **pelo pensamento ideológico** que informava a maioria dos deputados à Assembleia Constituinte, apresentados como elementos de partidos de trabalhadores;
- **pela oportunidade de constitucionalizar** aspectos juslaborais controversos, aquando da elaboração constitucional.

O primeiro aspecto traduziu-se – ao contrário do que se poderia pensar – mais em aspectos **puramente linguísticos** do que no regime estabelecido: pode, desde o início, considerar-se que as regras juslaborais inseridas na Constituição apontam para a sua integração nos sistemas românicos do Ocidente, com desvios de plano secundário. A linguagem mais radical, resultante do texto de 1976, seria em grande parte, retirada do texto constitucional pela Revisão de 1982, que visou, entre outros aspectos, a "desideologização" ou "desdogmatização" do texto constitucional [8].

---

[7] Mais desenvolvida do que a generalidade das constituições ocidentais; quanto à escassa elaboração normativa da Constituição de Bona, cf. W. Herschel, *Das Arbeitsrecht*, em *Die Grundrechte,* publ. Bettermann/Nipperdey/Scheuner, III/I (1958), 325-371 (326).

[8] Cf. Sousa Franco, *A revisão da Constituição económica*, ROA 1982, 601-687 (614).

O segundo aspecto, imputável embora aos acontecimentos de 1974-75, teve um alcance mais perene e mais profundo. Confrontados com um processo político que, em determinada altura, quase lhes escapou, as forças políticas que dominavam a Assembleia Constituinte fizeram inscrever no texto constitucional **medidas que no essencial, deveriam relevar do legislador ordinário.** Nessas condições está boa parte das normas relativas às comissões de trabalhadores e à liberdade sindical – artigos 54.º e 55.º – que, pela sua minúcia, têm um sentido quase regulamentar, alheio ao nível dos grandes princípios que deve nortear o constituinte.

III. Com relevo laboral preceptivo, a Constituição estipula, em especial:

- **a liberdade de escolha da profissão** – artigo 47.º/1 – que tem o duplo sentido de ninguém poder ser coagido a seguir certa profissão e de a ninguém poder ser vedada, de modo arbitrário, certa profissão; aspectos parcelares desta liberdade serão, por exemplo, a liberdade de imprensa – artigo 38.º – a liberdade de ensinar – artigo 43.º – e a liberdade de deslocação, incluindo a de emigração – artigo 44.º;
- **a segurança no emprego** – artigo 53.º – que implica a proibição de despedimentos sem justa causa ou por motivos políticos ou ideológicos, segundo o próprio texto desse preceito; a necessidade de justa causa para o despedimento legítimo corresponde a um movimento geral, agudizado, em todo o Ocidente, após a crise económica iniciada em 1973, de tutelar o emprego e que em Portugal, depois de largo período de letargia, se extremou após 1974-75; a proibição de despedimentos por motivos políticos ou ideológicos poderia parecer repetitiva; para além duma explicação circunstancial – a de procurar, por via constitucional, pôr cobro aos denominados "saneamentos" por razões políticas – a explicitação tem ainda um mérito: restringe, nesse domínio, a liberdade do legislador ordinário, aquando da fixação de "justa causa";

- **o direito de constituir comissões de trabalhadores**, regulado com certo pormenor no artigo 54.º;
- **a liberdade sindical** – artigo 55.º, com uma regulamentação bastante extensa – nas vertentes **positiva** (o direito de criar sindicatos) e **negativa** (o direito de sair de sindicatos), com

O Respeito pela Esfera Privada do Trabalhador 25

diversos aspectos instrumentais – liberdade de organização e regulamentação interna, direito de exercício de actividade sindical na empresa e direito de tendência e com as concretizações dos n.ᵒˢ 3 a 6 desse dispositivo; o artigo 57.º referência "direitos" das associações sindicais, em termos que caberá analisar no Direito colectivo do trabalho;
– o **direito à greve e a proibição do "lock-out"** – artigo 57.º.

IV. Os artigos 58.º (Direito ao trabalho) e 59.º (Direitos dos trabalhadores) têm elementos preceptivos. Mas como, no essencial, são programáticos, cabe analisá-los a esse propósito.

5. PRINCÍPIOS PROGRAMÁTICOS

I. A Constituição Portuguesa de 1976 contém um nível programático extenso, que emerge logo do seu preâmbulo [9]. No essencial, os princípios programáticos constitucionais tinham a ver com **o problema da "transição para o socialismo"** e com **a apropriação da riqueza** [10].

Mas eles surgem, também, no domínio dos direitos e deveres económicos, sociais e culturais, envolvendo, então, aspectos laborais, de modo mais directo.

II. O artigo 58.º confere **o direito ao trabalho** (n.º 1, "todos têm o direito ao trabalho"). Como é reconhecido, geralmente, pelos comentadores, o direito ao trabalho efectiva-se contra o Estado, incentivando este a prosseguir políticas de pleno emprego e a proteger os desempregados. A própria Constituição não deixa de o reconhecer, através das especificações que efectua no artigo 58.º/2. A responsabilidade pelo não-acatamento destas indicações programáticas – para o qual, aliás, não se estabelecem prazos fixos – é, no entanto, de tipo essencialmente político.

---

[9] Principalmente do seu parágrafo quarto, segunda parte: "A Assembleia Constituinte afirma a decisão do povo português de (...) abrir caminho para uma sociedade socialista, no respeito da vontade do povo português, tendo em vista a construção de um país mais livre, mais justo e mais fraterno". Este preâmbulo tem sobrevivido às diversas revisões constitucionais, a última das quais data de 20-Set.-1997.
[10] Cf. Menezes Cordeiro, *Direito da economia*, I, 1986, 206 ss..

O artigo 59.º, por seu turno, sob a epígrafe "direitos dos trabalhadores", estabelece uma série de objectivos. O n.º 1, depois de reafirmar o importante princípio da não-discriminação ("todos os trabalhadores, sem distinção de idade, sexo, raça, cidadania, território de origem, religião, convicções políticas ou ideológicas ...") fixa os seguintes "direitos":

- à **retribuição do trabalho**, segundo a quantidade, natureza e qualidade, observando-se o princípio de que para trabalho igual salário igual, de forma a garantir uma existência condigna – alínea *a)*; a concretização deste esquema – que traduz a clássica aspiração do **salário justo** – contunde com a liberdade, sendo exequível pela negativa (proibição de discriminações) ou progressivamente, através duma adequada política de rendimentos;
- à **organização do trabalho** em condições socialmente dignificantes, de forma a facultar a realização pessoal – alínea *b)* – à **higiene e segurança** na prestação do trabalho – alínea *c)* – e ao **repouso** e **lazeres**, a um **limite máximo da jornada de trabalho**, ao **descanso semanal** e a **férias periódicas pagas** – alínea *d)*; estes últimos aspectos são exequíveis desde logo, assumindo-se, assim, como preceptivos; os restantes retomam a tradição da Constituição de Weimar, que consagrava um direito a "boas condições de trabalho" e à "protecção de força de trabalho" [11];
- à **assistência material**, quando involuntariamente se encontrem em situação de **desemprego** – alínea *e)*;
- à **assistência e justa reparação**, quando vítimas de **acidente de trabalho** ou de **doença profissional** – alínea *f)*, aditada pela revisão de 1997.

III. Deixando clara a natureza programática dos "direitos" acima elencados, o artigo 59.º/2 passa a alinhar incumbências do Estado. A este, cabe assegurar:

- o estabelecimento e a actualização do **salário mínimo nacional**, tendo em conta uma série de factores aí apontados – alínea *a)*;
- a fixação, a nível nacional dos limites de **duração do trabalho** – alínea *b)*;

---

[11] Cf. Herschel, *Das Arbeitsrecht* cit., 345 ss. e 339 ss.. A Constituição alemã em vigor não refere, expressamente, estes aspectos.

O Respeito pela Esfera Privada do Trabalhador 27

– a especial protecção das mulheres durante a gravidez e após o parto, bem como do trabalho dos menores, dos diminuídos e dos que desempenhem actividades particularmente violentas ou em condições insalubres, tóxicas ou perigosas – alínea *c)*;
– o desenvolvimento sistemático de uma rede de centros de repouso e de férias, em cooperação com organizações sociais – alínea *d)*;
– a **protecção das condições de trabalho** e a garantia dos **benefícios sociais** dos trabalhadores emigrantes – alínea *e)*;
– a **protecção das condições de trabalho** dos **trabalhadores estudantes** – alínea *f)*, aditada pela revisão de 1997.

6. NÍVEIS DE EFICÁCIA CONSTITUCIONAL

I. A presença, na Constituição, de um complexo considerável de normas laborais obriga a perguntar pelo seu sentido, isto é, pelos seus efeitos ou – porque, previsivelmente, se irá deparar com vários tipos de efeitos – pelos seus níveis de eficácia.

Num nível geral, a Constituição pode trazer uma **decisão fundamental** com relevo no trabalho [12] directamente, pelo teor dos direitos que consagre ou de forma indirecta, através da denominada constituição económica [13].

As limitações hoje postas ao contrato de trabalho são consideráveis: para além de múltiplas normas cogentes – que aparecem, aliás, também noutras disciplinas – há ainda a considerar fontes laborais específicas, como os contratos colectivos de trabalho, que jogam, naturalmente, contra a autonomia das partes. Mas o contrato de trabalho tem ainda as insubstituíveis funções de **conclusão** da situação laboral, de **escolha** do tipo de situação pretendida e, ainda que em margem estreita, de certa **determinação** do conteúdo [14]. Sem tais funções mínimas – mas consideráveis – não faz sentido falar em contrato de trabalho.

---

[12] Günther Küchenhoff, *Einwirkung des Verfassungsrechts auf das Arbeitsrecht*, RdA 1969, 97-108 (98).

[13] Ulrich Karpen, *Wirtschaftsordnung und Grundgesetz*, Jura 1985, 188-196.

[14] Cf. Wolfgang Zöllner, *Privatautonomie und Arbeitsverhältnis/Bemerkungen zu Parität und Richtigkeitsgewähr beim Arbeitsvertrag*, AcP 176 (1976), 221-246 (224 e 227).

Todo o ramo do Direito individual de trabalho depende, pois, de haver **liberdade** na escolha do emprego, numa opção que, feita embora pela cultura dos povos, encontra abrigo no plano constitucional.

O Direito do trabalho colectivo tem uma particular autonomia por assentar na constituição livre dos seus suportes *maxime* os sindicatos – e por, através da negociação livre entre associações sindicais e patronais, se chegar a normas laborais geneticamente inconfundíveis com as do Estado. Acresce ainda que actos típicos dos níveis laborais colectivos – a greve e o despedimento colectivo – contribuem para tornar as correspondentes regulações jurídicas irredutíveis.

Independentemente de concretas referências constitucionais, pode dizer-se que **a liberdade de emprego, a liberdade sindical, a autonomia colectiva e a legitimidade das lutas laborais colectivas** só são praticáveis em ordens jurídicas abertas, i. é, naquelas cujas constituições, de modo mais ou menos explícito, se decidam a **favor de um modelo politicamente liberal**.

II. Num plano específico, a Constituição pode afirmar-se eficaz, no domínio laboral, em quatro níveis:

– nível preceptivo directo;
– nível programático;
– nível reflexo;
– nível interpretativo-aplicativo.

Vamos ocuparmo-nos dos primeiros dois níveis.

Num nível preceptivo directo, a Constituição pode compreender, pura e simplesmente, normas laborais. Tais normas deverão ser aplicadas, nos termos gerais, sendo ainda certo que elas farão incorrer em inconstitucionalidade as regras comuns que se lhes oponham. Do mesmo modo, os princípios inseridos na constituição laboral, que comportem uma concretização efectiva, devem ser respeitados, com prejuízo para todos os princípios ou normas infra-constitucionais que, com eles, não engrenem.

III. **Num nível programático**, põem-se questões mais complexas. Na verdade, ele agrupa normas e princípios de concretização diferida e mediata: implica a elaboração de outras regras capazes de os tornar exequíveis e ainda, muitas vezes, a criação de novos ambientes fácticos que permitam a efectiva vigência dessas regras.

O Respeito pela Esfera Privada do Trabalhador   29

Resulta daqui que as normas programáticas são, em regra, comandos dirigidos ao legislador. Quando se apresentem bastante precisas – e sejam, naturalmente, possíveis – a sua inobservância poderá integrar a hipótese da inconstitucionalidade por omissão. Assim sucederia quando o Estado não estabelecesse e actualizasse o salário mínimo nacional ou quando não estivessem fixados, a nível nacional, os limites da duração do trabalho, em violação do artigo 59.º/2, *a)* e *b)* da CR. Já as outras medidas programáticas – condições de trabalho, de retribuição e repouso, especial protecção de mulheres, menores e diminuídos, rede de centros de repouso e de férias e o próprio direito ao trabalho são de concretização mais problemática, figurando um programa de difícil fiscalização.

Quando as hipóteses de concretização de normas constitucionais programáticas soçobrem na vacuidade e na imprecisão, pergunta-se pelo seu efectivo conteúdo jurídico: afinal, **sem decisões concretas** – portanto sem soluções actuantes – não há verdadeiro Direito.

É boa regra de interpretação evitar a pura e simples eliminação de preceitos legislados, através da consideração da sua impraticabilidade. Em obediência a esse ditame, poder-se-á intentar descobrir um sentido útil, mesmo nos programas manifestamente mais remotos ou de concretização mais problemática. **Através do sistema**: as normas e princípios programáticos dão ao sistema, no seu conjunto, uma determinada coloração; daqui, através da interpretação e da integração das lacunas, pode efectivamente apurar-se uma intervenção, ainda que porventura menos pesada, das normas e princípios programáticos nas concretas decisões jurídicas.

E neste sentido, o nível constitucional programático é Direito.

III – DIREITOS FUNDAMENTAIS E PAPEL NA INTERPRETAÇÃO

7. DIREITOS FUNDAMENTAIS E EFICÁCIA PRIVADA

I. Num nível reflexo, a Constituição coloca a problemática conhecida da **eficácia perante terceiros dos direitos fundamentais** ou, mais latamente, da sua **eficácia reflexa, eficácia civil** ou **eficácia privada** [15].

---

[15] Lançada por autores como Nipperdey em *Grundrechte und Privatrecht*, FS Molitor (1962), 17-33, e apoiada na jurisprudência do Tribunal Constitucional Alemão, esta doutrina surge já hoje como um fundo comum do Direito privado.

30   *I Congresso Nacional de Direito do Trabalho*

Em princípio, os direitos fundamentais consagrados nas Constituições exprimem **posições das pessoas contra o Estado** [16]. Toda a evolução constitucional nesse domínio se justificou precisamente pela necessidade de controlar o poder. O fenómeno intensificou-se mesmo quando, na sequência da Constituição de Weimar, os textos constitucionais assumiram particulares dimensões no domínio da problemática social: os "direitos sociais" dirigem-se ao legislador e não ao juiz [17], o que é dizer, aos próprios particulares, de modo directo. Chega-se, assim, a uma aproximação entre direitos fundamentais e normas programáticas.

II. Essa via facultava um empobrecimento manifesto das comunicações constitucionais. Na verdade, cedo se apurou que o Estado podia violar os direitos fundamentais por duas vias: ou atingindo ele próprio, directamente, os valores por eles protegidos ou, por carência de medidas adequadas, permitindo que terceiros viessem perpetrar essa violação. O passo seguinte consistiu em assacar aos próprios terceiros um dever de respeito, perante posições garantidas pelas leis fundamentais.

Tal dever pode-se manifestar de vários modos e, designadamente, promovendo delimitações particulares no exercício de posições jurídicas.

Assim, o Tribunal Federal do Trabalho (Supremo) veio entender como injustificado o despedimento de um chefe de orquestra por a sua actuação não agradar ao empregador; entendeu-se, com efeito, que semelhante medida, tomada em tais circunstâncias, violava o princípio da liberdade de criação artística, constitucionalmente assegurado [18].

Também nesse domínio, foi já debatida, com bastante acuidade, a possibilidade da **objecção de consciência** como modo justificativo da inexecução de deveres, designadamente laborais [19]. Assim, seria

---

[16] Gamillscheg, *Die Grundrechte im Arbeitsrecht*, AcP 164 (1964), 385-445 (403 ss.).

[17] Cf. A. Söllner, *Zur Verfassungs- und Gesetzestreue im Arbeitsrecht*, RdA 1985, 328-337 (334).

[18] BAG 15-Ago.-1984, BAGE 46 (1986), 163-174 (173).

[19] Cf. Bosch/Habscheid, *Vertragspflicht und Gewissenskonflikit*, JZ 1954, 213--217, ainda com base na boa fé; Horst Kaufmann, *Die Einrede der entgegenstehenden Gewissenspflicht*, AcP 161 (1962), 289-316 (313 ss.) e Heinrich Heffter, *Auswirkung der Glauben- und Gewissensfreiheit im Schuldverhältnis* (1968), 60 ss., apelam, para o efeito, aos direitos fundamentais, numa via desbravada já, no domínio laboral, por Hildegard Kruger, *Grenzen der Zumutbarkeit aus Gewissensgründes im Arbeitsrecht*, RdA 1954, 365-375 (368 e 371). Entre nós, José Lamego, *"Sociedade aberta" e liberdade de consciência/O direito fundamental de liberdade de consciência* (1985).

O Respeito pela Esfera Privada do Trabalhador 31

legítimo, por exemplo, o comportamento do médico ou do enfermeiro, assalariados, que se recusassem, em nome da liberdade de consciência constitucionalmente garantida, a participar em manobras abortivas.

III. O nível reflexo da eficácia constitucional no campo do Direito do trabalho forma um sector em plena expansão científica, onde é de esperar melhorias dogmáticas sensíveis nos próximos anos. Ele deve, aliás, ser aprofundado tendo em conta todo o Direito privado, embora seja desde logo claro que, no campo juslaboral, pela especial candência de muitos dos seus temas, ele irá apresentar um **interesse significativo**.

Algumas prevenções são, no entanto, necessárias.

O recurso indiscriminado à Constituição para interferir nas posições privadas pode conduzir a banalizações que retirem impacto às intervenções constitucionais verdadeiramente necessárias. Há pois que, perante os direitos fundamentais, captar e extrapolar a sua verdadeira teleologia subjacente. Como meras pistas de indagação, podem apontar--se a **adequação valorativa** e a **limitação funcional** enquanto factores susceptíveis de delimitar a eficácia constitucional reflexa.

IV. A **adequação valorativa** esclarece que entre o direito fundamental constitucionalmente consagrado e o bem a proteger, eventualmente, por via reflexa, deverá existir uma **relação axiológica** bastante. Por exemplo, o direito à vida tem implicações reflexas seguras; requer--se, no entanto, uma adequação axiológica entre o atentado à vida e o meio para tanto utilizado que, designadamente, deverá seguir nos trilhos de um comportamento final a tanto destinado. Por exemplo, a não celebração de um contrato de trabalho não traduz, por falta de adequação valorativa, um atentado à vida do possível trabalhador – ainda que, de facto, possa sê-lo.

V. A **limitação funcional** recorda que os direitos fundamentais são susceptíveis de concretização num ou noutro domínio, com uma consequente restrição, desde que em certos limites. O titular que aceite restringir um seu direito não pode, depois, apelar à Constituição; por

---

Alguns autores mostraram cedo a sua reticência a esta via potenciadora de múltiplos abusos; assim F. Wieacker, *Vertragsbruch aus Gewissensprivilegien im Vertragsrecht?* JZ 1954, 466-468 (468) e A. Blomeyer, *Gewissensprivilegien im Vertragsrecht?* JZ 1954, 309-312 (311 e 312).

32   *I Congresso Nacional de Direito do Trabalho*

exemplo, o maestro que aceite dirigir a orquestra de ópera não pode, ao abrigo da liberdade artística, modificar sem mais a índole do agrupamento.

8. PAPEL NA INTERPRETAÇÃO

I. A **nível interpretativo-aplicativo**, a Constituição tem influxos extensos em todo o processo de realização do Direito. Desde logo, ela ocupa, por natureza, um papel essencial na formação do **pré--entendimento** do intérprete-aplicador: as leis fundamentais são, muitas vezes, repositórios dos valores mais característicos na sociedade considerada, e que exercem uma influência marcante em todas as operações tendentes à solução de casos concretos. A Constituição imiscui--se ainda, legitimamente, no processo volitivo-cognitivo de realização jurídica, pelo domínio que exerce na modelação da vontade humana que irá tomar a decisão aplicativa. O Direito assenta num processo unitário de efectivação; essa unidade **não é apenas vertical**, prevenindo uma repartição estanque em localização das fontes, interpretação e aplicação; ela **apresenta-se, ainda, horizontal**, recordando que, perante um qualquer problema, não é apenas **uma norma isolada** que se aplica, mas antes **toda a ordem jurídica**, com a Constituição, as suas normas e os seus princípios, à frente.

II. Estas generalidades, relevantes embora, podem ser complementadas através de vias mais precisas de inter-acção constitucional.

Assim se põe o mote, bastante em voga, da **interpretação conforme com a Constituição** [20].

Esta fórmula poderia ser entendida no sentido de, em toda a interpretação, se dever sempre escolher a via mais conforme com a Constituição. Haveria, no entanto, uma absolutização excessiva desse

---

[20] Cf., p. ex., Friedrich Schack, *Die verfassungskonforme Auslegung*, JuS 1961, 269-274 e Helmut Michel, *idem*, 274-281; Wolf-Dieter Eckart, *Die verfassungskonforme Auslegung von Gesetzen* (1966), 21 ss., 86 ss., 127 ss. e *passim*; Detlef Christoph Göldner, *Verfassungsprinzip und Privatrechtsnorm in der verfassungskonformen Auslegung und Rechtsfortbildung* (1969), 43 ss. e *passim*; Hans Paul Prümm, *Verfassung und Methodik/Beiträge zur verfassungskonformen Auslegung, Lückenergänzung und Gesetzeskorrektur* (1977), 100 ss.. No Direito privado, cf. Medicus, *Allgemeiner Teil*, 7.ª ed. cit., 120-121.

O Respeito pela Esfera Privada do Trabalhador 33

instrumento, que para além dos perigos de banalização, acima referidos, ainda poderia originar distorções nas várias disciplinas, sem que as leis fundamentais verdadeiramente o exigissem.

III. Sugerem-se, pois, as seguintes proposições redutíveis à interpretação conforme com a Constituição:

— devem-se evitar as vias interpretativas que conduzam a **resultados inconstitucionais**: perante fontes ou normas que permitam vários caminhos, excluem-se, desde logo, os que assumam o vício maior da inconstitucionalidade; podem pois, aceitar-se soluções mais ou menos próximas da Constituição: as menos próximas serão admissíveis, quando os critérios interpretativos, relevantes perante o caso considerado, as indiciem, **até ao limite da inconstitucionalidade**;
— os elementos constitucionais devem ser integrados nos **modelos de decisão**, de acordo com o peso que efectivamente lhes assista; esse peso será, naturalmente maior, quando se trate de integrar lacunas ou de providenciar para o preenchimento, com valorações, de conceitos indeterminados;
— perante uma total **igualdade de circunstâncias**, deve escolher-se, das vias interpretativas em presença, **a que melhor se coadune com a mensagem constitucional**, podendo mesmo, então, computar-se normas e princípios programáticos.

IV. Estes diversos níveis de eficácia constitucional, que formam, no seu conjunto, a área substancial desta problemática, foram estudados em separado, para efeitos de análise. Deve no entanto evitar-se pôr de novo em crise, por esta via, a **unidade lógica** do processo de realização do Direito.

IV – O DIREITO À INTIMIDADE PRIVADA

9. GENERALIDADES; DIREITOS DE PERSONALIDADE

I. Particularmente em causa, no Direito do trabalho, está o direito à intimidade privada [21]. Trata-se dum direito integrado no universo

---

[21] Cf., entre nós e sobre o do direito à reserva sobre a intimidade da vida privada Rita Amaral Cabral, *O direito à intimidade da vida privada*, separata dos Estudos

34   *I Congresso Nacional de Direito do Trabalho*

dos direitos de personalidade: direitos de formulação recente, dado o nível de abstracção em que se colocam. De todo o modo, trata-se duma área onde todos esperamos grandes progressos, no século que se avizinha [22].

II. Os direitos de personalidade distinguem-se, antes do mais, pelo seu objecto: reportam-se a bens da personalidade. O Código Civil refere quatro direitos desse tipo: o direito ao nome (72.º), o direito à confidencialidade de certas cartas missivas (75.º), o direito à imagem (79.º) e o direito à reserva sobre a intimidade da vida privada (80.º). Deve, contudo, entender-se que outros direitos são possíveis, ao abrigo da fórmula geral de protecção do artigo 70.º do Código Civil: tudo depende da possibilidade de autonomizar os competentes bens de personalidade.

III. Os direitos de personalidade têm características próprias e um regime específico, que poderemos autonomizar com recurso a algumas proposições. Assim:

- são direitos privados: inserem-se no subsistema civil e obedecem à dogmática privada;
- são direitos absolutos: não postulam relações jurídicas, antes se bastando com o sujeito e o objecto;
- são direitos não-patrimoniais: a lei não postula a sua avaliação em dinheiro;
- são direitos inatos: eles não postulam qualquer específico processo aquisitivo, antes decorrendo da mera aquisição da personalidade;
- são direitos perpétuos: eles acompanham a pessoa singular até à sua morte, sendo imunes à prescrição ou a outras formas de extinção pelo decurso do tempo;
- são direitos intransmissíveis: eles não podem circular para uma esfera jurídica diferente da inicial;
- são direitos relativamente indisponíveis: eles só admitem limitações nos termos estritos do artigo 81.º.

---

em Homenagem ao Prof. Paulo Cunha (1988) e Paulo Mota Pinto, *O direito à reserva sobre a intimidade da vida privada*, BFD LXIX (1993), 479-586, com indicações.

[22] Cf. Diogo Leite de Campos, *Os direitos da personalidade: categoria em reapreciação*, separata do BMJ 403 (1991) e *Lições de direitos da personalidade*, 2.ª ed. (1992) e Capelo de Sousa, *O Direito geral de personalidade* (1995).

O Respeito pela Esfera Privada do Trabalhador 35

IV. Os direitos de personalidade têm vindo a obter um reconhecimento crescente por parte da jurisprudência dos nossos tribunais. Particularmente em causa têm estado os direitos à saúde e repouso [23] e o direito ao bom nome e reputação [24].

10. DIREITO À INTIMIDADE PRIVADA

I. Segundo o artigo 80.º do Código Civil,

1. Todos devem guardar reserva quanto à intimidade da vida privada de outrem.
2. A extensão da reserva é definida conforme a natureza do caso e a condição das pessoas.

Apesar do elemento de relativização introduzido pelo n.º 2, pensamos que este preceito deve ser tomado em moldes estritos: tudo quanto, de acordo com o sentir comum, seja considerado "vida privada", goza da tutela legal.

II. O bem "vida privada" é tão importante que a lei penal dispensa-lhe uma protecção alargada [25]. Assim, os artigos 192.º, 193.º, 194.º e 195.º incriminam, respectivamente, a devassa da vida privada, a devassa por meio informático, a violação de correspondência e a violação de segredo.

Por outro lado, esse mesmo bem disfruta de toda a tutela que a ordem jurídica privada pode dispensar, com relevo para a responsabilidade civil por danos morais.

Fica bem claro que todo este complexo de tutela deve ser estritamente respeitado pelo Direito do trabalho.

---

[23] Assim, e como meros exemplos: STJ 9-Jan.-1996 (Fernando Fabião), CJ/ /Supremo IV (1996) 1, 37-40, RLx 1-Out.-1996 (Pereira da Silva), CJ XXI (1996) 4, 104-107, RCb 26-Nov.-1996 (Custódio Matos), CJ XXI (1996) 5, 29-31, RLx 5-Dez.- -1996 (Moreira Camilo), CJ XXI (1996) 5, 127-130 e RLx 27-Fev.-1997 (Silva Santos), CJ XXII (1997) 1, 145-149.

[24] Também como meros exemplos, STJ 3-Out.-1995 (Torres Paulo), BMJ 450 (1995), 424-431 e STJ 29-Out.-1996 (Aragão Seia), BMJ 460 (1996), 686-699, que, no caso concreto, optou pela não-tutela.

[25] Cf., como exemplo de tutela penal, STJ 6-Nov.-1996 (Lopes Rocha), CJ IV (1996) 3, 187-195.

V – A ESFERA PRIVADA DOS TRABALHADORES

11. RESPEITO PELA DOGMÁTICA E PELO PROCESSO

I. A esfera privada dos trabalhadores corresponde, em termos latos, ao círculo dos direitos de personalidade que só com o consentimento do próprio e nos limites da lei, podem ser restringidos. Em sentido estrito, a esfera privada tem particularmente em vista o direito à reserva sobre a intimidade da vida privada.

II. Podemos admitir que, ao celebrar o contrato de trabalho, o trabalhador esteja, explícita ou implicitamente, a limitar a sua esfera privada. Porém, só o poderá fazer até certo ponto, no quadro traçado pelo artigo 81.º do Código Civil.

Na falta de limitações voluntárias, a esfera privada recupera toda a sua plenitude.

III. Qualquer sanção correspondente à violação de deveres laborais que restrinjam a esfera privada deve passar pelo crivo das regras de processo. Muitas vezes o simples decurso do tempo, imposto pela observância dos trâmites disciplinares permite aclarar as situações, distinguindo o superficial do básico.

Os verdadeiros valores mantêm-se firmes, com toda essa tramitação.

12. INTEGRAÇÃO NO SISTEMA E OPÇÕES DE FUNDO

I. O tema da esfera privada dos trabalhadores obriga a actuar num nível de integração sistemática ou interdisciplinar. Muitas vezes a solução adequada depende da inter-acção de regras laborais, constitucionais, civis e penais. Exige-se, ainda, uma particular sensibilidade aos valores humanos: estes – até por via do artigo 335.º do Código Civil – devem prevalecer, em caso de conflito, sobre os restantes.

II. Regressando aos quatro exemplos jurisprudenciais acima apontados, teremos o seguinte quadro:

RPt 21-Out.-1995, o caso das agressões e injúrias fora da empresa: há, de facto, justa causa por o burburinho se ter prolongado

O Respeito pela Esfera Privada do Trabalhador 37

dentro da empresa, agravado pela ofensa à integridade perpetrada pelo trabalhador arguido;

STJ 31-Out.-1996, o caso do despedimento por tráfego de droga: assim como se apresenta, não há justa causa de despedimento, uma vez que não se invocam perturbações dentro da empresa nem perigo para esta; as faltas não são injustificadas, uma vez que o trabalhador preso se submete a um dever *in concreto* mas forte; já assim não seria, por exemplo, se se tratasse dum empregado duma escola;

REv 7-Abr.-1992, o caso do idílio amoroso presenciado pelas frestas da porta: o despedimento é injustificado, uma vez que as práticas sexuais estão, **sempre**, sob tutela da vida privada; os trabalhadores visados foram – eles sim – vítimas de violação da privacidade;

RLx 5-Jul.-1989, o caso do acesso à conta bancária pela entidade patronal: o despedimento com base em elementos recolhidos por tal via é injustificado, uma vez que a conta bancária está protegida pelo segredo profissional, numa manifestação da tutela da vida privada.

III. Toda esta temática deve ter, subjacente, uma opção de fundo muito clara no sentido da tutela das pessoas.

A História – particularmente a do século XX – mostra que os direitos das pessoas foram sempre restringidos com apelo a causas nobres. E nesses cenários inicialmente justificados foram perpetrados os maiores barbarismos. Há, pois, limites que nenhum fim, por excelente que se apresente, pode postergar.

Admitimos que os políticos e os eleitores possam indicar metas e fins. O controlo dos meios para os alcançar cabe, porém, aos tribunais e aos juristas. A Ciência do Direito ensina que há vias sempre vedadas, por bulirem com valores superiores: e isso sejam quais forem os fins a prosseguir.

O respeito pela esfera privada dos trabalhadores é, simplesmente, a reafirmação do trabalhador como pessoa e do Direito do trabalho como Direito, desenvolvido e aplicado de acordo com os ditames da Ciência jurídica.

DIA 20 DE NOVEMBRO DE 1997
11 horas

TEMA I

NEGOCIAÇÃO COLECTIVA, CONCERTAÇÃO SOCIAL E INTERVENÇÃO DO ESTADO

Presidência
Prof. Dr. António de Lemos Monteiro Fernandes,
Secretário de Estado do Trabalho

Prelectores
Prof. Dr. Fernando Ribeiro Lopes,
da Universidade Autónoma
e Director Geral das Condições de Trabalho;
Prof. Dr. António Garcia Pereira,
do Instituto Superior de Economia e Gestão e Advogado;
Dr. Inácio Mota da Silva,
Inspector-Geral do Trabalho.

REVIGORAR O DIÁLOGO SOCIAL

António de Lemos Monteiro Fernandes

Secretário de Estado do Trabalho

REVIGORAR O DIÁLOGO SOCIAL

ANTÓNIO MONTEIRO FERNANDES
Secretário de Estado do Trabalho

Os temas do direito laboral são, entre nós, muito mais discutidos do que trabalhados. Há, nesse domínio, uma enorme desproporção entre a intensidade do debate político e social e a extensão, frequência e profundidade das acções de elaboração científica e de construção dogmática.

Na área da geografia cultural em que se situa o nosso sistema jurídico, o direito do trabalho é uma disciplina científica com amplo espaço no ensino universitário, nas estruturas de pesquisa e nos planos editoriais. Multiplicam-se, por essa Europa, e em áreas culturalmente comunicantes como a da América Latina, as reuniões científicas e profissionais sobre temas da actualidade socio-laboral. Em Portugal, também nisso há grande atraso. O direito do trabalho continua a exibir os estigmas da menoridade científica, pedagógica e, até, profissional; transporta-os consigo desde os tempos do corporativismo e da ditadura, mas mantém-os a sangrar até hoje, por estranhas razões que talvez sejam, ainda, de natureza corporativa.

É verdade que dispomos hoje de uma importante panóplia de monografias e de obras gerais que ainda há uma década não existiam. É também certo que algumas excelentes revistas – como a nova série da «Revista de Direito e Estudos Sociais» e a «Questões Laborais» – oferecem guarida a uma produção ensaística e monográfica de grande mérito e notório pluralismo.

São, no entanto, excessivamente raras as oportunidades de encontro de profissionais – do foro, da gestão de pessoal nas empresas, do ensino e da investigação – como a que este congresso criou. O que não deixa de ser enigmático, pois bem se sabe que qualquer evento sobre temas de direito do trabalho tem auditório assegurado. Estamos perante a demonstração prática desta afirmação.

Congratulo-me, por isso, com o êxito manifesto desta iniciativa, e deixo aqui, desde já, uma entusiástica saudação àqueles que a assumiram e tão bem souberam concretizá-la.

O tema desta sessão convida-nos a uma reflexão inadiável sobre o funcionamento dos mecanismos do *diálogo social* no nosso País.

A contratação colectiva encontra-se numa situação verdadeiramente preocupante de ineficiência e de impasse; mais do que bloqueada, parece estar, como alguém já disse, agonizante.

O papel fundamental de ajustamento entre os regimes de trabalho e os ambientes económicos e tecnológicos, que atribuiu à negociação colectiva o carácter de fonte primacial de regulamentação do trabalho, é um papel esvaziado, neutralizado pela cristalização dos conteúdos, pela difusão das desconfianças e pela instalação dos fantasmas.

A situação descreve-se por uma fiada de lugares comuns: a esmagadora maioria dos processos negociais limita-se, hoje, aos reajustes salariais anuais, feitos directamente nas tabelas ou, menos às claras, no emaranhado das prestações complementares; em muitos sectores, os acordos obtidos não se apoiam em índices suficientes de representatividade sindical; a tensão estabelecida entre modernização/adaptabilidade, por um lado, e defesa de direitos adquiridos, por outro, gerou crispação, «tabus», braços-de-ferro. E sobre isto vai ecoando o usual apelo à intervenção supletiva da Administração – ainda e sempre, o fascínio das soluções de secretaria.

Cabe perguntar – e o tema desta sessão fá-lo claramente – como poderá ser modulada a intervenção do Estado perante este diagnóstico, se se quiser, ao mesmo tempo, estimular eficazmente o relançamento da contratualidade e respeitar em absoluto o primado da autonomia colectiva e da liberdade sindical. Há aqui uma linha de cumeada muito difícil de divisar, entre duas vertentes igualmente resvaladiças: a do *laissez faire* colectivo, que se foi acentuando na década de 1985//95; e a do «providencialismo administrativo», que tinha atingido a disfunção e a malformação na década anterior. Qualquer destes caminhos pode levar à inviabilização do diálogo social e à inutilização da autonomia colectiva.

Revigorar o Diálogo Social   45

E se é importante definir claramente os termos da dinamização e da renovação da negociação colectiva, perguntar-se-à também se a concertação social – tal como se encontra estruturada e como funciona em Portugal – tem um papel a desempenhar nesse domínio. Algumas indicações fornecidas pelos parceiros sociais sinalizam a intenção de assumir alguma responsabilidade de actuação neste campo. Mas haverá condições para que, a nível confederal, sejam lançadas sementes de um novo movimento contratual?

Esta pergunta levar-nos-á, provavelmente, a reanalisar todo o quadro institucional e processual que envolve a concertação de topo, a retomar a sua teoria geral em moldes aprofundados, e à luz dos pressupostos básicos do nosso sistema político, sem que, também aí, as palavras gastas e os conceitos empoeirados possam complicar ou impedir o desenvolvimento da análise e do debate que são urgentes.

Seja esta uma oportunidade plenamente aproveitada para o lançamento desse debate – é o voto com que, confiadamente, vou dar a palavra aos relatores.

CONTRATAÇÃO COLECTIVA

Fernando Ribeiro Lopes

Professor da Universidade Autónoma
Director-Geral das Condições de Trabalho

A CONTRATAÇÃO COLECTIVA

A contratação colectiva

1. A extensão do tema proposto – negociação colectiva, concertação social e intervenção do Estado – justifica uma limitação preliminar do objecto da minha intervenção. Abordarei a contratação colectiva, completando-a com apontamentos sobre a concertação social que tem influenciado em alguns aspectos o conteúdo da contratação colectiva.

A expressão contratação colectiva tem, neste contexto, um alcance mais vasto do que a negociação colectiva, abrangendo o processo negocial autónomo desenvolvido entre determinados sujeitos, bem como o resultado normal desse processo, ou seja, a convenção colectiva. Diversamente, a negociação colectiva corresponde ao processo negocial, aparecendo a convenção colectiva como o seu resultado normal para além da negociação.

O direito de contratação colectiva

2. O direito de contratação colectiva é um direito constitucional fundamental dos trabalhadores. A dimensão colectiva deste direito de contratar corresponde ao modo específico como o mesmo se exerce e, ainda, à sua função de meio de promoção e tutela dos interesses colectivos dos trabalhadores.

Com efeito, o direito de contratação colectiva é exercido através do sindicato, que dispõe de um poder colectivo organizado mais forte, de facto e de direito, do que os poderes contratuais individuais dos trabalhadores que o integram. Por outro lado, na medida em que o sindicato polariza a representação de interesses da categoria de trabalhadores que transcende os interesses individuais dos associados,[1] a contratação

---

[1] Bernardo Xavier, Curso de Direito do Trabalho, 2.ª edição (reimpressão) (Lisboa, 1996), p. 120.

50   *I Congresso Nacional de Direito do Trabalho*

colectiva é um instrumento de promoção do interesse colectivo, como síntese do interesse do grupo e que não coincide necessariamente com o somatório de interesses individuais.

3. O modo como importantes instrumentos de direito internacional ratificados por Portugal subjectivam a contratação colectiva e o direito sindical contrasta com o nosso direito constitucional. As convenções da OIT n.º 87, sobre a liberdade sindical e a protecção do direito sindical e n.º 98, sobre o direito de organização e de negociação colectiva, asseguram a liberdade de associação e o direito de negociação colectiva por igual a trabalhadores e a empregadores.

A Constituição não tem a mesma posição equidistante dos empregadores e dos trabalhadores em que assentam as convenções da OIT. Com efeito, não tem consagração constitucional o direito de os empregadores constituirem associações patronais para defesa dos seus direitos e interesses e também não está reconhecido constitucionalmente às associações patronais o direito de exercer a contratação colectiva. [2]

No entanto, a consagração constitucional do direito de contratação colectiva exercido pelas associações sindicais em representação dos trabalhadores tem implícita a contraparte, sem a qual não seria possível o desenvolvimento de mecanismos contratuais. Os sindicatos só podem exercer o direito de contratação colectiva com os empregadores ou com associações que os representem. [3] No desenvolvimento do princípio constitucional, a lei supera naturalmente essa omissão e confere capacidade [4] para celebrar convenções colectivas a associações sindicais e também a associações patronais e entidades patronais.

---

[2] As associações patronais também não têm o direito constitucional de participar na elaboração da legislação do trabalho, ou de estarem representadas no Conselho Económico e Social.

[3] Do mesmo modo, embora a revisão constitucional de 1989, que deu consagração constitucional à concertação social, não mencione o envolvimento das associações patronais a par das associações sindicais, o conceito de concertação social estava adquirido antes da revisão e pressupõe a negociação e o compromisso dos parceiros sociais entre si e entre estes e o Governo na definição e execução de medidas de política económica e social, particularmente nos domínios da legislação laboral e da política de rendimentos e preços. Conjuntamente com as associações sindicais, a representação dos empregadores é uma parte imprescindível da concertação social.

[4] A Constituição refere-se a *legitimidade,* embora se trate de capacidade jurídica para a titularidade do direito de contratação colectiva.

A Contratação Colectiva 51

Os sujeitos sindicais da contratação colectiva

4. Segundo o estudo mais recente sobre a evolução da sindicalização, realizado no âmbito da Administração do trabalho,[5] em 1995, havia 464 associações sindicais distribuídas por 388 sindicatos, 29 federações, 42 uniões e 5 confederações.[6] Dez anos antes, havia 420 associações sindicais, compreendendo 352 sindicatos, 26 federações, 40 uniões e 2 confederações.[7]

No mesmo período, o número de sindicatos independentes ou filiados nas pequenas confederações aumenta 60% (116 para 186). Entretanto, diminuiu em aproximadamente 200.000 efectivos o número de trabalhadores sindicalizados.[8]

Estes fenómenos de sinal contrário correspondem a uma linha de continuidade nas duas últimas décadas, em que o total de associações sindicais aumentou cerca de 38%, enquanto a taxa de sindicalização baixou de 52% para 30%.[9][10]

5. As associações sindicais de qualquer tipo têm capacidade para celebrar convenções colectivas. Não obstante, apenas os sindicatos e as federações sindicais participam na contratação colectiva. O afastamento das uniões deve-se a razões sindicais, provavelmente ligadas à circunstância de as uniões representarem sindicatos com uma base regional comum e não estarem em condições de representar adequadamente interesses colectivos de empresa ou de sector. Por outro lado, não haverá interesses colectivos dos trabalhadores de base regional e intersectoriais susceptíveis de regulamentação colectiva. As confederações sindicais mais representativas participam na concertação social,

---

[5] Maria da Conceição Cerdeira, A evolução da sindicalização portuguesa de 1974 a 1995, Ministério para a Qualificação e o Emprego, 1997.

[6] Além da Confederação Geral dos Trabalhadores Portugueses (CGTP) e da União Geral de Trabalhadores (UGT), existem a Confederação Nacional de Sindicatos de Quadros (FENSIQ), a Confederação Portuguesa de Quadros Técnicos e Científicos (CPQ) e a Convenção Sindical Independente (CSI).

[7] Maria da Conceição Cerdeira, ob. cit., 1997, p. 51.

[8] A UGT e a CGTP continuam a representar no conjunto a maioria dos sindicatos (52%) e dos trabalhadores sindicalizados (88%), mas perdem 55 sindicatos e 8% da sindicalização global entre os períodos estudados de 1979-84 e 1991-95 (Cerdeira, oib. cit, p. 57).

[9] Maria da Conceição Cerdeira, ob. cit., pp. 34, 39 e 46.

[10] A taxa de sindicalização em Portugal é inferior à média europeia (38%) e ligeiramente superior à dos países da OCDE (28%), e a sua evolução insere-se no quadro de um movimento recessivo mais geral (ob. cit. p. 61).

mas tanto estas como as outras não têm intervenção própria na contratação colectiva. [11]

6. O âmbito pessoal das convenções colectivas assenta na regra da filiação dos trabalhadores e das entidades patronais nas associações sindicais e patronais que as celebrem. [12] A aplicabilidade directa das convenções é assim acentuadamente reduzida pela circunstância de mais de dois terços dos trabalhadores não terem representação sindical e de muitos empregadores também não estarem inscritos nas correspondentes associações.

7. Este fenómeno é, como se sabe, minimizado através das portarias de extensão. [13] Mesmo sem elementos fiáveis sobre o nível de filiação das entidades patronais, a taxa de sindicalização dos trabalhadores é suficiente para confirmar que o grau de cobertura dos contratos colectivos é sobretudo baseado nas portarias de extensão.

---

[11] Sucede o mesmo com as confederações patronais. A não participação das confederações na contratação colectiva é uma prática constante e aceite ao ponto de, nos processos de extensão administrativa das convenções, desde sempre se abstrair das confederações de trabalhadores e de empregadores para dar como verificada a não existência de associações sindicais e patronais, como pressuposto da extensão a áreas diversas daquelas a que as convenções se aplicam.

[12] Ou filiados em sindicatos ou associações patronais representados pelas associações que celebraram as convenções. A lei apenas prevê a representação mediata dos trabalhadores por associações que representam os respectivos sindicatos (artigo 7º/1 do Decreto-Lei n.º 519-C1/79, de 29 de Dezembro), mas pode verificar-se o mesmo fenómeno com a representação das entidades patronais.

[13] Por via de regra, as portarias de extensão aplicam os contratos colectivos, no respectivo sector de actividade, a relações de trabalho em que os trabalhadores e ou as entidades patronais não são representados pelas associações de classe que as celebram. São excluídas da extensão, por força da lei, as relações de trabalho que tenham regulamentação colectiva específica e, por critério governamental constante, as visadas pelo sindicato ou associação patronal que se oponha a que a extensão abranja os seus representados.

Em média dos últimos seis anos, houve 271 contratos colectivos, incluindo as revisões parciais e os contratos só formalmente distintos, nas situações de paralelismo (adiante referido). Ao mesmo tempo, foram publicadas, em média, 159 portarias de extensão por ano (Quadro II). Atendendo a que os contratos formalmente distintos, em cada situação de paralelismo, são objecto de extensão por uma única portaria, é muito reduzido o número dos contratos que não são objecto de extensão.

(Entre a realização do Congresso e a presente publicação, concluiu-se o ano de 1997 o que possibilita a apresentação de vários indicadores sobre a regulamentação colectiva desse ano).

A *Contratação Colectiva*   53

Os sujeitos patronais da contratação colectiva [14]

8. As entidades patronais que celebram convenções colectivas são em número muito reduzido. Em 1995, os acordos colectivos de trabalho e os acordos de empresa em vigor vinculavam 377 e 129 empregadores, respectivamente. [15]

Os sujeitos patronais da contratação colectiva são sobretudo as associações patronais. No final de 1996, havia 486 associações patronais, das quais 450 eram associações patronais de base, 20 federações, 10 uniões e 6 confederações. [16] O seu número aumenta regularmente, tendo registado um acréscimo de 25% desde 1987.

No entanto, são em número muito significativo as associações patronais que não celebram convenções colectivas. Segundo um apuramento recente, 41% das associações patronais ainda não celebraram qualquer convenção colectiva.

Não existem fontes estatísticas fiáveis sobre o enquadramento associativo patronal que permita conhecer a taxa de filiação dos empregadores. [17]

Os conteúdos da contratação colectiva

9. O número de convenções colectivas celebradas anualmente, incluindo revisões de convenções, oferece uma primeira expressão do fenómeno da contratação colectiva. No período de 1992 a 1997, foram celebradas, em média, 374 convenções por ano (Quadro I).

---

[14] Para mais desenvolvimentos, Maria da Conceição Cerdeira, O movimento associativo patronal português de 1984 a 1994, Ministério do Trabalho e da Solidariedade, 1997.

[15] Os acordos de empresa respeitam, em regra, a empresas de maior dimensão; em 1995, os trabalhadores abrangidos por acordos de empresa eram 60% mais do que os abrangidos por acordos colectivos de trabalho (Quadros de pessoal de 1995, Departamento de Estatística do Ministério do Trabalho e da Solidariedade).

[16] Confederação dos Agricultores de Portugal (CAP), Confederação do Comércio e Serviços de Portugal (CCP), Confederação da Indústria Portuguesa (CIP) e, ainda, Confederação Nacional da Agricultura (CNA), Confederação do Turismo Português e Confederação Portuguesa das PME. Em 1994, a CAP, a CCP e a CIP em conjunto representavam 38,7% das associações patronais de base (Cerdeira, ob. cit., p. 115). No final de 1997, já havia 452 associações patronais de base e um total de 488 associações patronais.

[17] Poucas associações patronais cumprem a obrigação legal de enviar anualmente à Administração do Trabalho o número de associados e o número de trabalhadores que estes empregam.

QUADRO I

Número de instrumentos de regulamentação convencionais

	cct	act	ae	cct/alt	act/alt	ae/alt	sub-total	adesões	arbitr.	total
1992	15	6	34	268	16	91	430	60	0	490
1993	17	3	12	200	14	62	308	36	0	344
1994	27	0	12	245	15	45	344	15	0	359
1995	27	0	12	260	16	66	381	26	1	408
1996	12	2	13	278	17	73	395	38	0	433
1997	20	2	20	258	15	71	386	23	0	409
Média	20	2	17	252	16	68	374	33	0	407

QUADRO II

Número de instrumentos administrativos

	pe *	prt **	total
1992	175	1	176
1993	141	3	144
1994	155	1	156
1995	158	1	159
1996	173	3	176
1997	154	1	155
Média	159	2	161

* Inclui todas as extensões, nomeadamente de revisões parciais de convenções.
** Inclui as revisões parciais de PRT anteriores.

Estima-se que, no período de 1987 a 1997, as convenções publicadas em cada ano abrangeram 1.380.000 trabalhadores, em média anual (Quadro III).

O estudo dos conteúdos das convenções colectivas é essencial para a compreensão da contratação colectiva. Retomando a distinção clássica entre a parte obrigacional e a parte normativa das convenções, as análises mais desenvolvidas incidem sobre o conteúdo normativo e, quanto a este, a matéria estudada mais sistematicamente e relativamente a mais anos é a das remunerações mínimas.[18]

---

[18] O Boletim Estatístico (mensal) do Ministério do Trabalho e da Solidariedade publica os acréscimos médios ponderados das tabelas salariais das convenções.

A Contratação Colectiva

QUADRO III

Evolução das remunerações de base das convenções colectivas

Anos	Número de trabalhadores abrangidos	Aumentos salariais %	Inflação *		Aumentos deflacionados com inflação		Referenciais da concertação social
			transacta	verificada	transacta	verificada	
1987	1.345.110	14,4	14,4	9,4	0	4,6	8,3 **
1988	1.375.006	9,9	10,1	9,7	-0,2	0,2	5,3 **
1989	1.400.592	10,6	10,9	12,6	-0,3	-1,8	
1990	1.533.898	14,1	13,7	13,4	0,4	0,6	
1991	1.334.866	14,2	13,1	11,4	1,0	2,5	13,5
1992	1.602.763	10,9	10,8	8,9	0,1	1,8	9,7
1993	937.774	7,9	8,8	6,5	-0,8	1,3	
1994	1.235.152	5,1	7,0	5,2	-1,8	-0,1	
1995	1.347.284	5,0	5,5	4,1	-0,5	0,9	
1996	1.663.135	4,5	4,1	3,1	0,4	1,4	4,5
1997	1.399.082	3,6	3,2		0,4		3,5

    * Considera-se inflação transacta a correspondente ao período de eficácia da tabela salarial anterior e inflação verificada a do período de eficácia da nova tabela salarial.

    ** Valores médios.

Contratação colectiva de remunerações

    10. A contratação colectiva de remunerações nos últimos 11 anos, corresponde ao período em que houve experiências de concertação social concretizadas em 6 acordos sobre política de rendimentos.[19]

    Esses acordos definiram políticas de moderação salarial, com o objectivo de compatibilizar o aumento dos salários reais com a redução da inflação, a competitividade das empresas e o crescimento do emprego. As recomendações para as revisões salariais assentaram na inflação esperada (para assegurar a manutenção do poder de compra dos salários) e nos ganhos esperados de produtividade, devendo no entanto ter em conta a situação particular dos sectores ou empresas.

---

[19] Respeitantes aos anos de 1987, 1988, 1991, 1992, 1996 e 1997.

56   *I Congresso Nacional de Direito do Trabalho*

A contratação colectiva dos salários no período de 1987 a 1997 permite extrair algumas conclusões gerais:

1ª. As remunerações mínimas tiveram aumentos médios anuais iguais ou superiores à inflação verificada no próprio ano, excepto em 1989 e 1994.[20]

2ª. Nos anos abrangidos por acordos de concertação social sobre política de rendimentos, os aumentos médios anuais das remunerações foram sempre superiores à inflação do próprio ano.

A evolução das remunerações é demonstrativa de que a contratação colectiva coincidiu genericamente com o objectivo da concertação social de compatibilizar o crescimento dos salários reais com a redução da inflação.

3ª. Contudo o número de trabalhadores abrangidos pela contratação colectiva é em todos os anos muito inferior ao total de trabalhadores por conta de outrem. Em 1992 e 1996, anos em que os aumentos médios das remunerações reais foram dos mais favoráveis, a contratação colectiva abrangeu aproximadamente dois terços dos trabalhadores por conta de outrem; em 1991, a contratação colectiva teve um aumento médio das remunerações reais ainda mais favorável mas abrangeu cerca de 300.000 trabalhadores a menos.

Parceiros sociais não vinculados pela concertação social

11. Alguns parceiros sociais não se vincularam aos acordos de concertação social.[21] A concertação social é um processo de decisão contratualizada (não maioritário) de medidas de política. Cada entidade interveniente, seja o Governo ou qualquer parceiro social, só se vincula a um acordo se o subscrever.[22]

Seria interessante conhecer a evolução das remunerações na contratação colectiva dos parceiros sociais que não se vincularam a acordos

---

[20] Relativamente ao acordo de política de rendimentos para 1997, só será possível calcular o acréscimo salarial deflacionado com base na inflação verificada durante os períodos de eficácia das tabelas salariais quando esses períodos tiverem decorrido.

[21] A CCP e a UGT subscreveram todos os acordos de concertação social sobre política de rendimentos; a CIP não assinou o acordo para 1988, a CAP não subscreveu o relativo a 1991 e a CGTP não assinou nenhum.

[22] Por este motivo, perde fundamento a ideia de que o número de representantes de cada parceiro social na Comissão Permanente de Concertação Social, embora interesse do ponto de vista da respectiva capacidade de intervenção, devesse ser aferido em função da representatividade.

A Contratação Colectiva   57

de política de rendimentos. Contudo, os estudos disponíveis não individualizam a contratação colectiva celebrada por essas organizações.

Conteúdo normativo não salarial das convenções

12. Não existem estudos sistemáticos sobre o conteúdo não salarial das convenções, em períodos prolongados, idênticos aos estudos das remunerações.

Há, a este respeito, três percepções certamente próximas da realidade.

12.1. Em primeiro lugar, as convenções têm conteúdos não salariais extensos que regulam praticamente todos os aspectos da constituição, da execução e da cessação das relações de trabalho. É frequente as convenções tomarem a legislação como paradigma, nos regimes substantivos e na sistematização, reproduzindo amiúde e extensamente os textos legais. Este fenómeno é especialmente notado em contratos colectivos de sectores de actividade em que predominam as pequenas empresas.

Um domínio muito importante das condições de trabalho de que a função reguladora das convenções tradicionalmente se alheia é o da segurança e saúde no trabalho. Numa área em que estão em jogo valores de primeiríssimo plano para os trabalhadores e também para as empresas, as convenções nem sequer chegam a tomar a legislação como paradigma.

12.2. Em segundo lugar, muitas convenções mais antigas com sucessivas revisões parciais estão materialmente fragmentadas, sem remissões identificadoras das fontes de publicação dos textos anteriores em vigor. Esta situação provoca sérias dificuldades à identificação dos textos em vigor por parte de quem não disponha de registos auxiliares fiáveis.

12.3. Em terceiro lugar, muitas convenções colectivas não são actualizadas, ou são-no episodicamente e em pequena medida.

Esta percepção é partilhada pelos subscritores do recente acordo de concertação estratégica, que preconizam várias acções para a dinamização dos processos de negociação e a renovação dos conteúdos da contratação colectiva. O acordo contem uma extensa enumeração de temas cuja negociação, ao nível dos sectores e das empresas, os parceiros sociais se obrigam a influenciar.

58   *I Congresso Nacional de Direito do Trabalho*

13. A partir do acordo, a Administração do trabalho passou a efectuar uma análise sistemática dos conteúdos normativos das convenções colectivas.

Nas convenções publicadas em 1997, ainda não se observa a renovação de conteúdos (Quadro IV).

QUADRO IV

Alterações do conteúdo não pecuniário das convenções colectivas

Matérias	1.º trimestre AE/ /ACT	1.º trimestre CCT	2.º trimestre AE/ /ACT	2.º trimestre CCT	3.º trimestre AE/ /ACT	3.º trimestre CCT	4.º trimestre AE/ /ACT	4.º trimestre CCT	Total
Duração do trabalho	10	6	9	23	8	28	10	3	97
Adaptabilidade dos horários	6	7	8	11	7	12	11	1	63
Profis./definição de funções	7	3	4	11	6	9	8	1	49
Carreiras profissionais	4	2	4	2	3	4	8	1	28
Férias	7	1	1	5	1	5	7	1	28
Idade mínima de admissão	2	4	2	5	1	6	0	1	21
Descanso sema. e feriados	5	1	0	5	4	0	4	0	19
Faltas	5	2	2	2	1	0	3	2	17
Maternidade e paternidade	6	1	1	2	2	2	1	1	16
Segur. e saúde no trabalho	6	3	3	2	1	0	0	0	15
Direit. e deveres das partes	5	1	3	2	0	2	0	1	14
Regime disciplinar	6	2	1	3	0	0	1	1	14
Segurança social compl.	6	3	0	3	1	0	1	0	14
Formação profissional	5	2	1	1	1	0	2	0	12
Âmbito sectorial	4	1	0	2	2	2	0	0	11
Direitos sindicais	4	2	0	2	1	0	1	1	11
Cessação contrato de trab.	6	2	0	0	0	1	0	0	9
Polivalência	4	2	0	1	1	1	0	0	9
Trabalhadores-estudantes	6	1	1	1	0	0	0	0	9
Trabalho de menores	5	3	1	0	0	0	0	0	9
Trabalho a tempo parcial	0	0	2	4	0	1	0	0	7
Transferências	2	1	0	1	2	1	0	0	7
Acção social	4	0	0	0	2	0	0	0	6
Âmbito geográfico	2	1	0	2	0	0	0	0	5
Trabalho de mulheres	2	2	0	1	0	0	0	0	5
Repatriamento	0	0	0	4	0	0	0	0	4
Lotações/tripulações	0	0	0	0	0	0	3	0	3
Avaliação de desempenho	0	0	2	0	0	0	0	0	2
Período experimental	0	0	1	1	0	0	0	0	2
Regime de prevenção	0	0	0	0	1	0	1	0	2
Diálogo social	0	0	0	1	0	0	0	0	1
Organização do trabalho	0	0	1	0	0	0	0	0	1
Serviço de assistência	0	0	0	0	0	0	1	0	1
Trabalhadores deficientes	0	0	0	1	0	0	0	0	1
Total	119	53	47	98	45	74	62	14	512

A seguir às retribuições, os temas mais vezes regulados foram a redução da duração do trabalho e a adaptabilidade dos horários que em conjunto tiveram 160 alterações, a maior parte das quais meros ajustamentos em função da legislação de 1996 sobre a matéria. Nas profissões e carreiras profissionais houve 77 alterações, poucas mais do que nas férias, descansos semanais, feriados e faltas, que em conjunto tiveram 64 alterações. Os números, no entanto, dão uma representação excessiva das alterações, porque a substância de muitas é pouco relevante.

A contratação colectiva recente continua alheada de temas reconhecidamente importantes, em que pode ter um relevante papel normativo *praeter legem*, como a formação profissional, a renovação dos conteúdos funcionais das categorias, a segurança e saúde no trabalho, a igualdade de oportunidades e a não discriminação, a informação e consulta e os mecanismos voluntários de resolução de conflitos individuais.[23]

A parte obrigacional das convenções

14. Na parte obrigacional, as convenções também não são inovadoras.

A este propósito, justifica uma referência especial o mecanismo proposto pela lei das comissões paritárias para interpretação das convenções, cujas deliberações quando tomadas por unanimidade constituem interpretação autêntica. A actividade das comissões paritárias deste 1987, conduziu à publicação de 64 deliberações interpretativas, respeitantes a contratos colectivos de 8 sectores de actividade e a 3 acordos de empresa. Um só sector de actividade[24] conta 48 deliberações, aparecendo como o único caso em que a comissão paritária desempenhou um papel interpretativo relevante.

Novas áreas para a autonomia colectiva

15. Uma área que passou a estar aberta à autonomia colectiva é a da transposição para o direito interno de algumas directivas comunitárias no domínio social.[25]

---

[23] Estes temas são, como muitos outros, apontados pelos subscritores do acordo de concertação estratégica para a renovação dos conteúdos da contratação colectiva.

[24] Indústria e comércio farmacêuticos.

[25] A revisão constitucional de 1997 introduziu um novo n.º 9 no artigo 112.º, com a seguinte redacção: *"A transposição de directivas comunitárias para a ordem*

60   *I Congresso Nacional de Direito do Trabalho*

Há, por um lado, directivas que consentem transposição através de legislação estadual ou por acordos entre os parceiros sociais.[26] Embora a transposição integral das directivas nem sempre dispense a intervenção legislativa, nomeadamente para sancionar incumprimentos ou definir competências de jurisdição ou da administração, há conteúdos de regulação que podem ser objecto de contratação colectiva. Em alguns Estados-membros é relativamente frequente a transposição de directivas sociais por convenções colectivas.

Neste tipo de directivas, a iniciativa da transposição por acordo pertence em exclusivo aos parceiros sociais nacionais. Se houver acordos celebrados entre confederações, com a máxima generalidade possível, a extensão administrativa poderá conferir-lhes eficácia *erga omnes*.

Há também directivas com origem no sistema de diálogo social ao nível comunitário previsto no acordo relativo à política social anexo ao tratado de Maastricht e que passou para o tratado de Amesterdão. Esse procedimento permite aos parceiros sociais ao nível comunitário celebrar acordos que, por sua vez, podem ser aplicados no direito interno dos Estados através de dois processos alternativos.

Por um lado, é possível a contratação em cascata, que verta esses acordos em convenções nacionais, se necessário com eficácia *erga omnes* através de extensão administrativa.

Por outro, os acordos entre parceiros sociais ao nível comunitário podem ser incorporados em directivas, a pedido destes. Tais directivas podem também, de acordo com o procedimento já referido, ser objecto de transposição para a ordem interna por acordos entre os parceiros sociais, em alternativa à legislação estadual.

Os dois acordos a nível comunitário até agora celebrados, um relativo à chamada licença parental e outro sobre o trabalho a tempo parcial, seguiram a via da incorporação em directivas, a pedido dos parceiros sociais ao nível comunitário. A transposição dessas directivas para a ordem interna irá certamente ser feita através de legislação.

---

jurídica interna assume a forma de lei ou de decreto-lei, conforme os casos". Esta norma pretenderá afastar a prática da transposição de directivas mediante simples regulamentos, ainda que baseados em actos legislativos que para eles remetam os aspectos de pormenor das directivas, não impedindo a possibilidade de transposição de directivas por convenção colectiva, quando prevista no próprio direito comunitário. Este entendimento pode ser acolhido através da adequada interpretação restritiva do preceito constitucional.

[26] Por exemplo, a Directiva n.º 94/45/CE, de 22 de Setembro de 1994, relativa à instituição de um conselho de empresa europeu ou um procedimento de informação e consulta em empresas e grupos de empresas de dimensão comunitária.

O paralelismo de convenções colectivas

16.1. A liberdade sindical conduz ao pluralismo sindical para as mesmas categorias de trabalhadores. O pluralismo existe em todos os níveis da organização sindical.

Do lado das associações patronais e pelas mesmas razões, existe idêntico fenómeno de pluralismo das organizações, embora em menor dimensão ao nível das associações de base.

O pluralismo sindical, em particular, com todos os sindicatos a poderem celebrar convenções colectivas, tem gerado problemas à contratação colectiva.

16.2. Sucede, por vezes, que os sindicatos representativos das mesmas categorias de trabalhadores celebram conjuntamente a mesma convenção. Nessa situação, o pluralismo sindical conduz à unidade da regulamentação e não há paralelismo de convenções.

Outras vezes, os sindicatos representativos das mesmas categorias de trabalhadores celebram convenções formalmente distintas com a mesma organização patronal. Passa a haver paralelismo das convenções, implicando que, nas mesmas empresas, sejam aplicadas as várias convenções, consoante a filiação sindical dos trabalhadores.

Em alguns destes casos, as negociações foram conduzidas de modo a que as convenções sejam iguais, ou tenham diferenças diminutas. Daí não advirão dificuldades, tanto do ponto de vista das empresas, que gerem as relações de trabalho na base do mesmo regime substantivo, como da igualdade de tratamento dos trabalhadores.

16.3. Se, inversamente, as negociações com os sindicatos que representam as mesmas categorias de trabalhadores não conduzirem a acordos substancialmente iguais, a organização patronal pode acabar por contratar apenas com alguns sindicatos, subsistindo em relação a outros a convenção anterior sem revisão. O jogo de forças sindicais também pode determinar a organização patronal a contratar convenções com regimes diferentes com sindicatos distintos. Em ambos os casos, passará a haver paralelismo de convenções diferentes nas mesmas empresas. Essas situações geram dificuldades tanto para a gestão das empresas, submetida a regimes substantivos desiguais aplicáveis a trabalhadores das mesmas categorias, como no plano da igualdade de tratamento dos trabalhadores, designadamente nas remunerações.

17. O paralelismo de convenções aplicáveis na mesma empresa tem suscitado apreciáveis dificuldades quando as convenções têm remunerações mínimas diferentes. A jurisprudência tem frequentemente considerado que o princípio constitucional de que a trabalho igual corresponde salário igual prevalece sobre a regra de direito ordinário que limita a aplicabilidade das convenções aos trabalhadores representados palas associações sindicais outorgantes. Daí resulta que, se uma entidade patronal paga certa remuneração aos trabalhadores abrangidos pela convenção colectiva, deve pagar a mesma remuneração, se for superior, aos trabalhadores que efectuem um trabalho igual em quantidade, natureza e qualidade, ainda que não sejam sindicalizados ou sejam filiados noutro sindicato que não celebrou a convenção.

A doutrina critica esta orientação jurisprudencial que neutraliza do ponto de vista salarial e liberdade (positiva e negativa) de filiação sindical, [27] ou afasta-se dela considerando que o princípio de que a trabalho igual corresponde salário igual é essencialmente programático, [28] ou que tem quando muito o sentido preceptivo de proibir discriminações arbitrárias. [29]

Creio que a questão deve ser equacionada e resolvida noutros termos.

A igualdade de remunerações não resulta numa derrogação ao princípio da filiação na definição do âmbito pessoal da convenção colectiva. Os trabalhadores a quem a convenção colectiva não se aplique só terão direito à remuneração mais elevada por igualdade de tratamento com um trabalhador da mesma empresa abrangido pela convenção. A convenção é a fonte do acréscimo da remuneração dos trabalhadores a que se aplica e a igualdade de tratamento fundamenta o direito a remuneração igual dos trabalhadores que efectuem trabalho igual. Por isso, se não existir na empresa qualquer trabalhador abrangido pela convenção com direito à remuneração nela estabelecida, os trabalhadores não sindicalizados ou filiados em sindicato não outorgante já não têm direito à remuneração da convenção.

Nestas situações, estão em jogo dois princípios constitucionais. Por um lado, o direito de contratação colectiva exercido pelos sindicatos, com base no qual um sindicato aceitou celebrar a convenção enquanto outro sindicato a recusou em representação dos trabalhadores nele filiados; por outro lado, o princípio de que a trabalho igual corresponde salário igual.

---

[27] Monteiro Fernandes, Direito do Trabalho, II, 4.ª edição, (Lisboa, 1996), p. 170.

[28] Bernardo Xavier, ob. cit., pp. 373 e 402.

[29] Menezes Cordeiro, Manual de Direito do Trabalho (Coimbra, 1991), pp. 147 e 736.

A Contratação Colectiva

Os termos dessa igualdade devem ser encarados com a amplitude definida na convenção. Umas vezes, as remunerações são acordadas em contrapartida do trabalho considerado apenas na sua quantidade, natureza e qualidade. Outras vezes, as remunerações são acordadas tendo também em consideração e constituindo a contrapartida de outros aspectos do regime da prestação de trabalho estabelecido na convenção.

Assim, por exemplo, a convenção pode instituir um regime de adaptabilidade dos horários a que a empresa pode recorrer quando necessitar, e a contrapartida retributiva desse regime ser incluída numa remuneração única incindível (em vez de, como também poderia ser, se instituir uma retribuição complementar para os trabalhadores que praticarem a adaptabilidade). Noutro exemplo, a convenção pode desenvolver o regime da mobilidade geográfica, ou da polivalência funcional ou, ainda, da amplitude da época de férias a que os trabalhadores ficarão potencialmente obrigados em função das necessidades da empresa, sendo a compensação desses regimes incluída numa remuneração única incindível.

Nestes casos em que as remunerações acordadas têm em consideração aspectos do regime da prestação de trabalho estabelecido na convenção, a igualdade de tratamento nas remunerações pressupõe a igualdade dos regimes de que as remunerações são contrapartida.

Doutro modo, se se entendesse que os trabalhadores não abrangidos pela convenção, desde que efectuassem trabalho igual em quantidade, natureza e qualidade, tinham direito à mesma remuneração, embora continuassem desobrigados dos regimes que a justificam, seria quebrado o equilíbrio contratual, em prejuízo das empresas que pagariam salários para compensar regimes que lhes era vedado praticar em relação a esses trabalhadores. Além disso, a igualdade de tratamento restringida às remunerações geraria uma desigualdade substancial em desfavor dos trabalhadores abrangidos pela convenção, que auferiam a mesma remuneração mas estavam sujeitos ao regime de prestação do trabalho mais oneroso.

A igualdade de tratamento entre os trabalhadores independentemente da filiação sindical deve concretizar-se, em primeiro lugar, numa igualdade de oportunidades, permitindo-se aos outros sindicatos celebrar a mesma convenção, com a remuneração e os regimes que lhe estão associados. Para os trabalhadores não sindicalizados, a igualdade de tratamento pode sempre ser assegurada através da extensão da convenção.

Por outro lado, se as remunerações forem acordadas tendo apenas em consideração a quantidade, natureza e qualidade do trabalho, os trabalhadores não abrangidos pela convenção que efectuem trabalho igual terão direito a salário igual ao daqueles a quem a convenção se aplicar.

18. Em Portugal, verificam-se todos os referidos fenómenos de contratação colectiva emergentes do pluralismo sindical, embora se desconheça a sua expressão quantitativa.[30]

O risco de o pluralismo sindical conduzir ao paralelismo de convenções tem previsivelmente efeitos perturbadores na perspectiva de negociações mais extensas, orientadas para o desenvolvimento e a renovação da contratação colectiva.[31]

Não estão obviamente em causa a liberdade sindical e a possibilidade de o exercício dessa liberdade se manifestar em pluralismo sindical. O direito constitucional e os princípios internacionais sobre o direito sindical garantem a liberdade e o pluralismo. A solução deve situar-se noutro plano, apontado pela Comissão de peritos para a aplicação das convenções e recomendações da OIT, num estudo de síntese recente que sistematiza a jurisprudência dos órgãos de controlo dessa Organização sobre a liberdade sindical e a negociação colectiva, ao escrever o seguinte:

"O reconhecimento de um ou vários sindicatos como parceiros para a negociação colectiva coloca imediatamente o problema da sua representatividade."[32]

Trata-se, então, de reconhecer determinados sindicatos como representativos e de lhes conferir em exclusivo a capacidade de celebrar convenções colectivas para certa categoria de trabalhadores. Da capacidade negocial exclusiva decorrerá que a lei deverá atribuir eficácia *erga omnes* às convenções celebradas por sindicatos representativos.[33]

---

[30] Sobre o reconhecimento dos interlocutores negociais, Monteiro Fernandes, ob. cit., p. 124 ss.

[31] Será, por exemplo, muito difícil negociar a redução do tempo de trabalho e a adaptabilidade dos horários sem a participação e, sobretudo, com a contestação de sindicatos representativos. As empresas defrontar-se-iam com a dificuldade de aplicar esses acordos a todos os trabalhadores e, por outro lado, a organização do trabalho não poderia acomodar-se aos diferentes regimes de organização do tempo de trabalho a que os trabalhadores estavam sujeitos. Ao mesmo tempo, a oposição dos sindicatos que não participassem na negociação seria um impedimento à extensão *erga omnes* da convenção através de portaria.

[32] Liberté syndicale et négociation collective, Genebra, 1994, p. 114

[33] O pluralismo de associações patronais pode igualmente conduzir à celebração de convenções colectivas distintas, ainda que com os mesmos sindicatos. Contudo,

A Contratação Colectiva   65

O reconhecimento pode ter várias modalidades. Pode, nomeadamente, ser voluntário e assente em acordos entre os parceiros sociais, ou ser obrigatório e baseado em legislação.

A propósito de sistemas de reconhecimento obrigatório baseados em legislação, a Comissão de peritos da OIT enuncia um conjunto de requisitos que garantam a objectividade e independência, permitam aos trabalhadores escolher o sindicato representativo por uma votação maioritária e dêem a todos os sindicatos a oportunidade de serem periodicamente votados.[34] Relativamente aos sistemas de reconhecimento voluntário, as exigências de objectividade e de igualdade de tratamento dos sindicatos não devem ser menores.[35]

19. Tem havido, em Portugal, referências mais insistentes à necessidade de se instituirem critérios de representatividade sindical, nomeadamente para efeito de negociação colectiva. Essas referências terão certamente presente que, nos sistemas nacionais que adoptam critérios de representatividade sindical para efeito da negociação colectiva, as convenções tendem a aplicar-se à totalidade dos trabalhadores das categorias abrangidas, ainda que não sejam filiados nos sindicatos representativos que as celebraram.

O nosso sistema de relações profissionais defronta-se com problemas de paralelismo de convenções e de bloqueios negociais que justificam que se equacionem critérios de representatividade sindical, ou eventualmente soluções de outro tipo que se inscrevam no quadro da liberdade sindical e da autonomia negocial colectiva.

Não parece, no entanto, que já haja um consenso suficientemente alargado, em parte sobre os termos do problema e sobretudo sobre as vias de solução, para que uma decisão produza efeitos favoráveis. Os mecanismos da legitimidade sociológica das decisões ajudam a compreender que uma solução pode ter efeitos diferentes consoante os seus destinatários a aprovem ou reprovem. A legitimidade e a eficácia da decisão dependem também do processo como é tomada.

---

cada uma das convenções aplica-se às entidades patronais representadas pela associação celebrante, sem impedir a unidade de regulamentação em cada empresa.

[34] Ob. cit., p 115.

[35] Seria incompreensível que um sindicato obtivesse o reconhecimento por acordo com a associação patronal sem ser objectivamente o mais representativo, ou que perpetuasse a capacidade negocial exclusiva impedindo os outros sindicatos de aferir periodicamente a sua representatividade.

NEGOCIAÇÃO COLECTIVA, CONCERTAÇÃO SOCIAL E INTERVENÇÃO DO ESTADO

António Garcia Pereira

Advogado
Professor do Instituto Superior de
Economia e Gestão

NEGOCIAÇÃO COLECTIVA, CONCERTAÇÃO SOCIAL E INTERVENÇÃO DO ESTADO

ANTÓNIO GARCIA PEREIRA

Advogado
Professor do Instituto Superior
de Economia e Gestão

Queria, naturalmente, começar por agradecer à Organização do "I Congresso Nacional de Direito do Trabalho", em particular ao Professor António Moreira, o honroso convite que me dirigiram para intervir neste Congresso.

Não quero, também, deixar de saudar o Presidente desta Mesa e meu querido amigo – agora investido em funções governativas, de Secretário de Estado do Trablho o Dr. Monteiro Fernandes, e bem assim o Sr. Dr. Fernando Ribeiro Lopes e o Sr. Dr. Inácio Mota da Silva.

Entrando agora no nosso tema da "Negociação Colectiva, Concertação Social e Intervenção do Estado", a primeira constatação que creio que tem de ser feita é a de que a negociação colectiva está hoje em Portugal não só gravemente doente como num verdadeiro ponto de encruzilhada, e ou recupera a consciência e tem então assegurada uma vida cheia de força e de pujança ou entrará em definitivo e agónico estado de coma, que desembocará inevitavelmente na sua morte.

Importa, pois e antes de tudo, procurar diagnosticar as razões de tal situação, as quais são, a meu ver, de três ordens:

Por um lado, elas têm que ver com o, ao menos aparentemente sucessivo, decréscimo da força e da capacidade de influência das organizações sindicais.

Depois, esta situação tem também e obviamente que ver com o agravamento da precariedade do emprego e simultaneamente com o acentuar e deíficação das soluções individualistas, do tipo da glorificação dos "self made men" e do ideal do "homem de sucesso".

Finalmente, há que reconhecer que o Estado tem vindo a assumir um papel claramente acentuador do desiquilíbrio das posições contratuais já à partida existente, agravando ainda mais a "compressão" a que a contratação colectiva tem estado sujeita.

Analisando agora cada um destes grupos de causas, diria que, no que respeita ao papel das organizações sindicais, a verdade é que elas têm vindo a padecer de um fenómeno de natureza dupla e que é o da "dessindicalização" e o da "insindicalização" sucessivamente agravadas. Ou seja, por um lado há muitos milhares de trabalhadores que se desfiliam do Sindicato a que, há mais ou menos tempo, pertenciam; e por outro lado cresce o número daqueles que, chegando ao mercado de trabalho, não se inscrevem em qualquer organização sindical.

Julgo que valeria a pena reflectir um pouco mais aprofundada e moderadamente sobre tal fenómeno. É certo que as condições objectivas de que falarei a seguir – e que estão relacionadas directamente com a precariedade e, mesmo, com a clandestinização de uma parte significativa da nossa economia, com tudo o que isso significa de perda de capacidade reivindicativa e, logo, de capacidade negocial – ajudaram a nascer e potenciaram o desenvolvimento desta tendência. Mas são causas *externas*, e não causas internas, do movimento sindical, isto é, influenciam mas não explicam tudo. É pois a meu ver errado procurar interpretar esta aparente crise do sindicalismo – e reflexamente da contratação colectiva – simplesmente na base da tantas vezes invocada pelos próprios Sindicalistas "falta de mobilização" dos trabalhadores. O problema que assim está colocado de cabeça para baixo – deve antes ser posto correctamente, questionando-se porque é que cada vez um maior número de trabalhadores se desfilia ou não se chega sequer a filiar no Sindicato, isto é, não acredita neste.

Negociação Colectiva, Concertação Social e Intervenção do Estado 71

Creio que o essencial da questão residirá no interior do próprio movimento sindical, o qual deveria – e deveria urgentemente – examinar-se a si próprio com profundidade e com suficiente capacidade auto-crítica.

Ora e antes de mais, a explicação para a enorme fragmentação organizativa dos sindicatos portugueses (outro elemento potenciador do seu enfraquecimento) deve ser encontrado na falta de democracia interna dos sindicatos que logo a seguir ao 25 de Abril de 1974 foram criados e sobretudo nos que foram "aproveitados" (ou seja, tomados por dentro) daqueles que já existiam no regime do corporativismo. O abafamento autoritário, e não raras vezes violento, dos pontos de vista divergentes e a imposição – inclusive por via legislativa (como é o caso da tristemente célebre lei da "unicidade sindical") – da existência de um único sindicato, onde, ainda por cima, umas únicas ideias poderiam manifestar-se, naturalmente que abriu o caminho a quem, assim que a situação política (e a respectiva solução legislativa) se alterasse, logo se multiplicasse o fenómeno do paralelismo sindical.

Depois, os sindicatos – que historicamente nasceram do movimento mutualista, evoluiram para organismos de luta económica e se transformaram mais tarde em verdadeiros orgãos de luta política – deixaram, todos eles de uma forma geral, de se assumir entre nós como esses orgãos de luta *política*, (política, não partidária, entendamo--nos), como orgãos de combate por uma sociedade mais justa e fraterna, sem exploração nem opressão, para se transformarem – num dramático recuo histórico – em meras instâncias de luta reivindicativa económica imediata. Daqui decorreu, em linha recta, uma estragégia de redução da luta colectiva (designadamente ao nível da contratação) quase praticamente à mera actualização das tabelas salariais, com o abandono, para não dizer a "venda", e quantas vezes a troco de uns míseros tostões, de praticamente todos os demais direitos e regalias dos trabalhadores. Assim se deixaram cair, por exemplo, inúmeras regalias sociais (como as das infraestruturas de apoio aos trabalhadores e suas famílias) e se deixaram liquidar regras minimamente objectivas de promoções, de retribuições e de progresssões na carreira (sendo tal espaço, deixado desta forma "em aberto", ocupado não raras vezes pelo mero arbítrio patronal). Mas, sobretudo e acima de tudo, perdeu-se uma concepção estratégica acerca do que deve ser feito pelos Sindicatos, dos objectivos por que devem lutar e das reinvindicações em torno das quais importaria que eles unissem os trabalhadores.

Alheado deste tipo de concepções, mergulhado – diríamos mesmo atolado nas lutas reivindicativas imediatas, o movimento sindical português nem se deu em larga medida conta das profundas alterações na estrutura das classes e no mercado de trabalho que a nossa sociedade sofreu nos último 20/30 anos.

Com efeito, verificou-se nesse lapso de tempo uma acentuadíssima "terciarização" da economia, com a radical perda de influência da Agricultura e, mesmo, da Indústria em detrimento do sector de serviços. O proletariado industrial "clássico", digamos assim, tornou-se altamente minoritário relativamente ao conjunto da população activa, e mais ainda tal se passou com os camponeses e, mesmo, com os assalariados agrícolas.

As mais modernas tecnologias e o saber altamente qualificado transformaram-se em poderosíssimas alavancas de progresso, sendo hoje uma verdade indesmentível que um país que não aposte nessa elevada qualificação dos seus trabalhadores é, necessariamente, um país atrasado. Surgiram, entretanto, novas categorias de verdadeiros criadores de mais valia (de que um exemplo bem significativo é seguramente o de um engenheiro de sistemas informáticos), verdadeiros operários de colarinho branco, operários dos tempos modernos, realidade essa que nos deveria fazer a todos nós, e em particular ao movimento sindical, reflectir sobre se não teremos de criar ou adoptar um novo conceito de "operário".

Simultaneamente, a velha organização "fordista" de produção, assente numa organização de tipo "piramidal", fortemente hierarquizada e estruturada em trabalhadores fortemente automatizados (ou seja, fazendo o mais rápida e automaticamente possível uma muito pequena parcela, um pequeníssimo segmento, do processo produtivo no seu conjunto), contratados sem prazo e a tempo inteiro, foi sendo substituída por uma organização empresarial mais "achatada", "modular", assente em larga medida em equipes de trabalho, trabalhando por objectivos e onde se passaram a cruzar múltiplas formas contratuais (desde os contratos de trabalho sem prazo "clássicos", aos contratos a prazo, a tempo parcial, contratos de trabalho temporários e até – umas vezes correctamente, outras bem fraudulentas – os contratos de prestação de serviços, tudo isto aliado a um ambiente de fortíssima competição determinada pelo fenómeno da chamada "globalização da economia".

Negociação Colectiva, Concertação Social e Intervenção do Estado   73

Incapazes de compreender – pelo menos em toda a sua extensão e consequências – estas profundas alterações bem como as mudanças tácticas e estratégicas que elas deveriam impôr, os Sindicatos "clássicos", e muito em particular os portugueses, mantiveram estreitados os seus horizontes, não redesenharam a sua política de alianças, mantiveram por completo ostracizados os quadros técnicos (e por isso mesmo a proliferação de Sindicatos de quadros no panorama do sindicalismo português é algo de verdadeiramente espantoso), não definiram novos objectivos de luta (como a da salvaguarda do ambiente, a defesa dos direitos dos trabalhadores/cidadãos perante as novas tecnologias ou a luta pelo controle da administração e aplicação das somas astronómicas que são os dinheiros da Segurança Social, por exemplo). Mas muito menos foram capazes de vislumbrar as enormes possibilidades de aprofundamento e de alargamento que o tal fenómeno da globalização (e, no nosso caso, em especial o da integração europeia) abria aos seus combates, permitindo-lhes por exemplo unir todos os operários da União Europeia em torno de um objectivo comum, designadamente ao nível da contratação colectiva.

E sem que os Sindicatos, e em particular os Sindicatos portugueses, todos os Sindicatos, façam este balanço, procedam a este exame e alterem radicalmente as suas posições, não será nunca possível que a contratação colectiva passe daquilo que ela é hoje, isto é, quase nada.

Os trabalhadores portugueses precisam seguramente de Sindicatos novos, voltados para o futuro, assentes numa saudável democracia interna, onde os burocratas do sindicalismo não tenham mais lugar, atentos às novas realidades sociais e dispostos a assumir o papel de instrumentos de luta por uma sociedade melhor, unindo em torno de si cada vez mais trabalhadores que neles vêm aquilo que se espera que seja um Sindicato – uma oganização, firme e decidida da luta pela defesa dos interesses de quem trabalha.

Por outro lado, há que reconhecer que a fortíssima compressão a que, sobretudo no final dos anos 80 e princípios dos anos 90, o Trabalho foi sujeito pelo Capital, podendo mesmo dizer-se que neste campo se bateu no fundo, não podia deixar de ter consequências e consequências gravíssimas neste campo.

"Liberalização" dos despedimentos, multiplicação das formas de contratação precária, perto de um milhão de trabalhadores contratados

74   *I Congresso Nacional de Direito do Trabalho*

a prazo para ocuparem postos de trabalho permanentes, centenas de milhares de outros trabalhadores contratados (fraudulentamente) a "recibo verde" – sem quaisquer direitos ou regalias –, completa inacção das entidades fiscalizadoras no cumprimento das leis laborais, generalização do ambiente de completa e arrogante impunidade neste campo, tudo isto contribuiu de forma significativa para que a contratação colectiva não raras vezes fosse reduzida a uma perfeita caricatura, em que os patrões impunham tudo o que bem entendiam e os Sindicatos aceitavam, no meio de declarações e ameaças tão tonitroantes quanto inúteis, e sempre afirmando aos trabalhadores que aquele "não era um acordo óptimo, mas era o acordo possível"...

A isto acresce que a mentalidade dominante da nossa classe empresarial lamentavelmente ainda hoje continua, em larga escala, a ser a de, no quadro de tal "globalização da economia", identificar "competitividade" com a compressão a todo o custo dos custos do factor trabalho. Ou seja, e em larga escala, os patrões portugueses ainda hoje pensam – em vão, como é óbvio! – que poderão conseguir sobreviver no mercado a nível mundial por meio do recurso ao "dumping social". Daí que, se no Paquistão se consegue produzir uma camisa a um custo de fábrica de 100$00, o empresário português de uma forma geral o que sonha é poder sobreviver a esta concorrência, não apostando na qualidade, nos investimentos, nas tecnologias mais avançadas ou na mão-de-obra qualificada, mas sim obrigando os seus trabalhadores a trabalharem cada vez mais e mais intensamente, e pagando-lhes, se possível, cada vez menos!

E, naturalmente, que dentro de uma lógica geral do país (designadamente a nível da integração europeia) que assenta em larga medida na destruição pura e simples do essencial da nossa capacidade produtiva, e aquilo em que a que nos destinam do ponto de vista da política da criação de emprego é sermos as "babysitters", os criados de libré e os empregados de mesa da Europa (são estes na verdade os "nichos de mercado" que nos querem apontar como estando ao nosso alcance), este fenómeno ainda é mais agravado.

Finalmente, o Estado – é preciso dizê-lo com toda a clareza! – tem assumido o papel de, sob a capa da formal "neutralidade" e da sua pretensa superioridade relativamente aos interesses em conflito, fazer adoptar todas e cada uma das medidas políticas, económicas e legis-

Negociação Colectiva, Concertação Social e Intervenção do Estado 75

lativas que rompem qualquer equilíbrio, o qual seria afinal indispensável para que se pudesse falar de verdadeira "contratação".

E não são só as medidas mais gerais a que já há pouco nos referimos e que se ligam à completa, e absolutamente escandalosa, precariedade do trabalho em Portugal. De facto, de nada valem as estatísticas oficiais sobre o desemprego, se quem é considerado empregado se encontra permanentemente com o cutelo sobre o pescoço, impossibilitado de reinvindicar aquilo a que, quer como cidadão, quer como trabalhador, tem mais do que legítimo direito, sob pena de, no mínimo, logo ser lançado no desemprego.

É que, para além disso, não é possível o Estado vir agora afirmar-se partidário de uma "revificação" da contratação colectiva e simultaneamente manter de pé não apenas todo esse arsenal legislativo montado assumidamente contra os trabalhadores, mas também as regras específicas da contratação colectiva que são, afinal, o seu *contrário*.

Dando alguns exemplos:

1.º Não é mais possível manter-se a possibilidade actualmente permitida, senão mesmo incentivada pela lei, de a entidade patronal privéligiar nas negociações o mais dócil e simultaneamente o menos representativo dos sindicatos para aprovar com este um qualquer Acordo que, depois e designadamente sob a ameaça da discussão salarial, é na prática imposto aos Sindicatos menos dóceis. Há, pois, que repensar também a questão da representatividade sindical em matéria de contratação colectiva.

2.º Têm igualmente de ser definidas consequências reais para os casos de adopção de uma conduta de clara recusa da negociação ou de pura e simples dilação, a fim de que também neste campo não mais "o crime compense". Perante situações deste tipo a mera intervenção dos Serviços de Conciliação do Ministério do Trabalho tal como se tem verificado até aqui é pouco menos do que ridícula e pouco mais do que inócua.

3.º Não pode admitir-se num Estado que se diz "de direito democrático" que, sob a capa da declaração da empresa em situação económica difícil ou outra qualquer, se negue durante anos a fio (e mediante esse espantoso instrumento que é o do chamado "regime sucedâneo") o direito à contratação colectiva, como sucedeu por exemplo com a TAP, questão tanto mais grave quanto nas empresas públicas ou de capitais públicos o Governo – que tutela tais empresas – é, simultaneamente, tutor de uma das "partes" do (eventual) conflito e autor do meio de resolução (Portaria) do mesmo conflito a favor da parte que ele tutela!

4.º À luz dos mesmos princípios do Estado de direito democrático é igualmente inconcebível a manutenção de uma disposição legal como a do art.º 9.º da L.R.C.T. (Dec. Lei 519-C-1/79, de 29/12) com base na qual, ao menos da forma como tem sido mais comummente interpretada e aplicada, em caso de fusão ou cisão de empresas, se tem assistido à inacreditável situação de trabalhadores que estavam abrangidos por um determinado IRC, ao fim de 12 meses após a dita fusão ou cisão, estarem confrontados com a opção de terem de escolher entre aquilo que a nova Empresa lhes quer impôr ou ficarem privados da contratação colectiva e sujeitos à lei geral (como sucedeu, entre outros com os casos dos TLP, da EDP e da Rádio Comercial).

5.º Não é mais possível decretarem-se requisições civis, para mais completamente fora dos respectivos parâmetros legais, apenas e tão só para assim se quebrar, a favor da parte patronal, a força negocial da parte sindical de um determinado conflito colectivo de trabalho, de que constitui um triste, recente e significativo exemplo o caso da requisição civil contra os pilotos da TAP.

6. Também não é mais possível que – quando tal convém aos interesses do Governo (designadamente porque se trata do caso de uma empresa pública ou de capitais públicos, uma vez mais...) se defina autoritariamente e a favor da empresa, nomeadamente por via de Decreto Lei ou de Portaria, aquilo que por via de negociação, apesar de tudo, se não conseguiu impôr à parte sindical (veja-se o também triste e também significativo exemplo da regulamentação do regime dos tempos de trabalho e repouso na aviação civil), ou - pior ainda se procure tornar "legal" a posteriori (mediante um "oportuno" novo diploma legal) aquilo que era uma gritante ilegalidade patronal à face da lei anterior.

7. Como finalmente não é mais possível que – agora sob o pretexto de que a fase "protectiva" do Direito do Trabalho já teria passado à história ... se eliminem ou esvaziarem continuamente as normas de "limite mínimo", impondo por via heterónoma (ou seja, por

Negociação Colectiva, Concertação Social e Intervenção do Estado   77

meio de normas imperativas absolutas) as soluções que "malgré tout"; em sede de contratação colectiva ainda se não havia conseguido impôr e, sob o discurso fácil do elogio da "mais ampla autonomia da vontade das partes", deixando que a desigualdade real imponha, sem rei nem roque, as mais baixas e inconcebíveis condições à parte mais fraca.

Numa relação que é "conflitual" por natureza – e nada há de dramático nisso! ... – o que se exige ao Estado é que assegure, como lhe compete e a Lei Fundamental do país lhe impõe, as condições de igualdade *substancial* entre as partes, de forma a que a contratação colectiva exprima o real equilíbrio de forças que as mesmas partes puderem e souberem construir.

Assim, e em jeito de conclusão, diríamos que *se*, e apenas *se*, cada um dos intervenientes desta relação triangular souber reexaminar--se a si próprio e, com base nesse seu exame crítico souber assumir o seu papel, então seguramente que a contratação colectiva desempenhará o relevantíssimo e insubstituível papel que lhe está reservado numa sociedade moderna e avançada como pretendemos que seja a nossa.

É que só uma sociedade em que se tenha ganho definitivamente a consciência não apenas de que o futuro é o do saber altamente qualificado e o da aposta na qualidade, como também de que a sociedade no seu conjunto só tem a ganhar com um sindicalismo forte e com uma contratação colectiva pujante, avançada e que inclusive funcione como um balão de ensaio e como um "guia" para as futuras soluções legislativas é que será uma sociedade em que as relações de trabalho tenham, enfim, ganho foros de cidadania plena.

E é seguramente para aí que temos que caminhar desde agora!

Muito obrigado pela vossa atenção!

A INTERVENÇÃO DO ESTADO NA PROMOÇÃO DA QUALIDADE DO TRABALHO

Inácio Mota da Silva

Inspector-Geral do Trabalho

A INTERVENÇÃO DO ESTADO NA PROMOÇÃO DA QUALIDADE DO TRABALHO

O discurso dominante no nosso país sobre o mundo do trabalho põe a tónica na quantidade do emprego. É compreensível esta focalização na medida em que o emprego é uma variável estratégica e tem uma dimensão de leitura política fundamental.

Todavia, não há quantidade do emprego sem qualidade do trabalho, se atendermos aos desafios colocados pelo mundo moderno.

De facto, no modelo taylorista, a organização do trabalho, predominante ao nível da sociedade industrial, assentava numa repartição compartimentada de tarefas implicando uma especialização profissional associada à multiplicação de postos de trabalho.

O quadro envolvente deste modelo caracterizava-se pela estabilidade de mercados, das tecnologias e, mesmo, das expectativas individuais no consumo.

A globalização de mercados, o desenvolvimento de novas tecnologias, a progressiva diferenciação de expectativas (individuais e grupais), introduziram uma nova lógica competitiva, e implicam um novo paradigma para o trabalho. Estes factores geram um conjunto de desafios, tendo, todos eles, como referencial a qualidade do trabalho.

Ao nível individual sobressaem:

A qualificação profissional, baseada em novas competências
A formação ao longo da vida
A polivalência
A valorização individual
A capacidade de inovação
A capacidade de adaptação à mudança.

Ao nível empresarial, destacam-se os desafios relativos a:

Gestão antecipativa

Desenvolvimento organizacional

Flexibilidade

Competências de banda larga

Motivação dos recursos humanos

Desenvolvimento das relações e das condições de trabalho.

- Em face deste cenário, só empresas com qualidade são susceptíveis de manter os níveis de competitividade necessários. Dito de outra forma, este quadro de desenvolvimento é incompatível com fenómenos de:

Trabalho infantil

Trabalho clandestino ou falso trabalho independente

Salários em atraso

Baixos níveis de segurança e saúde no trabalho

Ausência de mecanismos de participação e diálogo.

- O discurso da qualidade do trabalho teve um primeiro marco importante com a assinatura, em 1991, por parte de todos os parceiros sociais, do Acordo Específico de Segurança, Higiene e Saúde no Trabalho.

Contudo, importa salientar que é o Acordo de Concertação Estratégica de Médio Prazo para 1996/1999 que consagra uma visão global do emprego capaz de responder aos desafios da modernização das empresas e da sociedade. As medidas de política acordadas, designadamente, no Capítulo V – Produtividade, Condições de Trabalho e Participação, bem como muitas outras nos restantes capítulos, são disso expressão.

As medidas previstas devem, assim, ser executadas pelo Governo e pela Administração sem perder de vista este grande objectivo que é a qualidade no emprego. É que só assim conseguiremos sustentar o crescimento do emprego, a modernização do país e combater a injustiça e a exclusão social. Os empregos sem qualidade não são duráveis nem têm futuro.

QUE RESPOSTAS SÃO CONHECIDAS?

- A mundializaçao das economias e as novas tecnologias vieram impor um contexto de competitividade, de incerteza e de imprevisibilidade, tornando possível o aparecimento de um discurso de pura racionalidade económica que configura como resposta, apenas, a **flexibilização (total) da gestão de mão-de-obra.** Os expoentes máximos desta óptica evidenciam-se nas **formas de contratação** e na **liberdade da cessação dos contratos.**

- A esta perspectiva contrapõe-se um discurso alternativo, apoiado em critérios de pura racionalidade social, evidenciando-se, em particular, o apelo a valores sociais como **a estabilidade do emprego** ou a **manutenção de direitos laborais adquiridos.**

COMO SAIR DESTE QUADRO DICOTÓMICO?

- As respostas tradicionais apresentam uma considerável dificuldade em responder ao conjunto de desafios que marca o actual mundo do trabalho, tais como:
  - Como aumentar a **produtividade do trabalho** e a **qualidade dos produtos e dos serviços?**
  - Como promover a **imagem da empresa?**
  - Como promover a **adaptação à mudança?**
  - Como estimular a aprendizagem ao longo da vida?
  - Como desenvolver **novas competências profissionais?**
  - Como compatibilizar a flexibilização externa da gestão de mão-de-obra com a gestão dos **encargos sociais** daí decorrentes?
  - Que peso atribuir à **gestão dos recursos humanos** no desenvolvimento organizacional das empresas?
  - Como gerir a **qualificação da mão-de-obra** de um país?

- A construção de uma nova matriz da organização sócio-económica tem, indubitavelmente, que ser desenvolvida com base na conjugação de dois vectores fundamentais:

- A flexibilização dos modelos de gestão e
- A consideração do emprego como variável estratégica.

Fugir ao esforço de identificar formas **inovadoras,** mas, legais, de flexibilizar os modelos de gestão, as formas de contratação, a organização dos tempos de trabalho e os conteúdos funcionais dos trabalhadores, por exemplo, é fugir à responsabilidade de criar condições de garantia do emprego para a mão-de-obra nacional.

Fugir à responsabilidade de garantir o emprego à mão-de-obra nacional é inviabilizar a modernização da gestão empresarial e, consequentemente, impedir os factores de inovação necessários à competitividade.

- A **nova organização do trabalho,** enquanto ponto de convergência da gestão das variáveis enunciadas e base de toda a mudança constatada, merece ser evidenciada. A este propósito relevam novos conceitos, sendo de destacar:
  - A organização do trabalho já não consiste tanto em preparar as operações, mas em desenvolver as **condições de co-operação;**
  - A racionalização há que contrapôr a gestão de **processos de inovação;**
  - O trabalho, mais do que um volume que determina um custo, passa a ser considerado como uma **fonte de valor;**
  - A performance da empresa reside na valorização da **diferenciação individual** e no desenvolvimento das **interfaces;**
  - À concentração e a hierarquização dão lugar a uma representação que privilegia os **saberes específicos individuais** (incluindo os saberes dos actores de base), e privilegia ainda a **participação e a responsabilização;**
  - Os **níveis de decisão desconcentram-se,** aproximando-se dos níveis de execuçao;
  - Os **processos de avaliação** dirigem-se, cada vez mais, aos factores estruturantes da motivação e da adesão dos diversos actores ao projecto e aos objectivos da organização.

- A mudança para novas formas de organização do trabalho revela, assim, uma matriz surpreendente:
  - Não há um modelo melhor do que outro. Há muitos modelos organizacionais à escolha;

A Intervenção do Estado na Promoção da Qualidade do Trabalho   85

- A escolha do modelo deve ser feita por adequação à situação concreta da Organização;
- O processo de mudança não visa fazer-nos passar de um modelo fixo para outro modelo;
- **A mudança visa, antes, alvos organizacionais susceptíveis de evoluir no tempo e permanentemente capazes de fazer a organização responder às exigências de um ambiente em permanente mutação.**

QUE ENVOLVENTES PARA A EFICÁCIA DA ADMINISTRACÃO DO TRABALHO?

• Desde logo, o **diálogo social:**

A sua revitalização parece supor o traçar de novos horizontes que lhe confira apuramento do sentido estratégico e maior eficácia. E, em tal contexto, seria oportuno implicar novos actores, configurar novos cenários, promover novos temas e ousar ao nível de novos instrumentos que garantam formas reais de concretização.

O diálogo social (e a implicação última, o efeito envolvente que dele se espera – a participação) deverá desenvolver-se segundo uma matriz determinada, sendo, pois, de reflectir sobre o horizonte que queremos ter neste âmbito:

- A mera **participação representativa?**
- Ou uma **participação directa** desenvolvida!

A oportunidade desta reflexão reporta-se a dois posicionamentos, fundamentalmente diferentes:

- Ou nos basta a defesa de interesses sectoriais;
- Ou precisamos de construir um futuro nacional.

A Administração do Trabalho nada pode sem – e, muito menos, contra o desenvolvimento do diálogo social e da participação. É deste desenvolvimento que poderá sair um novo quadro de relação dos Parceiros Sociais com a Administração do Trabalho (o partilhar da definição de estratégias, o compreender as especificidades e as dificuldades nacionais e o participar da avaliação dos resultados da acção da Administração).

- Como 2.ª envolvente: **A inovação e o desenvolvimento organizacional**

O desenvolvimento de formas diversificadas desta abordagem torna-se imprescindível para preparar as nossas empresas para o futuro e garantir a sua capacidade competitiva.

Esta nova perspectiva de trabalho para a Administração do Trabalho, em geral, e para o IDICT, em particular, é fundamental para que aquela Administração e a Administração do Emprego e da Formação Profissional (e não só ...) integrem medidas de política e articulem acções concretas dirigidas ao interior da gestão da empresa (e dos seus recursos humanos, em especial). De outra forma, a Administração do Trabalho ficaria só a gerir um património jurídico e a insistir num controlo inspectivo que, deste modo, nunca poderia atingir a eficácia necessária (agir sobre os resultados).

- Como 3.ª envolvente: **A filosofila da prevenção**

Sem o desenvolvimento multifacetado da cultura da prevenção, o nosso tecido empresarial ficará exclusivamente dependente da justiça e do controlo, ou seja de acções essencialmente reactivas e casuísticas de regulação externa, em vez de assumir uma actividade auto-reguladora e prospectiva, geradora de auto-desenvolvimento.

E quando falámos de cultura da prevenção, não nos referimos só aos riscos profissionais (há, também, a prevenção dos conflitos laborais, da desregulação ...), se bem que, importa reconhecer, os acidentes de trabalho (e as doenças profissionais) ocupam já, hoje em dia, um grau de preocupação da população trabalhadora e da própria opinião pública que, talvez, não encontre, ainda, completa consciência e adequada resposta por parte dos actores sócio-económicos e da Administração (do Trabalho, da Saúde, da Educação, da Formação Profissional, da Economia ...).

- Como 4.ª envolvente: **A cultura da informação**

Se a informação reduz o grau de incerteza, então ela gera capacidade de desenvolvimento. A informação é catalizador poderoso de todas as variáveis estruturantes do mundo do trabalho (participação, motivação, responsabilização, capacidade de inovação, produtividade...).

Ora, o panorama da informação do Trabalho é manifestamente pobre. E todos nós sentimos isso quando precisamos de nos situar

A Intervenção do Estado na Promoção da Qualidade do Trabalho   87

sobre a realidade laboral para negociarmos convenções colectivas, identificarmos novos fenómenos do mundo do trabalho, anteciparmos o impacte de uma nova medida, ou para construirmos um novo programa, um novo plano ou uma nova lei.

E, por outro lado, os circuitos predominantes de doutrina ainda são de natureza estática, de índole reactiva (por que não dizê-lo, – "técnico-jurídica"), em vez de informativos, prospectivos, isto é, formadores de opinião, fazedores de nova cultura e nova liderança.

- Como 5.ª envolvente: **A gestão de conflitos**

Particularmente num contexto de mudança estrutural (vd. p.ex., a flexibilização), nenhum sistema pode garantir eficácia se não forem configurados quadros eficientes de regulação de disfunções sociais.

E aqui valeria nao esquecer todas as principais tipologias de conflitos e especificar a natureza que marca a diferença entre os conflitos colectivos e os conflitos individuais.

Para os conflitos individuais, tarda a criação de um sistema que reuna as capacidades de celeridade e adequação. Não fazendo qualquer sentido a sua inclusão na Administração (função de regular, informar, prevenir e, não, dirimir), defendemos um sistema que conjugue a participação dos actores sociais com a ancoragem à estrutura judicial (o Ministério Público, por exemplo, possui sobre a matéria uma experiência e uma sensibilidade que importaria ouvir).

Quanto aos conflitos colectivos, aí, sim, há um papel da Administração que será, todavia, sempre muito frágil enquanto não se dispõe de outros mecanismos autónomos (auto-regulação).

Importa afirmar que em matéria de resolução e regulação de conflitos (individuais e colectivos), matéria tão sensível e de efeitos tão nocivos para trabalhadores e empregadores, o Estado-de-Direito ainda não conseguiu sedimentar um sistema.

- Como 6.ª envolvente: A **formação profissional**

A mudança, em geral, e a flexibilização da gestão (dos recursos humanos e da produção), em especial, colocam particulares exigências ao sistema de formação profissional: Identificação das necessidades de formação, avaliação qualitativa dessas necessidades, adequação da formação, são tudo aspectos que exigem uma gestão orientada:

– Não só para o presente, mas também para o futuro;

88 — I Congresso Nacional de Direito do Trabalho

– Não só para as empresas, mas também para as necessidades individuais dos profissionais e para o quadro económico nacional;
– Não só para aquisição de competências instrumentais, mas sobretudo, para as novas formas de organização do trabalho e para a interiorização de novas competências relacionais.

Sendo do "Trabalho", falamos aqui, com interesse, da "Formação", porque só há "formação porque há trabalho" e porque a "formação" gera a renovação do "trabalho". Reafirmámos a consciência que temos de que a integração das políticas e a articulação das medidas e das acções Trabalho – Formação são vitais para que a quantidade do emprego e a qualidade do emprego não sejam conceitos dicotómicos (e em potencial estado de neutralização mútua), mas, sim, instrumentos decisivos do desenvolvimento e do progresso.

- Como 7.ª envolvente: **A gestão do mercado de trabalho**

O contexto de mudança gera o aumento da circulação dos profissionais, o que implica a conjugação de uma política esclarecida de formação profissional que vise a (re)qualificação, conjugada com uma elevada performance do serviço de gestão do mercado de trabalho.

E, também aqui, são válidas as considerações precedentes quanto à política de integração: Mais trabalho tem de ser igual a melhor trabalho, ou não fosse omnipresente, hoje em dia, o conceito de "empregabilidade" da mão-de-obra.

- Como 8.ª envolvente: O **quadro normativo**

Para além das intervenções casuísticas, necessárias à adequação a fenómenos conjunturais, o quadro normativo carece de uma abordagem que o configure como um instrumento ao serviço da mudança em curso.

- Esta abordagem permite colocar a questão de se saber em que medida se deve configurar a adequação da Administração por forma a ser capaz de oferecer resposta aos problemas e desafios que o quadro descrito comporta. Com efeito, na Administração Pública tem predominado uma "cultura de função", de cariz eminentemente jurídico que elege para referenciais de acção o conjunto compartimentado constituído pelas atribuições e competência fixadas pelas respectivas leis orgânicas. Contudo o que

A Intervenção do Estado na Promoção da Qualidade do Trabalho 89

se exige dos serviços públicos são produtos e serviços cada vez de maior qualidade desenvolvidos com inovação, eficiência e eficácia. Importa, por isso assumir-se uma postura que privilegie os resultados. A tendência é para reduzir as áreas de intervenção do Estado, mas é também para aumentar a qualidade e a responsabilidade em relação aos serviços que presta.

As missões são, nesta perspectiva, elemento essencial, porque materializam o fim para que concorrem os Serviços, a finalidade do sistema.

A missão de um Serviço além de constituir um quadro de referência estável, assume a característica de um instrumento de avaliação dos resultados e viabiliza a criação de consensos internos em cada organização.

COMO SE POSICIONA O IDICT E A IGT

- À luz das considerações com que introduzimos esta comunicação, posicionamos, hoje em dia, o IDICT com a missão de:

PROMOVER O DESENVOLVIMENTO E A IMPLANTAÇÃO DE SISTEMAS E METODOLOGIAS DE INOVAÇÃO, PREVENÇÃO E CONTROLO, COM VISTA À MELHORIA DAS CONDIÇÕES DE TRABALHO, TENDO EM ATENÇÃO OS CONTEXTOS SOCIAIS, CULTURAIS, ECONÓMICOS E TECNOLÓGICOS DA SOCIEDADE E DAS EMPRESAS.

- Desta missão, decorrem como áreas de actuação:
  - A **Prevenção dos Conflitos Laborais;**
  - A **Prevenção dos Riscos Profissionais;**
  - A **Prevenção da Desregulação Sócio-Económica;**
  - A **Dinamização de Processos de Inovação Organizacional;**
  - A **Dinamização do Desenvolvimento das Relações de Trabalho.**

- Propomo-nos agir no domínio das seguintes opções estratégicas:
  - Desenvolver metodologias (mecanismos e procedimentos) que possibilitem a antecipação das variáveis estruturantes dos conflitos de modo à sua gestão preventiva;

- Dinamizar a rede de prevenção tendo em vista a operacionalização do sistema nacional de prevenção de riscos profissionais;
- Desenvolver práticas promotoras da articulação dos diversos intervenientes no processo de regulação social, de modo a potenciar o controlo do Estado e a auto-regulação dos actores sócio-económicos;
- Disponibilizar experiências e metodologias geradoras de novas competências na organização do trabalho e na gestão das empresas;
- Desenvolver competências no âmbito do diálogo social, identificando novas metodologias e novos quadros de desenvolvimento das relações de trabalho.

- Finalmente, afigura-se que, o papel específico da Inspecção do Trabalho não se deve restringir à mera competência de "assegurar o cumprimento das disposições legais...". A sua **missão** deve conhecer uma formulação mais prospectiva que traduza a ideia da **acção em função da promoção da melhoria das condições de trabalho, tendo em conta o desenvolvimento dos contextos sociais, económicos e tecnológicos da sociedade e das empresas.**

Daqui decorre que esta missão é **eminentemente preventiva,** o que se traduz por novas abordagens em cuja matriz se destacam, nomeadamente, o papel de promotor, o agir a montante, o agir por **objectivos estratégicos,** o passar do controlo de conformidade para a acção sobre os níveis de gestão, as estruturas e a organização, o promover a elevação da cultura do trabalho nos parceiros sociais e, consequentemente, o diálogo social.

- As funções a atribuir à Inspecção do Trabalho deverão decorrer desta missão e, obviamente, o seu núcleo central terá de situar-se na zona das condições de trabalho. É, pois, oportuno questionar-se o conjunto de actividades que tradicionalmente a Inspecção do Trabalho vem executando no âmbito do controlo das disposições que se reportam à relação individual de trabalho. Tais actividades deveriam ser desenvolvidas em instâncias de outra natureza designadamente:

- Aumentando a legitimidade de os organismos sindicais exercerem o direito de acção em representação e substituição do trabalhador nos Tribunais de Trabalho;
- Constituindo uma rede de conciliação e arbitragem no domínio das relações individuais de trabalho (de preferência a nível de grandes sectores de actividade).

DIA 20 DE NOVEMBRO DE 1997
15 horas

TEMA II

FLEXIBILIDADE E POLIVALÊNCIA FUNCIONAL

Presidência
Conselheiro Menéres Pimentel,
Provedor de Justiça

Prelectores
Prof. Dr. Bernardo da Gama Lobo Xavier,
do Departamento Autónomo de Direito
da Universidade do Minho;
Prof. Dr. Nunes Abrantes,
da Universidade Internacional e Consultor Jurídico;
Prof. Dr. António Vilar,
da Universidade Lusíada e Advogado

FLEXIBILIDADE E POLIVALÊNCIA

Menéres Pimentel

Provedor de Justiça

FLEXIBILIDADE E POLIVALÊNCIA

1. Noção de flexibilidadc e polivalência, e a intervenção do Estado no funcionamento do mercado de trabalho

I. Conforme resulta dos temas colocados à discussão nestes colóquios, a minha intervenção centrar-se-á sobre a problemática, tão actual, da polivalência e flexibilidade nas relações laborais, limitando-me a introduzir o tema, e suscitando questões que se colocam no actual Direito do Trabalho, decerto mais profundamente tratadas em cada uma das intervenções seguintes.

Começando pela análise da própria terminologia, a polivalência engloba-se numa noção lata de flexibilidadc, podendo ser adoptada a noção pertilhada pelo Relatório Dahrendorf segundo a qual a flexibilidade traduz a capacidade de o individuo, na vida económica e social, e em particular no mercado de trabalho, renunciar aos seus hábitos e adaptar-se a novas circunstâncias.

II. A problemática da flexibilidade e polivalência são "temas da moda", resultantes do panorama económico e social actual, bem como de correntes tendentes à extinção da noção de "propriedade do posto de trabalho", que caracterizam a chamda *crise do Direito do Trabalho*. O desaparecimento de estruturas, sectores e formas de organização social e económica tradicionais, a necessidade de aumentar a competitividade, a crescente tensão entre o trabalho e a tecnologia, são igualmente alguns dos motivos mais óbvios para a importância do tema, e que situam o *Direito do Trabalho na crise*.

III. O tratamento do tema deve por isso ser conjugado com os objectivos tradicionalmente subjacentes aos ideais de polivalência e

98 *I Congresso Nacional de Direito do Trabalho*

flexibilidade, de crescimento económico e criação de empregos, mas baseado na necessidade de *melhoria da qualidade de vida no sentido não financeiro.*

Por esta razão os sindicatos europeus têm sido favoráveis, por exemplo, à flexibilidade na repartição do tempo de trabalho, mediante diminuição da sua duração, ou desde que o trabalho extraordinário seja compensado com tempos livres, no âmbito do aumento do bem estar económico e social do cidadão, que entre nós o art. 81.º da Constituição estatuiu como incumbência prioritária do Estado.

2. Cambiantes de Flexibilidade laboral.

Sumário: Mobilidade interna e mobilidade externa; flexibilidade salarial e flexibilidade do emprego (duração e ritmo do trabalho, do seu conteúdo e funções).

I. Importa salientar, como ponto de partida, que uma noção lata de flexibilidade comporta sub-espécies ou figuras parcelares, sobre domínios específicos da relação laboral.

Podemos por isso fazer tais grandes divisões no conteúdo da flexibilidade, e que, curiosamente, são precisamente os domínios onde o regime do contrato individual de trabalho aprovado pelo Decreto--Dei nº 49.408, de 24 de Novembro de 1969 é extremamente garantístico da posição do trabalhador.

II. Uma das cambiantes da flexibilidade consiste na chamada "mobilidade interna", isto é, *a possibilidade de transferência dentro das empresas ou entre empresas* que compõem o respectivo grupo (mesmo que situadas em áreas geográficas distintas), por contraposição a "mobilidade externa", que traduz a possibilidade de mudança entre empresas diferentes.

II. Também no âmbito da fixação e actualização salarial se pode falar de flexibilidade, sendo embora certo que, excepto no que respeita aos guadros superiores, esta é uma área onde existe tradicionalmente muita rigidez.

Tal é devido em grande parte à actuação, mesmo que inconsciente, dos sindicatos, que optam usualmente por uma nivelação média dos salários, normalmente tendo como referência o custo de vida.

IV. Um último grande vértice da flexibilidade laboral reconduz--se à denominada flexibilidade do emprego ou mobilidade "profissio-

Flexibilidade e Polivalência 99

nal", traduzida na possibilidade de redução ou aumento do tempo de trabalho, na flexibilidade dos horários, férias e feriados, e do conteúdo funcional das categorias profissionais.

3. Limites à flexibilidade laboral

I. Se é certo que estas são as grandes áreas onde a pretendida flexibilidade tende a operar, ela depara com *limites*, decorrentes de três tipos de factores: o clima económico, social e politico num momento dado, a capacidade de mudança das empresas, e as capacidades próprias dos trabalhadores.

II. O principal limite à flexibilização do trabalho decorre de um princípio civilizacional segundo o qual o trabalho constitui expressão da *dignificação e valorização do Homem*, que encontrou expressão no Direito do Trabalho nascido no princípio do século, contraposta à lógica do Liberalismo individual. Este *ramo de Direito afirmou-se* e existe pelas normas especiais, regras e princípios, de protecção da parte mais fraca no contrato individual de trabalho, e da sua Família enquanto "elemento fundamental da sociedade".

III. Estes princípios estão vertidos no Titulo III da actual Constituição, sob a epígrafe "Direitos e deveres económicos, sociais e culturais", a par com a estatuição de um regime económico e social dominado por princípios de economia de mercado baseados no direito de propriedade, e na liberdade de iniciativa privada.

Estes princípios de economia de mercado possibilitaram o recurso por alguns Autores à distinção entre garantia de emprego, e garantia de estabilidade no emprego. É que, afirma-se, se um garantismo de *estabilidade do emprego* é compreensível em situações de crescimento económico, já existe uma enorme dificuldade em manter tal princípio nos momentos de crise económica, onde a flexibilidade da relação laboral, libertando a economia de peias rígidas, permitiria uma maior adaptabilidade aos ciclos económicos, e consequentemente uma maior *criação de emprego*.

IV. Independentemente da veracidade destas teorias, nenhuma forma de flexibilização pode esquecer a *diversidade e desigualdade* económica entre os diversos países, numa economia altamente globalizada e multinacional, e as *assimetrias entre sectores de actividade ou entre regiões* dentro de cada Estado.

100   *I Congresso Nacional de Direito do Trabalho*

Sendo certo que a atenuação destas diferenças constitui uma das esquecidas *tarefas prioritárias que a Constituição da República incumbe ao Estado* (veja-se a alinea *d*) do citado art. 81.°), não se deverá pensar em adoptar as mesmas medidas de flexibilização, por exemplo, para o sector financeiro e para o sector industrial, ou para as regiões litorais e para as regiões desertificadas do interior do país.

Isto mesmo foi reconhecido no Tratado de Roma, cujo art. 118.° A alterado pelo Tratado de Maastricht, estabelece que "os Estados empenham-se em promover a melhoria, nomeadamente, das condições de trabalho", não obstando a harmonização comunitária "à *manutenção* e ao *estabelecimento* por cada Estado membro de medidas de protecção *reforçada* das condições de trabalho", desde que compatíveis com o Tratado.

V. Um último limite ao sucesso de qualquer medida de flexibilização decorre da susceptibilidade de alteração de mentalidades e comportamento, quer dos empresários e das famílias, quer das capacidades profissionais próprias.

Neste âmbito, e ligada à polivalência, desempenha papel fundamental a *qualificação profissional;* o instituto do "jus variandi" revela-se cada vez mais inadequado às crescentes necessidades dos empregadores, não me parecendo excessivo afirmar que *constitui obrigação actual dos trabalhadores e dos empregadores proceder a uma constante actualização*, pelo menos no que fôr necessário para o melhor desempenho das suas tarefas.

É que, por regra, *a excessiva polivalência e flexibilidade acarretam a desqualificação do trabalho*, o que, numa época em que o ciclo de vida de uma qualificação já é cada vez menor, torna extremamente difícil conseguir aplicar as qualificações que se conseguiu atingir, excepto no que respeita aos cargos superiores.

VI. Um último limite à flexibilidade pretendida pode decorrer de um balanço entre as suas vantagens e desvantagens.

Traduz vantagem inquestionável o facto de *a flexibllidade poder quebrar a riqidez do mercado de trabalho*, quer fazendo variar o *valor (ou custo)* do trabalho (e não podemos esquecer que todas as regalias concedidas, como férias, e feriados, envolvem um aumento dos custos), quer permitindo constantes *ajustamentos* entre a oferta e a procura no

Flexibilidade e Polivalência   101

mercado de trabalho. Assim se evita a apregoada *cristalização* dos contratos de trabalho negadora da criação de novos empregos, diminuindo e/ou erradicando fenómenos como o trabalho a prazo, a locação do trabalho ou trabalho temporário, e o "sector não protegido" do trabalho "negro".

As eventuais desvantagens decorrem do possível conflito entre os desejos dos trabalhadores e a organização do trabalho; por exemplo, se a redução do valor do trabalho em termos de relação custo/investimento é boa para o empregador, certamente não será assim tomada pelo trabalhador.

Qualquer mecanismo de flexibllidade deve ter presente a necessidade de segurança e estabilldade *no emprego*, através do cumprimento pontual dos contratos, vigente em outros regimes contratuais menos garantísticos como o arrendamento.

Dereremos ter em conta que a flexibilidade, só por si, não erradica, necessariamente, a existência de vínculos *precários ou ilegais* no mercado de trabalho, como a experiência de regimes jurídicos mais flexíveis que o nosso demonstram (RFA, GB, França). Muitas vezes, o trabalho clandestino está sobretudo ligado à *ineficácia fiscalizadora e/ou sancionadora das entidades públicas, e à fuga a vínculos legais conexos com o vínculo laboral* (IRS, IRC, Previdência e Segurança Social) – como sucede actualmente em Portugal em áreas como a construção civil, a reparação automóvel, a produção alimentar e industrial artesanal.

4. Flexibilidade laboral e intervenção dos poderes públicos.

I. Por isso mesmo, cabe uma última palavra para afirmar a importância da intervenção dos poderes públicos no tema da flexibilidade laboral.

A *relação jurídico-laboral tem uma racionalidade económica própria*, que se deve impor a quaisquer teorias políticas e jurídicas. Num plano imediatista, funciona como um *rendimento mínimo que não deve ser substituído por qualquer doação ou subsídio* do Estado. Num plano de futuro, funciona como meio de sustentação de quaisquer sistemas de segurança social.

Esta função da relação jurídica laboral deve estar sempre presente na intervenção dos poderes públicos, sobretudo num momento como o actual, caracterizado pela fraca sindicalização e adesão a mecanismos de luta, fruto da necessidade de tentar manter as regalias alcançadas, mais do que pretender o seu alargamento.

II. A flexibilização da relação laboral não e aliás um tema novo em Portugal, onde tem vindo a ser prosseguida pelo legislador. Basta pensarmos na criação dos contratos de trabalho a prazo (Decreto-Lei n° 64-A/89, de 27 de Fevereiro); na consagração do princípio do "jus variandi", recentemente alargado pela Lei n° 21/96, de 23 de Julho; a legiferação do trabalho temporário (Decreto-Lei n° 358/89, de 17 de Outubro); o alargamento do âmbito da justa causa de despedimento por inadaptação do trabalhador ao posto de trabalho (Decreto-Lei n.° 400/91, de 16 de Outubro); a possibilidade de suspensão prolongada do contrato de trabalho, nomeadamente por razões empresariais (Decreto-Lei n° 398/83, de 2 de Novembro).

III. Certo é que qualquer forma de flexibllização, traduzindo um desvio às regras que regem os contratos de trabalho actuais, a que se encontra subjacente uma lógica de protecção da parte mais fraca, *deve ser deixada à negociação, e não ser imposta (ou permitir que seja imposta) por via unilateral.*

Um bom uso das correntes jurídicas actuais, que numa óptica liberalizante preconizam a *desregulação* e *heteroregulamentação*, será permitir-se, tal como foi feito em França em 1982, que os "limites mínimos" legalmente previstos sejam derrogados pela contratação colectiva em pontos concretos – férias, duração do trabalho, polivalência funcional.

Numa época em que, por paradoxal que pareça, a flexibilização redunda num ataque à legislação do trabalho do regime coorporativo anterior a 1974 (o já citado DL n.° 49.408 de 1969), *por demasiado garantística*, apenas a via negocial permite prosseguir em cada momento objectivos empresariais considerados necessários, mediante, justa contrapartida, e sem violação do equilíbrio contratual entre o empregador e o trabalhador.

POLIVALÊNCIA E MOBILIDADE

Bernardo da Gama Lobo Xavier

Professor Associado
Departamento Autónomo de Direito
Universidade do Minho

POLIVALÊNCIA E MOBILIDADE

BERNARDO DA GAMA LOBO XAVIER
Professor Associado do Dep. Aut. Direito Un. Minho

Exm° Senhor Provedor da Justiça

Senhoras e Senhores, caros Colegas

Queria antes de mais saudar e felicitar vivamente o Senhor Dr. António Moreira pela iniciativa deste congresso.

Queria também dizer que o número da Revista de Direito e de Estudos Sociais que foi distribuido contém um longo texto que compendia o meu entendimento sobre as questões da polivalência. Parte das considerações seguintes resumem esse texto, salientando alguns aspectos, mas referem ainda outros pontos. Diz BOBBIO algures que, com a aceleração do conhecimento, somos obrigados a rever a nossa opinião todos os dois anos. Como se trata de texto composto apenas há vários meses desculparão que eu não tenha mudado assim tanto...

*

Introdução

Entrando imediatamente no tema, gostaria de lembrar uma iniciativa desta natureza em Coimbra, há mais de 10 anos, precisamente em 1986. Aí me foi dado chamar a atenção para um ponto de rigidez, crítico no nosso sistema laboral: o da estruturação jurídica dos problemas da categoria e da mobilidade funcional, que é uma outra vertente da

106 *I Congresso Nacional de Direito do Trabalho*

polivalência. Pensava então (penso ainda) que – mais do que uma reforma do art.º 22.º da LCT – era necessária a adequada interpretação do preceito.

Não me congratulo com a redacção introduzida pela L n.º 21/96, que considero infeliz. Mas aceito como válida a intenção flexibilizadora. Igualmente presto justiça ao legislador, pois obviamente este não quis que a flexibilização se fizesse à custa do sacrifício de posições relevantes dos trabalhadores. Simplesmente, parece que faltou, no plano técnico, uma adequada formulação para considerar o que realmente está em jogo.

*

Partimos do suposto que a legislação do trabalho deve efectivamente ter um **são** relacionamento com o emprego. O desemprego e os desempregados deverão sempre constituir *referências no Direito do Trabalho*: se este não é simplesmente um Direito do Emprego, não pode esquecer os futuros trabalhadores e os que não trabalham involuntariamente.

A abertura ao emprego não deve obviamente envolver o respeito cego pelo mercado. Este regula e dita condições muitas vezes alheias a valores: segregar um "diktat" não é o mesmo que instituir uma regulamentação justa.

Por outro lado, afigura-se-nos evidente que o mercado vai desencadear uma destruição maciça do emprego, pelo progresso tecnológico e pela globalização.

De qualquer modo, se há que reclamar para o Direito do Trabalho uma ideia regulativa, não se poderá esquecer – por um lado – a eficiência empresarial (às vezes estrangulada por pontos de rigidez sem verdadeiro alcance social) e – por outro – que o nosso Ordenamento Jurídico actua num espaço mínimo no sistema mundializado de trocas e que qualquer acção eficaz ou será internacional ou não será nada! Torna-se necessária uma enérgica intervenção da Organização Internacional do Trabalho: que ela prescinda da ressonância política em benefício duma actuação mais profícua e realista (não é com a adopção de convenções sofisticadas, que não recolhem adesões significativas dos países mais progressivos, que se conseguem os mínimos sociais indispensáveis). Que se reexamine também o problema do "dumping

Flexibilidade e Mobilidade 107

social", como ameaça ao comércio internacional e a fronteiras inultrapassáveis da dignidade humana (sem desprezar embora a vantagem competitiva do preço de mão-de-obra, por vezes o único trunfo de certas economias).

De qualquer modo será sumamente imprudente não olhar para os sistemas jurídicos que nos são mais próximos e que neste domínio contêm regras empresarialmente mais flexíveis e mais eficientes, sem prejuizo sensível para os trabalhadores.

*

A Polivalência

A ideia de polivalência é um pressuposto da mobilidade funcional, que se tornou um *Leitmotiv* das empresas: juridicamente aparenta corresponder a um elemento de flexibilidade numa estrutura contratual pré-definida através da especial capacitação do trabalhador.

Há uma imagem idílica da *polivalência*!

A polivalência pode evocar um trabalhador multiplamente habilitado, "auto-gestor", decisor, que domina o processo produtivo, aberto à inovação, capaz de enfrentar o imprevisto, resistente ao estiolamento profissional e à repetição, inversor das segmentações artificiais. Dir-se-á que o novo trabalhador polivalente, cujas funções são enriquecidas, combina a um tempo a tradição do saber-fazer da obra completa (o "opus perfectum" dos velhos mesteirais) com a capacidade de gestão de informação e de invenção dos pesquisadores dos departamentos de inovação!

Por outro lado, a polivalência não é desconforme com uma certa expectativa da evolução contratual.

De facto, o contrato de trabalho lança as bases de uma *relação duradoura, mas especialmente evolutiva*, já que as prestações das partes, na sua economia, se têm de adaptar a um quadro de constante mudança e de crescente expectativa. No contrato de trabalho, a necessidade de modificações é acrescida por novos factores de evolução tecnológica ou por processos de reconfiguração empresariais, hoje galopantes. E, por certo, também pelas expectativas dos trabalhadores, no sentido de melhoramento do seu estatuto e das suas posições profissional, hierár-

108 *I Congresso Nacional de Direito do Trabalho*

quica, salarial, etc. No que tange às modificações profissionais, o contrato de trabalho já não supõe – ao menos necessariamente – a prestação de um serviço repetitivo, parcelizado, por toda uma vida, segundo um modelo constante, de tipo taylorístico. Na verdade, o trabalhador ascende, dentro duma hierarquia empresarial mutável, progride, estribado na "profissionalidade pregressa", conta legitimamente com as vantagens que lhe confere a antiguidade e a experiência. As empresas funcionam como instituições de continuada formação/aprendizagem, com modelos complexos, de variável articulação, em que a inovação tecnológica convoca ao mesmo tempo tarefas simples e extremamente complexas, a executar pela mesma pessoa, num ambiente de oportunidades e dificuldades para a valorização profissional de um "capital humano", que importa manter e fidelizar.

Por outro lado, estamos a referir-nos a um vínculo de trabalho que todos consideram dever ser **estável**. Ora a segurança possível no emprego parece incompatível com a inalterabilidade das condições de trabalho: *mudar o trabalho tornou-se uma espécie de preço da segurança do emprego.*

Daí que ambos os contraentes devam prever mudanças mais ou menos radicais naquilo que será amanhã requerido. E aqui teremos a mobilidade que se aproxima do modelo que ultimamente entrou em debate, que é o da *polivalência.*

E se deste visionamento "micro-analítico" da relação laboral nos elevarmos às questões colectivas da empresa, teremos de evocar a crise dos sistemas de organização científica do trabalho, da busca de uma nova eficiência, das mudanças operacionais da unidade produtiva, pela introdução dos sistemas de *safe-working,* da adaptação e formação profissional do pessoal e dos papéis que o Ordenamento distribui ao *conjunto* dos empregadores e trabalhadores nesta matéria.

O tema tem sido vastamente versado nos países desenvolvidos onde se visa aumentar a produtividade pela flexibilidade. Mas o pano do fundo no plano da economia mundializada não deixa de ser o da destruição do emprego e da concorrência global sem qualquer regra.

De positivo teremos que a empresa passa a ser entendida como *"organização qualificante"*, em que a própria organização deve responder às pressões exteriores por meio de adaptações e de maleabilização.

Os sistemas de Ford e de Taylor viviam à base de organizações complexas e de postos de trabalho simples.
Hoje as organizações são simplificadas, mas com postos de trabalho mais ricos e complexos.

Um outro ponto que não tem apenas a ver com as relações empresário/trabalhador, mas com as relações dos trabalhadores entre si: O trabalhador não trabalha sózinho, mas executa a sua prestação numa organização, *lado a lado com outros trabalhadores*, devendo ser coordenadas reciprocamente as respectivas prestações, em ordem a um resultado produtivo. Ora os esquemas de divisão de trabalho emergentes são hoje naturalmente instáveis, o que supõe uma constante oscilação das tarefas produtivas, de acordo com os efectivos e capacidades a cada momento existentes [1].

Polivalência pois tem a ver com o maior valor dos trabalhadores, com a melhoria de habilitações e da sua mais fácil empregabilidade.

Mas é isto que reunirá consenso.

Em outros aspectos, não haverá já consenso! De facto, se a polivalência é um tão belo conceito por que então a impopularidade, pelo lado sindical, do polivalente, trabalhador "pau para toda a obra" ou "para toda a colher"?

É que, na verdade, as segmentações, a divisão do trabalho e a sua organização científica – consideradas como típico produto da lógica capitalista ou, melhor, do "fordismo" ou do "taylorismo" – serviram também de referência ao sindicalismo. Em certo momento histórico correspondeu a uma conquista do movimento operário (e também do próprio Direito do trabalho) o estabelecimento de delimitação do objecto da prestação do trabalho através da **categorização profissional**. E o movimento sindical envolveu-se na definição de categorias profissionais

---

[1] Serão ainda mais instáveis nos sistemas de produção de estilo nipónico de "lean production" ou, de qualquer modo, em todos os casos em que há grande autonomia e intermutabilidade de tarefas de grupos de trabalhadores e de equipas de trabalho. Por outro lado, em toda a parte se abandona a separação estrita entre serviço, fomenta-se a cooperação – trabalho "em rede"; organiza-se o trabalho em equipas autónomas ou semiautónomas, desenvolvem-se as qualificações e competências dos recursos humanos.

110 *I Congresso Nacional de Direito do Trabalho*

das convenções colectivas, na sua delimitação bem como na hierarquização de funções, permitindo assim mais racionalidade e menos arbítrio
patronal [2].

Acresce que a categorização profissional contribui para controlar
o poder directivo do empregador, com genuíno acréscimo da capacidade
sindical de intervenção.

Por outro lado, os sindicatos sabem que a desvalorização da categorização implica uma destruição de emprego, possibilitada pela aplicação de novas tecnologias que – entregues ou afectas a um tempo
marginal de determinado trabalhador – envolvem a inutilização de
uma série de postos de trabalho [3].

Daí as compreensíveis reservas do sindicalismo, não tanto à polivalência, pois ela corresponde à valorização profissional do trabalhador
e às suas melhores condições de empregabilidade, mas ao arbítrio
patronal quanto à mobilidade funcional e a uma extensão desmesurada
do que pode ser pedido profissionalmente ao trabalhador.

Polivalência e mobilidade

Teremos pois que polivalência sim, mas mobilidade mais devagar!

O problema não estará tanto na polivalência, mas **quem** aproveita
e **como** essa polivalência.

Pode colocar-se a questão como a da necessidade de encontrar
um ponto de equilíbrio entre o poder patronal de aproveitar a força de
trabalho, dirigindo e encaminhando a actividade, e entre o interesse do
trabalhador no "pacta sunt servanda", a não lhe ser exigido outra coisa

---

[2] Essa hierarquização de funções parece segmentadora e elitista apenas em
visão superficial: na realidade, faz surgir objectivos comuns e torna gerível a multiplicidade de interesses pelo lado dos trabalhadores, promove com "títulos vistosos"
e profissionalizantes actividades indiferenciadas e humildes, propicia a exploração de
"flechas operacionais" (funções raras e portanto bem cotadas que acedem, pelo jogo
da oferta e da procura, a condições de trabalho superiores e que arrastam todas as
outras), aumenta a população empregada, ainda que à custa da eficiência, etc. Ora
tudo isso são pontos fortes que o sindicalismo não pretende perder!

[3] Num exemplo simples: sistemas de telefone, "fax" e redes de computadores,
geridos pelos quadros técnicos da empresa, disponibilizam postos de trabalho de
secretárias, de telefonistas e de estafetas.

Flexibilidade e Mobilidade											111

do que prometeu, identificada na **categoria como objecto do contrato,** fronteira de dignidade e da profissionalidade.

É tempo de observar que tal apresentação do problema se encontra um tanto falseada por um visionamento materializante da prestação do trabalho, proporcionado por uma óptica operacional ou, no melhor dos casos, funcionalista da "categoria". Não enjeitámos as nossas próprias responsabilidades nesse visionamento materializante do trabalho, em excesso tributário dos quadros jurídicos do Direito das Obrigações. No fundo, desde há mais de 35 anos tem sido a nossa abordagem do tema.

Mas, nesta questão, supomos que, para definir o objecto da prestação, haverá que ir além da descrição de tarefas ou da identificação de funções.

A questão prende-se – de facto – com os grandes temas do Direito do Trabalho:

1. inseparabilidade sujeito/objecto (incindibilidade entre o trabalho e o trabalhador – "não existe o trabalho, mas há homens que trabalham", como dizia MENGONI);
2. o princípio ético-jurídico, solenemente proclamado na declaração de 1919 que constitui a OIT – "o trabalho não é uma mercadoria";
3. em contraponto, a necessidade de encontrar um referencial objectivo – i.e., identificação do objecto da prestação do trabalho, para a actividade prestatória típica do contrato de trabalho.

Este último aspecto prende-se com um método que insiste em aplicar ao trabalho subordinado os quadros do direito contratual e obrigacional e assim propugna uma "coisificação" do trabalho, apta a qualquer figurino civilístico: "aluguer de serviços", "venda da força de trabalho", "fornecimento de energia laborativa". Ora às vezes – no que se refere à prestação do trabalho – os mais desprevenidos perdem de vista o óbvio. A prestação do trabalho não se define apenas pelas operações materiais realizadas, mas também pelo que o trabalhador coloca de si próprio nessas mesmas operações, sobretudo quando tem autonomia (aliás, há uma margem de autonomia, ou de poder, que não pode deixar de existir mesmo no trabalho mais subordinado. Trata-se de uma actividade inteligente [4], e – ainda que subordinada – é também

---

[4] "A actividade de trabalho é, antes de mais, uma actividade de resolução de problemas" – HELENA SANTOS, "Da concepção do indivíduo na ciência económica à

112 I Congresso Nacional de Direito do Trabalho

auto-orientada pela representação dos fins empresariais)[5]. Como importa amplamente o reflexo destas tarefas em quem as executa: o esforço, a dificuldade, o risco, a penosidade. Por outro lado, as habilitações pessoais, profissionais e educacionais do trabalhador relevam para a caracterização da prestação. A velha questão da inseparabilidade sujeito-trabalhador/objecto prestação do trabalhador surge mais uma vez aqui. O (impossível?) desdobramento do objectivo/subjectivo na prestação do trabalho e as tentativas de análise jurídica a propósito, no sentido de *materializar* a prestação do trabalho, não nos permitem esquecer que o trabalhador deixa nela o seu *ego* ou, pelo menos, o *eco* do seu *ego*. O trabalhador como que se objectiva na prestação, *entrega-se ao trabalho*, qualificando a prestação, marcando-a com o seu selo· pelo que não basta o mero descritivo de funções em qualquer coisa a que seja chamado a executar. Todo o Direito do Trabalho foi constituído para confirmar o fundamentalíssimo princípio de que o "trabalho não é uma mercadoria", mas afinal, no dizer de SUPIOT, "o ponto de encontro entre o homem e as coisas".

Na verdade, assim como o trabalhador se objectiva na prestação assim o trabalho se subjectiva no próprio trabalhador, envolvendo um enriquecimento, uma capacitação e tudo o mais que fez cunhar o conceito de "património profissional".

E, se desta entrega do trabalhador ao "seu" trabalho, à "sua" profissão, à "sua" empresa, resultam alargamentos da prestação debitória, também deve resultar tutela jurídica à profissionalidade, às capacidades adquiridas e experimentadas ao serviço da empresa, às expectativas de progresso, eventualmente de uma carreira e pelo menos de uma formação profissional.

---

especificação das competências em Portugal.", em *Cadernos de Ciências Sociais* Julho, 1996, 96.

[5] Trata-se sabidamente de uma questão-chave do Direito do Trabalho, evocando-se a propósito as duas grandes linhas: a cultura jurídica romanista na concepção do trabalho – objectivante e tratando a "locação de serviços" como uma modalidade da locação; e a tradição germânica – da relação pessoal de serviço e de pertença a uma comunidade. V., para todo este assunto, a brilhante síntese de SUPIOT, *Critique du Droit du Travail* (Paris, 1994), ed. PUF, 13 ss; 43 ss; 51 ss. Sobre o visionamento da relação de trabalho como relação de poder, v. THILO RAMM, *Per una storia della costituzione del lavoro tedesca* (trad. do alemão de GAETA e VARDARO), ed. Giuffrè (Milão, 1989), 63 ss.

Flexibilidade e Mobilidade 113

Diremos, contudo, que não parece perfeitamente adequada a ideia de "património profissional" como de exclusiva titularidade do trabalhador. Pois não pertence à empresa um determinante contributo para esse património, quando dá formação ao trabalhador, lhe ministra conhecimentos, o integra num ambiente profissional, lhe proporciona contactos? Pois serão irrelevantes – sobretudo no primeiro emprego – o risco da empresa e o benefício do trabalhador, porque alguém apostou nele, dando "capacidades" ao seu "potencial", profissionalizando-o e fazendo-o aceder ao mundo do trabalho?

Por outro lado, as operações laborativas são ainda qualificadas e valorizadas pela própria organização em que são inseridas [6]. Os conteúdos funcionais das "categorias" – "director financeiro" ou "director de marketing" são descritos com os mesmos termos na empresa média e na gigante... mas que diferença de aptidões, de responsabilidades e afinal de prestações!

Todas estas considerações se opõem a um entendimento de "categoria" como síntese operacional delimitadora da prestação debitória [7].

O título contratual

Gostaríamos de deixar – aqui – entretanto um apontamento. Afigura-se-nos incorrecto defender a este propósito um excessivo voluntarismo, estranhando que ao trabalhador seja pedido trabalho diferente daquele a que se obrigou. Não nos parece que se possa imputar à vontade negocial dos contraentes expressa no título contratual uma função *delimitadora* precisa pela evocação da categoria para a qual se foi contratado. Ao contratar, o trabalhador está disposto a executar, dentro da sua competência profissional, um conjunto *amplíssimo* de tarefas, interessando-lhe basicamente as questões de horário ("rectius", de duração), de remuneração e a posição hierárquica, por vezes. As

---

[6] Para além de haver "posições funcionais que são insusceptíveis de correcta avaliação" ... "sem que se tome como um dado a estrutura da empresa, a importância relativa dos papéis e o específico modo de articulação estabelecido entre os níveis de responsabilidade" (Monteiro Fernandes, *Direito do Trabalho*, I, 9.ª ed. (Coimbra, 1994), 182.

[7] V., por exemplo, o enunciado das funções dos assessores feito em qualquer convenção colectiva (nelas cabe o objecto do trabalho dos recém-licenciados e o dos quadros seniores de maior responsabilidade).

resistências a uma mudança não estarão tanto nas diferenças operacionais, mas na maior tensão, risco, esforço, i.e. na maior penosidade. Por outro lado, o empregador pretende certamente admitir o trabalhador para uma *vaga*, com as suas concretas funções, mas este aspecto pré-contratual não corresponde a uma vontade de demarcação de uma qualquer categoria. De facto, o empregador encara um aproveitamento de potenciais em função da contingência das necessidades empresariais e compartilha com o trabalhador, ainda que em diversa óptica, as expectativas de um futuro profissional, em termos de carreira. Ambos sabem que o sistema de divisão de trabalho que presidiu à admissão está em constante mudança e que ao empregador está deferido um poder de organização do trabalho que eventualmente exigirá uma redistribuição de tarefas. Pensamos assim que o valor limitativo da categoria para a qual o trabalhador foi contratado pouco mais é do que uma ficção jurídica. Temos pois que a delimitação de funções se relaciona com competências profissionais (aperfeiçoáveis pela formação profissional), necessidades empresariais, métodos de divisão do trabalho, vontade negocial integrável por dados de experiência e de "tipicidade ambiental", usos e costumes profissionais e empresariais (art.º 12.º, 2 da LCT) e, acima de tudo, juízos de equidade (art.º 400.º, 1 do Cod. Civil). Como se dizia na formulação do Código de Seabra, o contrato obriga também às suas consequências "naturais". De qualquer modo, pode entender-se que as partes fixam o regime normal da prestação do trabalho, mas não pretendem dar à decantada **categoria** valor definitório ou de "marco" delimitador dos "terrenos" empresariais. Com a evocação de uma categoria não se afasta a hipótese de variação. É dentro de uma **geometria variável** que se move o poder directivo e delimitador da empresa quanto ao objecto do contrato: as fronteiras são fluídas e, porventura, existe uma "terra-de-ninguém".

Ainda no plano dos compromissos negociais e no da delimitação do objecto da prestação ou da amplitude do poder directivo (i.e., a outra face da moeda), há ainda um outro ponto de difícil solução: é o da constante redefinição da prestação de serviço na vida da relação de trabalho. Se o trabalhador – de início – está disposto a uma mais ampla generalidade de exercício das várias funções possíveis, a vida do contrato, a hierarquização da empresa, o lugar que nela vai ocupando e "fazendo", etc., como que restringe essa adaptabilidade. As funções que desempenharia no início do contrato não já são, porventura, aceitáveis, passados uns anos de experiência e de crescente qualificação.

Flexibilidade e Mobilidade 115

E neste ponto se coloca a tutela à "profissionalidade" adquirida (ainda que, porventura, não se tenha verificado sequer uma promoção). Utilizando uma linguagem civilística diríamos que se vai formando uma *diuturna "concentação"* ascendente da obrigação. Esta insensível mudança de fronteiras (estes "invísiveis correntes"...) e os seus efeitos jurídicos são certamente difíceis de avaliar numa perspectiva classicamente obrigacional e contratual e será de perguntar se nos encontraremos aqui num *pacta sunt servanda*, mas com as correcções constantes do princípio da boa fé ou do que poderíamos chamar de *rebus sic stantibus* [8].

Os novos problemas e o contrato de trabalho

Mas os problemas da última década são mais instantes.

Na verdade, as empresas enfrentam necessidades de modificações rapidíssimas, pressionadas por uma evolução tecnológica sem paralelo, numa economia mundializada, em ambiente de informação global, de que resultam possibilidades de deslocalização e de concorrência internacional, antigamente banidas, sem que alfândegas ou instituições internacionais possam utilmente funcionar.

A mudança de funções emergente não tem qualquer paralelo com o que tínhamos conhecido e caracteriza-se por modificações operacionais drásticas, envolvendo uma grande promiscuidade funcional, realizando-se simultaneamente o muito simples e o muito complexo. Por outro lado, trabalhar implica sujeitar-se a esquemas de divisão do trabalho que não são discutíveis sequer no plano contratual, já que relevam duma competência organizatória patronal (e às vezes delegada numa equipa fora do sistema hierárquico), que não se vê como possa ser negociada ou combinada paritariamente e individualmente com cada trabalhador.

A inserção na empresa tem pois de assumir um compromisso de adaptação técnica, ou, como lhe chamam distintos sociólogos do trabalho, a "convenção de aprendizagem".

---

[8] Com efeito, as circunstâncias mudam e poderá estar de acordo com a vontade hipotética relevante para a integração do contrato (art.º 239.º do Cod. Civ.) ou com as exigências da boa fé a modificação ou a adaptação do objecto da prestação às novas condições – "rebus sic stantibus" (art.º 437.º do Cod. Civ.).

*

Mas parece indubitável que o compromisso inserto no contrato não pode implicar o *todo* compreendido na potencialidade do trabalhador. A isto se opõe os princípios mais elementares de justiça e de dignidade do trabalho.

Sabemos, pois, que a prestação do trabalho é traçada entre espaços de definição/indefinição: o trabalhador não se pode comprometer a *tudo*, mas também não pode pensar que ficou definitiva e rigidamente estabelecido *tudo* o que vai fazer. Sempre para nós foi claro que qualquer trabalhador – e de qualquer nível – tem em geral uma obrigação emergente da previsibilidade do desenvolvimento contratual, num quadro de boa-fé – a chamada "ginástica de adaptação técnica" de que falava LEGA –, de modo a dar resposta à evolução tecnológica ligada às próprias funções contratuais. A pretexto da invariabilidade do objecto da prestação do trabalho, fixado no início do contrato, o trabalhador não pode prender-se a processos de fabrico, regras de arte e procedimentos organizatórios que entram em desuso ou não logram efectivar-se após uma renovação tecnológica. Aqui releva uma construção da formação profissional, não só como objecto de direito constitucional do trabalhador, mas ainda como *dever*[9].

De facto, na relação de trabalho, os trabalhadores e os empregadores têm uma expectativa de mudança, pelo menos dentro de certos parâmetros. Algumas variações de funções, progressões na carreira, certas promoções como que estão no código genético do título contratual. A este propósito GIUGNI evocava o objecto evolutivo do contrato, que já contém o ADN das prestações futuras.

Saber se estas mudanças têm de ser legitimadas pela intervenção da vontade negocial dos contraentes, ainda que tácita, ou se já se

---

[9] A este propósito citaremos um texto não jurídico de inegável importância:

"A relação de trabalho é um conjunto de comprometimenos recíprocos sobre o comportamento futuro dos dois contratantes, "comprometimentos" na medida em que o objecto da troca é radicalmente incompleto: não existe no momento da troca. Por outro lado, a consideração dos processos de aprendizagem leva a concluir que *a relação de trabalho supõe uma convenção de aprendizagem* (Lopes, 1995). Esta convenção é definida como um sistema de expectativas recíprocas, em que se espera dos contratantes comportamentos de aprendizagem, entre trabalhadores no exercício das suas funções, e entre empregadores e assalariados pela mediação das situações de trabalho." (HELENA SANTOS, *ob.cit.*, 99

Flexibilidade e Mobilidade 117

encontravam "ab ovo", desenvolvendo-se num processo de continuados ajustamentos conduzido pelo empresário de acordo com as normas empresariais e alguma intervenção de outros operadores (comissões sindicais, de trabalhadores e o próprio trabalhador) é problema que referimos e sobre o qual não se deverá encontrar unanimidade [10].

Voltando à polivalência e à sua necessidade.

A excessiva especialização profissional num mundo de rápida evolução tecnológica é impossível. Quaisquer rigidificações jurídicas que se pretendam a este propósito fazer não provocam outros resultados senão os da perda de competitividade quer das empresas, vinculadas a estratificações obsoletas, quer dos trabalhadores, estiolados num "saber fazer" ultrapassado. Sabe-se que muitos milhões de trabalhadores verão a sua bagagem profissional tornar-se inútil a curto trecho e que a maioria dos prestadores de trabalho, para além de constantes reciclagens, terá de mudar de *profissão* duas e três vezes na sua vida.[11] Teremos de nos perguntar se procurar defender *a outrance*, num mundo como este, conceitos tais como o de "profissionalidade" ou o "património profissional" ou a constância contratual do objecto da prestação do trabalho constitui um exercício de humanitarismo ingénuo ou uma defesa sensata dos interesses dos trabalhadores. É de observação quotidiana a racionalização de um escritório que ocupava *cinco* trabalhadores diferenciados e passa a operar, com o auxílio de algumas máquinas (hoje quase domésticas), apenas com *um* trabalhador polivalente. Tudo se passa numa área globalizada de relações de troca, em que os países adiantados desenvolvem em todas as áreas os investimentos que poupam mão-de--obra [12].

O Direito nacional não conseguirá hoje construir qualquer dique que aposte na rigidificação do mercado de trabalho: o preço será pago

---

[10] Fala-se das alternativas entre "restrições civilísticas" e "restrições laborais" ou entre "Direito dos contratos" e "Direito das empresas" (MORAND).

[11] Calcula-se que nos próximos dez anos, 80% das tecnologias hoje utilizadas estarão obsoletas .

[12] Mais de 75% da força de trabalho ocupada na maior parte dos países industriais desempenha tarefas repetitivas e a automação e a informatização poderão substituir essas tarefas (RIFKIN, Jeremy) *The End of Work*. O *re-engineering* pode produzir contracções de pessoal entre 40% e 70%, com incidência enorme nos "middle managers" (chefias intermédias).

I Congresso Nacional de Direito do Trabalho

pela perda de competitividade das empresas (e, obviamente, dos trabalhadores desqualificados pela nova tecnologia). Mesmo num grande espaço, na Europa comunitária está na ordem do dia a adaptação dos trabalhadores às mutações, especialmente às industriais. Trata-se de integrar num sistema as novas tecnologias, os novos moldes de organização do trabalho e as novas funções e a aquisição de competências, numa óptica de prevenção de desemprego.

A tendência das economias mais progressivas é para exigir mais saber de base, para solicitar mais trabalhadores do conhecimento ("knowledge workers"), e – sobretudo – para diminuir drasticamente, pela utilização de colaboradores de competências múltiplas, o número das categorias eliminando muitas "figuras" profissionais. [13]

Se assim é, pensamos que a questão da polivalência terá de ser encarada não apenas no plano do contrato individual mas, sobretudo, no plano da artificial divisão e subdivisão de tarefas e rotulagens profissionais da contratação colectiva.

Não se afigura por demais difícil o plano prático do contrato individual, mas levanta problemas teóricos consideráveis.

*

A questão toda está em saber se há limites, para além de o clássico de o trabalhador não se poder comprometer a fazer "tudo". Pode, como sempre, ao menos no estrito plano do contrato individual de trabalho, comprometer-se a um amplo leque de funções próximas (recepcionista/telefonista/bagageiro/escriturário) ou então distantes (jardineiro que também cozinha e serve refeições, em turismo de habitação).

Simplesmente as questões modernas quanto à polivalência colocam-se a outro nível: trata-se de uma total abertura a novos procedimentos, técnicas e organizações; depois, de disponibilidade para a reposição das condições de laboração quando elas se afastam das normais, e, sobretudo (e isto é realmente novidade), de uma constante participação e intercâmbio dos trabalhadores em novas organizações de trabalho (v.g. em equipas profissionais) de modo a serem capazes do desempenho alternativo de várias tarefas, funções ou postos de trabalho.

---

[13] Redução de 100 categorias a 3, por exemplo. Num outro caso a redução de níveis directivos de 16 a 6

Flexibilidade e Mobilidade 119

Isto supõe, não só uma eventual troca de postos de trabalho, mas principalmente o desempenho de postos de trabalho de funções múltiplas.

É óbvio que os IRCT's colocam alguns entraves, dispondo que o empregador deve guiar-se pelos seus descritivos, e atribuir as categorias no quadro por elas mesmo definido. Em alguns casos prevêem apenas as "substituições" – o que é apenas uma pequena dimensão da polivalência – como pressuposto de retribuição extra ou de uma futura promoção/às vezes em fraude às regras dos concursos. Aí, i.e., no plano da contratação colectiva, é que está porventura o problema.

O nosso legislador no novo art.º 22.º da LCT aplicou-se aparentemente [14] na vertente menos importante quanto à polivalência.

O "novo" art.º 22.º e a sua exegese.

Tenho sido muito crítico relativamente à nova redacção do art.º 22.º [15].

O legislador mistura com absoluta displicência conceitos fundamentais que era importante deixar esclarecidos e utiliza sinónimos ou falsos sinónimos em termos de suscitar todas as dúvidas. Emprega, sobretudo, conceitos de outras ciências sociais não transponíveis para uma legislação laboral com o mínimo de tecnicidade.

Desde logo pelo uso de expressões ambíguas tais como: "actividade correspondente à categoria", "definição da categoria", "função normal", "actividade principal/actividade acessória", "capacidade".

Depois pela proliferação de conceitos indeterminados, o que deve evitar-se na legislação do trabalho: refiro-me aos conceitos "afinidade ou ligação profissional", aos qualificativos "principal" e "acessório", à chamada "valorização profissional".

---

[14] Dizemos aparentemente porque o legislador não deixou – na nova redacção do art.º 22.º – de ter presentes as questões colocadas pela contratação colectiva a este nível (sendo sustentável que teve em mente as "categorias normativas" para determinados efeitos). É óbvio que a problemática das "categorias" fundadas na contratação colectiva desequilibra a arquitectura do diploma. Já outras referências à contratação colectiva do novo art.º 22.º (e do art.º 7.º da L n.º 21/96) se colocam no plano da ordenação das fontes do Direito do Trabalho, não levantando problemas especiais.

[15] Desde logo nos aditamentos incluídos na parte final do *Curso de direito do trabalho* (Lisboa,1996).

120   *I Congresso Nacional de Direito do Trabalho*

Finalmente ao que parece uma disciplina incongruente do n.º 5, quanto às actividades acessórias: pois se são acessórias devem elas justificar direito a reclassificação e a recálculo da retribuição?

Tenho feito uma crítica muito severa desta formulação do art.º 22.º e tenho-me recusado a uma análise exegética do preceito. Ainda assim gostaria de mencionar com apreço os juristas que têm tentado essa análise: refiro-me aos Drs. Amadeu Dias, Jorge Leite e à Dr.ª Manuela Maia e aos textos que têm publicado com notável esforço na exegese desta terminologia confusa.

Neste momento queria saudar vivamente o Sr. Presidente da sessão Sr. Provedor da Justiça. A intervenção da Provedoria ao denunciar os equívocos interpretativos desta L n.º 21/96, no articulado relativo à duração do trabalho (e ao problema que ficou conhecido como das 40 horas), a sua intervenção dizia, foi por certo determinante para que se promova a emissão de legislação clara, sem ambages: não há domínios em que seja necessário legislar mais claramente que os do trabalho!

Estou certo que, constatada a diversidade de opiniões e a verificarem-se consideráveis implicações práticas, não deixará a Provedoria de intervir na sua nobilíssima acção em prol da clarificação do Direito.

As confusões verbais que o novo texto do art.º 22.º provoca – e que tornam extremamente infeliz esta alteração legislativa feita sob o signo da polivalência – obrigam a cuidados extremos no plano interpretativo, para não se ser enredado na selva conceitual encerrada no preceito.

Na impossibilidade de aceitar uma interpretação exegética, que daria lugar a resultados surpreendentes e em absoluto contrários aos objectivos propagados para o preceito, entendemos dever antes de mais ponderar o sentido das reformas a que já aludimos e que é, neste domínio, o do alargamento dos poderes patronais. É o que resulta indubitavelmente do desígnio transacional patente na L n.º 21/96: diminui-se a duração de trabalho para 40 horas *a troco* de maior maleabilização na execução da prestação do trabalho.

A nova redacção que se imprimiu ao art.º 22.º pretende possibilitar uma maior mobilidade funcional, isto é, uma maior valência do conteúdo da actividade do trabalhador, ainda que sem o prejudicar no essencial da sua posição profissional e retributiva. Trata-se do necessário compromisso de interesses: por um lado, os interesses do empregador em

Flexibilidade e Mobilidade 121

possuir os instrumentos de gestão (poderes de determinação) que lhe permitam uma aplicação racional e competitiva dos recursos humanos e reformá-la constantemente, de modo a adaptá-la às mudanças; por outro, os interesses dos trabalhadores em manter uma posição estável e adequada no plano relativo na organização produtiva.Quanto a nós estas duas ordens de interesses não têm características de absoluta oposição. Tudo isto envolve uma definição mais flexível dos poderes empresariais quanto aos serviços a prestar pelo trabalhador e mecanismos reestabilizadores necessários.

Voltando ao preceito (art.º 22.º na sua nova redacção) teremos que este prevê o exercício dos poderes patronais dentro do *objecto* do contrato ou *fora* do objecto do contrato (v. nova epígrafe – "compreendidos ou não no objecto do contrato")[16].

Os serviços fora do objecto do contrato são certamente os referenciados nos n.ºs 7 e 8 do art.º 22.º (na anterior redacção n.ºs 2 e 3) e que correspondiam ao antigo *jus variandi*, entendido este como exorbitante do objecto contratual e, portanto, excepcional e limitado no tempo.

E quanto aos serviços que estão "compreendidos ... no objecto do contrato"?

Há agora uma redefinição do objecto do contrato em termos favoráveis ao empregador, de modo a nesse objecto compreender "ex vi lege" actividades conexas ou ligadas à *categoria*, a qual delimita, em princípio, esse mesmo objecto. Infelizmente não se seguiu o caminho adoptado em Espanha nas reformas de 1994 – "de definitiva superação do conceito de categoria profissional, rigorosa couraça delimitadora da esfera jurídica do trabalhador e, daí, do âmbito do poder empresarial". Diversamente do que se tinha entendido já entre nós, até parece extrair-

---

[16] Trata-se de um incurso do legislador (Assembleia da República) no plano conceitual, que este deveria ter o bom senso de evitar. De qualquer modo, as epígrafes valem o que valem [v. as importantes considerações a propósito de MONTEIRO FERNANDES, "Sobre o objecto do contrato de trabalho", em *ESC*, n.º 25 (servimo-nos da publicação feita em *Estudos do Direito do Trabalho* – Coimbra, 1972, ed. Almedina, 29, nota 1)], mas não devem servir para induzir o aplicador do Direito em perplexidades (pois é devido o que está fora do contrato?). Dir-se-á ainda que a questão tem apenas valor dogmático, pois no fundo há 3 núcleos – a) actividades expressas na categoria; b) funções acessórias; c) funções emergentes do "jus variandi". Saber se são apenas as referenciadas por c) as funções"fora" do contrato ou se nestas se contêm também as indicadas em b) é apenas uma questão teórica.

-se "a contrario sensu" do novo art.º 22.º que as categorias profissionais ganham carácter definitório do objecto da prestação do trabalho (o inverso é que deverá considerar-se verdadeiro) e que o empregador só pode encarregar o trabalhador de funções fora das normais para as quais tenha "qualificações e capacidade" e "que tenham afinidade ou ligação funcional com as que correspondem à sua função normal".

Mas, assim, o que trouxe de novo a lei?

Nos serviços compreendidos no objecto do contrato situar-se-iam, por um lado, os próprios da categoria em que o trabalhador foi contratado (como designação ou rótulos daquelas tarefas a prestar) entendidos assim *latamente* e não apenas nos termos das funções próprias do posto de trabalho de admissão, mas de toda a categoria (n.º 1), e, por outro, as funções de carácter acessório (n.ºˢ 2 a 6), tudo submetido ao crivo do respeito da posição profissional do trabalhador.

Quando o legislador fala em "função normal" não tem (não pode ter!) uma intenção limitadora (não poderá ser a última função e menos ainda a função de admissão). Penso que na função normal estão todas as várias funções que se encontram no objecto do contrato. Trata-se apenas de referenciar as tarefas acordadas ou próprias da *categoria contratual*. Com isto se significa que, cabendo numa categoria várias funções, todas elas deverão ser consideradas "normais", ainda que habitualmente o trabalhador esteja adstrito apenas a uma dessas funções [17].

A especificação da categoria – como designação abreviada das funções que constituem o objecto do contrato de trabalho – pode ser feita ainda mais largamente (e aqui entra o conceito de polivalência), desde que obviamente respeite as ideias de determinabilidade ("definição") e a valorização profissional contidas no preceito. Para além das tarefas constantes da "definição" pode o empregador encarregar os trabalhadores de actividades acessórias, desde que para elas estejam habilitados e sejam aptos e se prendam com as funções normais. Em resumo, permite-se um entendimento largo do objecto do contrato e a exigência patronal de serviços acessórios, dentro de certos limites objectivos. Assim se poderão aproveitar plenamente capacidades do trabalhador.

---

[17] Exceptuam-se, porventura, os casos já descritos em que se verificou uma actividade de concreção da "categoria contratual", em termos de esta se encontrar restringida, sob pena de lesar profissionalmente o trabalhador na sua adstrição a tarefas que não tenham em conta a sua evolução profissional. V. *supra*.

Flexibilidade e Mobilidade 123

Pensamos que o legislador aceita agora, ainda que de modo fruste, a filosofia própria da polivalência, que tem a ver com o enriquecimento de funções, o alargamento do leque das tarefas, a ruptura com a compartimentação e a aquisição dos conhecimentos técnico-profissionais inerentes a essa polivalência. No fundo, isto envolve que o trabalhador esteja mais aberto à constante reorganização empresarial e inerente modificação das fronteiras dos postos de trabalho.

É aqui que assume significado jurídico a ideia aparentemente programática da "valorização profissional". É que exactamente a polivalência deverá supor ela própria, **globalmente**, essa valorização, mesmo quando as novas actividades tenham, porventura, tecnicidade inferior à da "função normal".

A *acessoriedade* não deve ser entendida aqui como actividade que se desenvolve por sistema *concomitantemente* com a actividade dita "principal". Assim acontecerá muitas vezes, mas a obrigatoriedade de concomitância não realizaria, por um lado, o objectivo da lei, e, por outro, tornaria incompreensíveis certas soluções legais. Não estaremos tanto nas situações anteriormente típicas de modificação (substituições de outros trabalhadores, emergências), mas sim **das possibilidades de redesenhar os conteúdos funcionais, sem o que não se pode falar de polivalência ou adaptabilidade.**

De qualquer modo, os interesses empresariais – e o próprio sistema organizacional da divisão de trabalho adoptado – envolvem correntemente que o trabalhador seja destacado (*exclusivamente ou quase*) para "outras actividades para as quais tenha qualificação e capacidade e que tenham afinidade ou ligação funcional com as que correspondem à sua função normal" (art.º 22.º, 2). Exigir que concomitantemente o trabalhador desempenhe real e efectivamente a função dita "principal" poderá envolver uma enorme sobrecarga para o próprio trabalhador. Afigura-se-nos pois que o legislador se referia a um "desempenho" virtual.

De facto, o carácter acessório não significa necessariamente um "adicional" ou "complemento" de prestação. Pode sê-lo, mas se assim fosse sempre, como dissemos, não teriam explicação as soluções legais.

Desde logo, as do n.º 3 parte final: actividades meramente complementares (enquanto simultaneamente se exerce a título primacial a "função normal") não tendem a contribuir para a "desvalorização profissional" ou para que o empregador tenha qualquer veleidade de "diminuição de retribuição". Tais cautelas legislativas seriam inúteis.

O mesmo quanto ao que se prevê no n.º 5, cujo teor não teria sentido se considerássemos que as funções extra-categoria fossem exercidas ao mesmo tempo que uma actividade tomada a título principal. Na verdade, se alguém exerce funções principais e que porventura lhe tomam a maior parte do seu tempo e, incidentalmente e como mero apêndice, outras funções (imagine-se, por exemplo, que preenchem às vezes 2%, outras 5% do seu horário), a que título exigir ao empregador que lhe pague a retribuição mais elevada correspondente a essas funções? E que sentido tem, mesmo após seis meses de serviço, uma "reclassificação" relativa a uma percentagem diminuta de actividade?

Pensamos que o legislador não entendeu estas novas funções "acessórias" como necessariamente um aditamento a funções normais ou principais, desempenhadas simultaneamente. O legislador, com a ideia de acessoriedade, quis sobretudo frisar que o trabalhador continuava adstrito principalmente às tarefas próprias da categoria, *no sentido de delas ser "titular"*. Por outro lado, a persistência da "função normal" corresponde ainda a um referencial para o redesenho do posto de trabalho, em constante evolução. Simplesmente, essas tarefas "acessórias" serão às vezes – por exigência empresarial – possivelmente tomadas *full time*, ainda que com o carácter transitório assumível por quem não pretende ver modificado definitivamente o núcleo essencial das suas funções. E, como vimos, só se as funções ditas "acessórias" forem tomadas *full time* (ou quase) é que tem sentido haver riscos de "desvalorização profissional", ou para a retribuição, bem como só assim há justo título para uma maior remuneração ou reclassificação. "Função normal" e "actividade principal" têm pois o sentido de uma *not return point* jurídico e que, sobretudo, evitam um deslizar continuado das tarefas executadas sem se relacionar com o paradigma qualificativo fixado [18]. Isto é perfeitamente compatível com um desempenho *full time* de actividades acessórias, sendo tal acessoriedade meramente cronológica.

---

[18] Na verdade, pensamos que o pensamento legislativo é o de evitar um progressivo deslizamento em prejuízo da categoria objecto do contrato (de afinidade em afinidade poder-se-á "à la longue" desfigurar completamente a categoria do trabalhador, o que só é aceitável com o seu consenso). A Ministra do Emprego (*DAR*, 1.ª série, n.º 72, 2322) declarou que a polivalência "roda em torno da função normal do trabalhador".

Flexibilidade e Mobilidade 125

A tutela dos trabalhadores está em todos os casos na definição da própria categoria e – nos serviços que a excedam – numa ligação com a função normal, a afirmação de que esta continua a ser a função principal (no sentido que lhe atribuímos) e ainda na ideia da manutenção da "valorização profissional" (conceito, à primeira vista, por demais vago para servir como direito exercitável, mas ao qual deve ser dado um conteúdo jurídico mais consistente, sobretudo para permitir um juízo global custo/benefício do trabalhador alvo da polivalência)[19].

O art.º 22.º no plano prático

Pensamos que estas questões, sem dúvida fascinantes no plano teórico, não vão ter tanta importância assim no plano prático. Na verdade, estamos a definir fronteiras ao poder patronal unilateral, isto é, exercido eventualmente *apesar de* e *contra* a vontade do trabalhador. Ora, na prática, a redefinição de funções emergente de mudanças tecnológicas ou reorganizacionais, obtem o consenso individual dos trabalhadores. Onde isso aconteça – e inexistindo mobilidade descendente – não há sequer problemas. A nova disciplina do art.º 22.º vai só aplicar-se a casos contados, porventura de exorbitância grave ou de conduta abusiva do empregador, no sentido de – com novas tarefas – pretender forçar o trabalhador a optar por formas "suavizadas" de extinção do contrato de trabalho. Aí é que as restrições legais poderão operar uma tutela legal eficaz para os trabalhadores.

Os casos em que não se verifica consenso – fora das situações de abuso patronal – vão certamente ocorrer colectivamente, podendo porventura eclodir conflitos importantes (recusa colectiva dos trabalhadores a uma redefinição das funções, sustentada pelas suas estruturas representativas). Mas aí a solução passará por certo pela contratação colectiva, mesmo informal. Voltaremos já ao assunto.

---

[19] Este tem sido o nosso pensamento. Mas não veremos dúvida em rectificá-lo se forem tomadas as medidas necessárias de formação profissional e que esta seja entendida em termos de posições jurídicas activas e passivas simultaneamente, quer quanto ao trabalhador, quer quanto ao empregador. Por exemplo, este não deverá ser só um "devedor de formação profissional": poderá, dentro de limites razoáveis, exigir juridicamente ao trabalhador que se sujeite às acções de formação indispensáveis à polivalência. Aliás é o que supomos estar subjacente no nosso sistema relativamente à situação jurídica do formando e ao enquadramento legal da formação profissional. O ponto merece desenvolvimento aqui impossível, mas v. supra sobre o conceito de "convenção de aprendizagem".

126   *I Congresso Nacional de Direito do Trabalho*

Um outro aspecto esse sim – vai ter a maior relevância: trata-se do n.º 5 do art.º 22.º: "no caso de às actividades acessoriamente exercidas corresponder retribuição mais elevada, o trabalhador terá direito a esta e, após seis meses de exercício dessa actividade, terá direito à reclassificação, a qual só poderá ocorrer mediante o seu acordo".

Em primeiro lugar, pensamos que este preceito não se aplicará *qua tale* às alterações consensuais, sobretudo quando esteja em causa a substituição de outro trabalhador impedido. Como pensamos que a maioria das modificações vai ser consensual, a norma não vai ter aplicação [20]. Ainda assim a falta de clareza da referida norma vai certamente provocar reivindicações pouco justificadas.

O direito à retribuição mais elevada só existirá, se às funções efectivamente exercidas entretanto, *na sua globalidade*, corresponder tal retribuição: v.g., no caso das funções acessórias corresponderem àquele "quid" que envolve a passagem para categoria superior, ou quando as funções ditas acessórias forem tomadas com completude. No exemplo já dado, em que tais funções ocupam um tempo marginal do horário do trabalhador, não tem sentido um acréscimo remuneratório [21]. O paradigma retributivo aplicável às actividades exercidas, parece-nos dever ser o da própria empresa, se for superior ao do IRCT aplicável.

No plano da "reclassificação" propriamente dita, pensamos que a questão começa por dever ser analisada na sede própria, que é a deste preceito da lei do contrato de trabalho, que se ocupa do objecto da prestação do trabalho. É para nós duvidoso que o trabalhador possa reclamar o exercício definitivo das funções que exerceu nos últimos 6 meses! Assim sendo, afigura-se-nos que antes de mais o trabalhador tem a possibilidade de pretender a redefinição do objecto da sua prestação, no qual se passarão a integrar definitivamente as funções mais elevadas que tenha exercido nesses seis meses [22]. Para isso é

---

[20] É evidente que poderá e deverá existir uma reclassificação se as novas funções derem direito a uma nova categoria, mas isto ocorreria sempre nos termos gerais.

[21] A questão complica-se quando as funções acessórias mais elevadamente retribuídas preencherem um tempo significativo da prestação. É de justiça evidente o pagamento de um adequado acréscimo, mas a quantificação ocasionará dificuldades.

[22] Parece-nos que se tratará de exercício efectivo e contínuo, pois só prestações com estas qualidades relevam para a criação de expectativas reclassificatórias. É óbvio que à contratação colectiva caberá um importante papel em definir condições

Flexibilidade e Mobilidade   127

obviamente necessário o seu acordo. Não deixaremos de sublinhar como enfraquece a posição do trabalhador algo que passará por um futuro acordo. Se não houver acordo parece que o que resta ao trabalhador é regressar à tal "função normal". Isto, a menos que diversamente prevejam as convenções colectivas.

Em termos de "reclassificação" seria o que nos parece de índole a caber no art.º 22.º da lei do *contrato individual do trabalho.*
De qualquer modo, haverá a considerar os influxos que esta maleabilização terá no plano das categorias constantes das convenções colectivas. Simplesmente, aí, bastará utilizar os dispositivos emergentes dessas mesmas convenções, que obrigam a uma reclassificação o empregador que entregue por um certo lapso de tempo funções mais elevadas a um trabalhador. Mas o ponto teria de tratar-se com mais pormenor, o que aqui não será possível.

Esta é apenas uma tentativa de dar alguma coerência à malograda redacção do novo art.º 22.º da LCT, que se prepara para ser fonte inesgotável de conflitos [23], talvez mais na doutrina que na prática.

Polivalência e contratação colectiva

Neste plano, valerá talvez a pena dizer -- a benefício do legislador – que se criou uma "dinâmica de polivalência", que possibilitará as necessárias redefinições. Em substância, talvez não ocorram os sempre possíveis desequilíbrios em prejuízo do trabalhador, objecto de pressões patronais conducentes à polivalência. Desde que devidamente articulada com a obtenção de novas capacidades (o que corresponderá a interesses recíprocos de qualificação/formação dos empregadores a trabalhadores),

---

de quantificação das prestações interpoladas para efeitos de reclassificação, a exemplo do que faz quanto a "substituições".

[23] O anúncio do reforço de efectivos da Inspecção-Geral do Trabalho a este propósito (declarações da Ministra do Emprego – *DAR*, 1.ª série, n.º 72, 2326) parece pressupor que foram dadas amplas faculdades aos empregadores, susceptíveis de abuso. Nós julgamos também que a lei deve ser interpretada no sentido da ampliação das faculdades empresariais: mas o certo é que os empregadores vão ficar com *menos poderes pela letra da lei* e sujeitos a uma contestação propiciada pela falta de clareza dos textos. Supor-se que os empregadores pretendem frustrar a "profissionalidade" dos trabalhadores, degradando-a, é julgar que aqueles pretendem agir contra os seus próprios interesses, já que lhes bastaria mão-de-obra menos qualificada para preencher funções subalternas. Os casos abusivos de tentativa de humilhação e de lesão de profissionalidade merecem por certo reacções severas, mas são necessariamente marginais.

128   *I Congresso Nacional de Direito do Trabalho*

a polivalência – na relação individual – vai favorecer o "património profissional" do trabalhador e o seu próprio peso no mercado de emprego. Os riscos de insucesso serão afinal mais gravosos para as empresas do que para os trabalhadores, tão limitado que está o despedimento por inadaptação do trabalhador.

Não deve, contudo, ser subestimada a pressão sobre os trabalhadores mais idosos e menos aptos, para os forçar à ruptura do contrato. Aqui deve-se fazer um esforço significativo na garantia da sua tutela profissional.

Movemo-nos até agora no domínio da relação individual de trabalho, onde, aliás, na prática, não surgem problemas, a não ser em casos marginais. Retira-se da experiência que a evolução do objecto da prestação do trabalho (normalmente num plano de enriquecimento de funções, com a eventual agregação de funções acessórias menos ou mais importantes, o redesenho do posto de trabalho, a mudança para funções superiores ou laterais em termos de aproveitamento do trabalhador ou para satisfação de necessidades da empresa ou de poupança em efectivos) se realiza, em regra, dentro de um plano consensual. Assim, as alterações trazidas pelo art.º 22.º não têm uma relevância prática tão grande quanto possa parecer [24].

A questão – se bem a podemos julgar – tem diverso impacte no *plano da relação colectiva*, que desde sempre tende a rigidificar o sistema de divisão de trabalho das empresas. Na verdade, a pressão sindical e até certas conveniências empresariais determinaram que as várias funções ou, melhor, os postos de trabalho diversificados fossem rotulados e sumariamente descritos nos IRCT's, com as finalidades de uma avaliação e hierarquização relativa e de fixação de um estatuto.

O legislador, na disciplina do próprio art.º 22.º da LCT, deu-se conta da extrema importância que tem o tratamento da polivalência a nível colectivo e por isso preceitua no n.º 6 que "o ajustamento ... por sector de actividade ou empresa, sempre que necessário, será efectuado por convenção colectiva".

---

[24] Contudo, não será realista desconhecer certas "despromoções" ou aumentos de carga funcional exigidos pelo interesse do empregador e aceites pelo trabalhador, que não tem resistência contratual para se lhes opor, que se tramitam fora do quadro do art.º 23.º da LCT. Mas supomos que a experiência até agora vivida não permite identificar muitas destas situações.

Flexibilidade e Mobilidade 129

Não é fácil saber se o legislador pretendeu fazer incidir a disciplina do novo art.º 22.º *directamente* no sistema da "categorização normativa" das convenções colectivas de trabalho [25]. Adiantaremos que não é de excluir que a L n.º 21/96 tenha posto sob mira também a contratação colectiva, não só, nos termos do n.º 6 da nova redacção do preceito, como fonte normativa privilegiada (e, para este efeito, ductilizada pelo art.º 7.º), mas também com uma intencionalidade regulativa dentro do próprio sistema vigente das relações colectivas de trabalho. Quanto às futuras convenções colectivas deverá notar-se que lhes é aberta uma ampla possibilidade de regulação, desde logo no ajustamento da poli-valência às empresas e aos sectores (n.º 6 da nova redacção do art.º 22.º). Entendemos que essas possibilidades de ajustamento são as mais amplas, já que o art.º 7.º da L n.º 21/96 diz que o seu regime (basi-camente o da adaptação do tempo de trabalho e da flexibilidade) "é supletivo quanto às normas das convenções colectivas posteriores à sua entrada em vigor". A margem de liberdade que se dá às convenções colectivas emerge também de se dizer que elas, quanto ao tempo de trabalho e polivalência, "poderão regular as mesmas matérias em sentido mais favorável aos trabalhadores e às empresas" [26]. Afigura-se-nos que o preceito não pode ser interpretado como consentindo apenas alterações que beneficiem ambas as partes: ainda que *não* se trate sempre de um jogo de soma zero (em que o que perde uma das partes é ganho pela outra), a verdade é que frequentemente as regalias perdidas corres-pondem a ganhos dos empregadores e vice-versa, o que será exacto, sobretudo, no que se refere ao tempo de trabalho.

Parece-nos pois que o regime dos IRCT's pode ser menos favo-rável para os trabalhadores que o constante da lei. O facto de esta interpretação não ter a melhor tradução literal (se o legislador quisesse que o sentido de maior favorabilidade funcionasse tanto para as em-presas como para os trabalhadores deveria escrever "ou" e não "e") impressiona pouco. A verdade é que a rigidez da pirâmide normativa, em que só se permite às convenções colectivas dispor em sentido mais favorável ao trabalhador que o prescrito na lei, não tem sentido à luz das regras constitucionais sobre a liberdade e autonomia sindicais e contratação colectiva. Nós desde há muito sustentámos que há que

---

[25] Indirectamente a disciplina do art.º 22.º relevará sempre, na medida em que afecte os contornos da prestação do trabalho supostos na categorização das convenções colectivas.

130   *I Congresso Nacional de Direito do Trabalho*

aliviar as normas do trabalho da sua carga injuntiva e – a não ser em certos pontos essenciais – descomprimir a contratação colectiva, permitindo-lhe dispor diversamente da lei, ainda que em termos aparente ou efectivamente menos favoráveis para os trabalhadores. A flexibilização neste domínio favoreceria a adaptabilidade da legislação aos sectores e às empresas e possibilitaria trocas favoráveis à dinamização da contratação e afinal aos interesses dos trabalhadores.

Também para nós será certo e seguro que, a este propósito, se torna dispensável a declaração de favorabilidade global a que se refere o art.º 15.º da LRCT. Mas supomos também, na esteira do que vimos dizendo, que há a maior latitude na definição por norma convencional, mais favorável ou menos favorável, das condições da polivalência. A exigência de demonstração de favorabilidade dupla (i.e. simultaneamente para os empregadores e para os trabalhadores) esbarraria sempre com uma total impossibilidade de controlo e o mesmo aconteceria se se lesse o art.º 7.º da L n.º 21/96 como uma aplicação do princípio da conglobação. Aliás, não nos parece que seja tarefa dos tribunais tutelar os parceiros sociais no sentido de desencadearem uma ponderação de interesses para ser averiguada a execução da parte final do art.º 7.º da L n.º 21/96, qualquer que seja a sua interpretação.

Não fica perfeitamente claro o que muda por imperativo legal na contratação colectiva. Supomos que essencialmente se aceita uma definição ampla do objecto da prestação do trabalho desprendido de quaisquer entraves postos pelos IRCT's, incluindo as suas rígidas definições de categorias.

Conclusões/resumo [27]

1. Haverá, por certo, consenso quanto às vantagens da polivalência como enriquecimento profissional do trabalhador e como aumento da sua empregabilidade.

2. Haverá ainda consenso quanto à necessidade de o contrato de trabalho se adaptar a novas condições como preço da garantia de segurança no emprego.

---

[26] Cfr. com o art.º 6.º, 1, c) da LRCT, que proíbe aos IRCT's "incluir qualquer disposição que importe para os trabalhadores tratamento menos favorável do que o estabelecido na lei".

[27] Trata-se de um texto não referido, apenas entregue ao Coordenador do Congresso, para poder servir para a preparação das conclusões.

Flexibilidade e Mobilidade   131

3. Haverá ainda consenso quanto às necessidades de constante redefinição dos postos de trabalho nas empresas em função da evolução organizativa e tecnológica e das novas concepções sobre organização de trabalho (trabalho em equipes, maior autonomia decisória).

4. Os problemas (e o dissenso) surgem quanto à correlativa mobilidade ("horizontal") dos trabalhadores e ao seu controlo (quem decide, como decide).

5. Os problemas básicos são:

a) Identificação da prestação do trabalho, como *devido*: a materialização da prestação, a crise do conceito de categoria, a qualificação através do emprego e da empresa (participação na qualificação)

b) Abordagem contratual: pontos fortes (expressão da liberdade e profissionalidade do trabalhador, a ordem pública na limitação do prometido – ninguém pode dispor totalmente de todas as suas potencialidades); pontos fracos (irrelevância das funções de admissão, a expectativa de evolução, o contributo da empresa como entidade qualificadora, a equipe de funções intermutáveis como referência). Outros pontos fracos: ficção da "categoria" como *genus* delimitador, relatividade do acordo contratual num quadro evolutivo.

c) Poder patronal,seu controlo.As possibilidades de abuso.

d) A "categoria" no plano das convenções colectivas.

FLEXIBILIDADE E POLIVALÊNCIA

José João Abrantes

Professor da Universidade
Internacional e Consultor Jurídico

FLEXIBILIDADE E POLIVALÊNCIA *

1. A crise económica, social e política, que se seguiu ao chamado "choque petrolífero" dos inícios dos anos 70 e que nas últimas décadas tem abalado as sociedades ocidentais, lançou na ordem do dia a questão da flexibilidade das leis do trabalho, com todo o reequacionar dos fundamentos deste ramo do direito.

A feição proteccionista que desde sempre o caracterizou tem desde aí sido alvo de variadas críticas por parte de certas correntes de pensamento neoliberal, que entendem que ela não teria hoje razão de ser e seria, não só um dos responsáveis pela crise, como inclusivamente um elemento de bloqueio à sua ultrapassagem. A mudança brusca de uma situação de expansão económica e de quase pleno emprego para uma outra de recessão e de desemprego exigiria respostas, que, de acordo com essas teses, implicariam a abolição do *status quo* vigente em matéria de leis do trabalho e a sua substituição por um "novo" e "moderno" Direito do Trabalho, por isso mesmo chamado "da crise" [1], cuja maior preocupação já não seria, como antes, a segurança no emprego, mas sim o próprio emprego.

A necessidade de rápidas respostas das empresas às exigências, cada vez maiores, do mercado e à introdução de novas tecnologias e processos de fabrico pressuporia uma maior mobilidade da mão de obra e, daí, uma maior flexibilidade da legislação do trabalho.

---

* Texto-base da comunicação apresentada no I Congresso Nacional de Direito do Trabalho, realizado em Lisboa em 20 e 21 de Novembro de 1997.

[1] Sobre o ponto, cfr., com posições divergentes, os artigos de Jorge Leite e de Bernardo Xavier, respectivamente a p. 30 e ss. e 110 e ss., no volume *Temas de Direito do Trabalho*, Coimbra, 1990.

136   *I Congresso Nacional de Direito do Trabalho*

Por isso, as mudanças a que as últimas décadas têm assistido na política legislativa do trabalho, claramente influenciadas pelas referidas correntes de pensamento, assentam na subversão do sistema tradicional das relações laborais e caracterizam-se, de uma forma geral, um pouco por toda a parte, pela exigência dessa maior flexibilidade, se necessário à custa de valores antes considerados intangíveis, enquanto garantes de condições mínimas de trabalho e da própria estabilidade da relação. Na verdade, arvoradas as garantias dos trabalhadores em causas, ou da crise, ou pelo menos da impossibilidade de a superar, logicamente o que se propõe é a supressão, ou pelo menos a atenuação, daquelas.

Enquanto se proscreve o intervencionismo estadual e a autonomia colectiva, vistos como limitadores do bom funcionamento do aparelho produtivo, também a nível do conteúdo da relação individual de trabalho é quase só numa óptica estritamente empresarial que a flexibilidade tem sido discutida, encarada apenas como mera prerrogativa de gestão das empresas, reduzida à precarizacão do emprego, à adaptabilidade do tempo de trabalho, à mobilidade, geográfica e ocupacional, dos trabalhadores, etc.

O que não significa que não seja possível encará-la de outro modo. Significa tão só que essa visão é a que tem prevalecido nos discursos oficiais e nas realizações concretas da arquitectura legislativa[2].

É nessa lógica que se insere a Lei n.º 21/96, de 23.7, na parte em que, por um lado, altera algumas regras de organização e de gestão do tempo de trabalho (arts 3.º e 5.º) e em que introduz novas regras sobre as tarefas ou actividades que o empregador pode exigir ao trabalhador (art.º 6.º)[3].

É deste segundo aspecto que nos vamos aqui ocupar[4].

---

[2] Sobre os diversos conceitos de flexibilidade(s), v., por todos, José Rodríguez de la Borbolla, *De la rigidez al equilibrio flexible*, Madrid, 1994, p. 15 e ss.

[3] O art.º 1.º da Lei, por seu turno, procedeu à redução dos períodos normais de trabalho superiores a 40 horas por semana. Sobre o ponto, já tivemos oportunidade de nos pronunciar em artigo publicado na Revista "Questões Laborais", 1997, p. 81 e ss.

[4] A maior parte do número da revista que é referida na nota anterior é preenchida com artigos respeitantes à Lei n.º 21/96, resultantes das intervenções dos seus autores num Encontro de Direito do Trabalho, que teve lugar em Coimbra no dia 10 do passado mês de Janeiro. Aí se encontram, analisando exaustivamente o problema da

Flexibilidade e Polivalência 137

2. Estabelece o art.° 22.°/1 da LCT que "o trabalhador deve, em princípio, exercer uma actividade correspondente à categoria para que foi contratado".

Com as alterações agora introduzidas, passou o art.° 22.°/2 a prever – ao lado do chamado *ius variandi,* condicionado à verificação de circunstâncias de excepcionalidade empresarial – um novo desvio aos princípios da contratualidade e da correspondência entre a actividade a exercer e a categoria contratualmente estabelecida, dispondo que "a entidade patronal pode encarregar o trabalhador de desempenhar outras actividades para as quais tenha qualificação e capacidade e que tenham afinidade ou ligação funcional com as que correspondem à sua função normal, ainda que não compreendidas na definição da categoria respectiva".

Assim, o próprio critério de delimitação do objecto contratual é agora complementado com o da afinidade ou ligação funcional com as actividades correspondentes à função normal do trabalhador [5].

Estamos face à atribuição ao empregador de um poder (unilateral) de ampliação da prestação devida, sem, para isso, ter de sair do seu normal poder de direcção [6].

Até ao início da vigência desta Lei, exceptuando o caso do *ius variandi,* era absolutamente vedado ao empregador a faculdade de cometer ao trabalhador quaisquer actividades não compreendidas na sua categoria. Agora, as alterações introduzidas ampliaram os poderes do empregador no que respeita à utilização da mão-de-obra, conferindo--lhe a faculdade de modificar unilateralmente, em circunstâncias de normalidade empresarial, as tarefas do trabalhador, que fica então obrigado a disponibilizar outras actividades, ainda que não compreendidas na respectiva categoria, desde que tenham afinidade ou ligação funcional com as actividades correspondentes à sua função normal [7].

---

polivalência, os artigos de Jorge Leite, de Amadeu Dias e de Manuela Maia, a que faremos referência ao longo do presente texto. De recentíssima publicação, o volume correspondente aos n.ºˢ 1, 2 e 3 de 1997 da *Revista de Direito e de Estudos Sociais* inclui, por seu turno, um importante estudo de Bernardo Xavier, para a qual teremos igualmente oportunidade de remeter.

[5] Jorge Leite, cit., p. 26.

[6] Manuela Maia, cit., p. 67.

[7] Questão controversa é a de saber se as partes podem, contratualmente, afastar este poder de ampliação das actividades exigíveis ao trabalhador. Para Jorge Leite,

138   *I Congresso Nacional de Direito do Trabalho*

Trata-se de um poder que, para o seu exercício, prescinde da natureza de excepcionalidade das situações que justificam o recurso ao *ius variandi*. Mas não é obviamente um poder de exercício arbitrário, devendo, desde logo, ser exercido segundo os princípios gerais da boa-fé e do respeito pela dignidade, pessoal e profissional, e pelos direitos fundamentais dos trabalhadores [8].

Para além destes limites gerais, são-lhe fixadas outras condições de exercício pelo art.° 22.°. É o que vamos agora passar a ver.

3. Resulta do já transcrito n.° 2 desse artigo que as condições subjectivas – isto é, atinentes à pessoa do trabalhador – de exercício do referido poder são a qualificação e a capacidade para as actividades em questão [9].

A referência expressa à dupla condição da qualificação e da capacidade significa que, para o legislador, além das capacidades próprias indispensáveis para o exercício de uma profissão, é preciso ter também um título bastante para o efeito. O requisito da qualificação tem aqui um sentido idêntico ao do Dec. Lei n.° 358/84, de 13.11 [10]. O que se exige é a habilitação escolar e/ou profissional legalmente exigida, é a posse de um título certificador de determinados conhecimentos escolares e/ou profissionais e/ou da ausência de impedimentos ao exercício de certas profissões (que exigem qualificações especiais).

Mas o título certificador é apenas condição necessária, não suficiente. Ou seja, a capacidade, além de estar titulada, tem também que existir, na realidade.

---

cit., p. 20, o silêncio da lei não pode ser interpretado contra o princípio da liberdade contratual, invocando em seu apoio, designadamente, a alteração introduzida pela Assembleia da República à redacção, acentuadamente anti-contratualista, que a Proposta de Lei n.° 14/VII tinha destinado para o n.° 2 do art.° 22.° ("O objecto do contrato abrange ainda as actividades..."). Sustentando uma posição oposta, v. Amadeu Dias, cit., p. 50.

[8] Cfr. Jorge Leite, cit., p. 30, e Manuela Maia, cit., p. 67.

[9] Sustenta Amadeu Dias, cit., p. 56, que, dada a articulação, feita no n.° 4 do preceito, entre a polivalência e a formação e valorização profissional, "a condição não é absoluta" e que "o facto de o trabalhador não ter, quando da decisão de o incumbir de novas funções, a qualificação e a capacidade indispensáveis para o seu exercício, não é impeditivo da decisão. Apenas em consequência dessa sua decisão, o empregador assume o encargo de, por formação profissional adequada, dotar o trabalhador da qualificação e da capacidade necessárias"

[10] Cfr. Jorge Leite, cit., p. 31.

Flexibilidade e Polivalência 139

A titulação é uma mera presunção dessa capacidade, mas não constitui uma sua prova irrefutável. Pode na verdade suceder que a pessoa credenciada para o exercício de certa actividade se não encontre em condições de a desempenhar, seja porque, posteriormente à obtenção do título de habilitação, perdeu, por qualquer causa (acidente, doença, etc.), as capacidades correspondentes, seja porque delas nunca tenha sido dotado [11].

Estão agora em causa as aptidões reais do trabalhador – ou, para utilizarmos uma expressão do art.º 20.º/2 do Dec.Lei n.º 401/91, de 16.10, o "conjunto de competências, atitudes e comportamentos" indispensáveis ao exercício das funções ou da actividade em causa –, aferidas naturalmente no momento em que realiza ou lhe é dada ordem para realizar uma determinada actividade [12].

4. Existem também condições objectivas – isto é, respeitantes à actividade em si – de exercício da polivalência.

De acordo com o n.º 2, *in fine,* e com a primeira parte do n.º 3 do art.º 22.º, a actividade a desempenhar deve:

a) Ter afinidade ou ligação funcional com as actividades correspondentes à função normal do trabalhador; e
b) Ser desempenhada em regime de cumulação com a actividade principal.

Além disso (segunda parte do referido n.º 3 do art.º 22.º), do seu exercício não pode resultar nem a desvalorização profissional do trabalhador, nem a diminuição da sua retribuição [13].

4.1. O requisito da "afinidade ou ligação funcional" entre as actividades correspondentes à função normal do trabalhador e as novas

---

[11] Jorge Leite, cit., p. 32.

[12] Jorge Leite, cit., p. 32

[13] Contrariamente ao que se passa com o *ius variandi,* não consta da lei qualquer referência a um carácter transitório da polivalência. Poder-se-ia dizer que esse requisito resultaria, indirectamente, do direito à reclassificação previsto na parte final do n.º 5. Mas a verdade é que a polivalência não está, à partida, sujeita a qualquer prazo, uma vez que a oposição do trabalhador à reclassificação a que tem direito não é um facto impeditivo do exercício do poder de ampliação conferido ao empregador. Sobre o ponto, v. Amadeu Dias, cit., p. 52, e, em sentido algo diferente, Jorge Leite, cit., p. 34, que se refere a um "carácter tendencialmente transitório" do referido poder.

140 I Congresso Nacional de Direito do Trabalho

actividades, atribuídas ao abrigo da polivalência, é bastante amplo, até por se referir a condições colocadas em alternativa.

A tal factor acresce a circunstância de se estar perante conceitos algo imprecisos. De qualquer modo, poder-se-á dizer que duas actividades são afins entre si quando ambas têm um mínimo denominador comum de conhecimentos técnicos e capacidade prática, isto é, exigem conteúdos formativos e bases científicas idênticas ou próximas; e que duas actividades têm ligação funcional quando se inserem num mesmo processo produtivo, havendo entre elas uma relação de instrumentalidade ou complementaridade [14].

Permite-se, assim, através deste requisito, que o objecto do contrato tanto possa ser ampliado ao desempenho de actividades próximas, acessórias ou complementares como de actividades que estejam correlacionadas com as próprias da categoria-função do trabalhador, por estarem integradas num mesmo processo produtivo.

4.2. Por outro lado, a ampliação permitida pelo novo poder do empregador só é regular se o trabalhador mantiver como actividade principal o desempenho da sua função normal, ou seja, se as novas actividades cometidas ao trabalhador forem exercidas com carácter de acessoriedade relativamente à actividade que corresponde à sua função normal.

As novas actividades a desempenhar não o podem ser em regime de exclusividade, mas antes em regime de cumulação e com carácter de acessoriedade em relação ao exercício das funções normais do trabalhador, isto é, das funções correspondentes ao núcleo essencial da categoria do trabalhador [15].

4.3. Como já foi dito, do exercício das novas actividades não pode resultar nem a desvalorização profissional do trabalhador, nem a diminuição da sua retribuição.

A cumulação de funções pode determinar um acréscimo da retribuição, mas não a sua diminuição. A norma concretiza neste âmbito o

---

[14] Cfr. Jorge Leite, cit., p. 33, e Manuela Maia, cit., p. 68. V. as interessantes considerações feitas por esta autora (p. 65) acerca do conceito, mais restrito, de "equivalência", preferido pelas legislações italiana e espanhola.

[15] Sobre o conceito de "função normal", v. Jorge Leite, cit., p. 29, nota 36. V., ainda, as observações de Bernardo Xavier, cit., p. 114.

Flexibilidade e Polivalência 141

princípio geral da irredutibilidade da retribuição, do art.º 21.º/I-c) da LCT. Se às funções acessoriamente exercidas corresponder salário inferior, o trabalhador manterá o salário que vinha auferindo.

Quanto à desvalorização profissional [16], trata-se de um outro importante limite negativo do exercício da polivalência, que tem directamente a ver com as perspectivas de carreira e com a preparação do trabalhador para as mutações tecnológicas e organizacionais, com as alterações do mercado de emprego e dos perfis profissionais. Recorrendo, uma vez mais, ao método de aproximação às leis sobre formação profissional, poderá dizer-se que determinam desvalorização as actividades que se mostrem contrárias à promoção profissional, à melhoria da qualidade no emprego e ao desenvolvimento cultural, económico e social do trabalhador (cfr. art.º 3.º/3 do Dec.Lei nº 401/91, de 16.10), podendo utilizar-se critérios indicativos como, por exemplo, a representação social de determinadas actividades ou a respectiva retribuição [17].

5. Analisemos agora os efeitos jurídicos da realização de actividades acessórias ao abrigo da polivalência.

Dispõe o n.º 5 do art.º 22.º o seguinte:

"No caso de às actividades acessoriamente exercidas corresponder retribuição mais elevada, o trabalhador terá direito a esta e, após seis meses de exercício dessas actividades, terá direito a reclassificação, a qual só poderá ocorrer mediante o seu acordo".

A lei manda, pois, em matéria remuneratória, atender às novas funções, se melhor retribuídas [18].

---

[16] Sobre a diferença entre este conceito e o utilizado para delimitação (negativa) do *ius variandi* (modificacão substancial da posição do trabalhador), v. Amadeu Dias, p. 57.

[17] Jorge Leite, cit., p. 35. V. também, Manuela Maia, cit., p. 65 e ss.

[18] Ao contrário do que se passa com o *ius variandi* (cfr. n.º 7), nunca se poderia aqui colocar o problema de um eventual melhor estatuto, dado que o trabalhador continua a ter como actividade principal o núcleo essencial das funções correspondentes à sua categoria-função. Cfr. Amadeu Dias, cit., p. 56. Por seu turno, diz Bernardo Xavier, cit., p. 116, que "o direito à retribuição mais elevada só existirá, se às funções efectivamente exercidas entretanto, *na sua globalidade*, corresponder tal retribuição: v.g., no caso das funções acessórias corresponderem àquele "quid" que envolve a

142 *I Congresso Nacional de Direito do Trabalho*

Quanto ao direito à reclassificação, ou seja, o direito à atribuição de nova categoria, depende do acordo do trabalhador e do decurso do prazo de seis meses – consecutivos ou interpolados – de exercício de actividades acessórias [19].

Note-se que não é só o exercício de actividades a que corresponda retribuição mais elevada que dá direito à reclassificação [20]. A lei reconhece tal direito a todos quantos exerçam actividades acessórias durante seis meses, desde que a reclassificação se não traduza numa baixa de categoria.

A nova categoria não pode ser inferior à precedente, mas não tem de ser superior. Pode por exemplo ser uma categoria hierarquicamente equivalente, que, por variadas razões, mereça a preferência do trabalhador, mesmo sem qualquer acréscimo salarial.

Há, contudo, que acautelar a possibilidade de o direito à reclassificação vir a constituir um meio de frustrar eventuais direitos de outros trabalhadores. De facto, pode a empresa arbitrariamente escolher os empregados que pretende promover e colocá-los temporariamente a exercer as funções superiores, em detrimento de outros trabalhadores, que estariam, em termos objectivos, melhor posicionados para efeitos de promoção e que assim se vêem ultrapassados, num flagrante atropelo aos seus direitos fundamentais e ao princípio da não discriminação. A empresa estaria, na verdade, a proceder a uma discriminação ilegal e injusta, configuradora de um autêntico abuso do direito [21].

6. A alteração introduzida pela Lei n.º 21/96 no art.º 22.º da LCT é reflexo das novas tendências para uma identificação mais genérica do objecto do contrato de trabalho, perdendo-se o valor garantístico atribuído à categoria. A introdução deste expediente terá de processar-se com bastante cautela, com o reforço das garantias dos trabalhadores e com o controlo do possível arbítrio do empregador [22].

---

passagem para categoria superior, ou quando as funções ditas acessórias forem tomadas com completude" e que, no caso de tais funções ocuparem um tempo marginal do horário de trabalho, "não tem sentido um acréscimo remuneratório".

[19] Sobre o ponto, v. Bernardo Xavier, cit., p. 116-117.

[20] Contrariamente ao que parece resultar da deficiente redacção do preceito.

[21] Neste sentido, Manuela Maia, cit., p. 73. Também Jorge Leite, cit., p. 37, nota 45.

[22] Manuela Maia, cit., p. 79.

A chamada flexibilidade não pode ser encarada como uma mera questão de eficácia empresarial, dimensão a que parece reduzi-la o discurso neo-liberal. Os direitos dos trabalhadores terão que ser devidamente acautelados.

Até porque são eles o primeiro motor do direito do trabalho, tal como é moldado pela Constituição, que não aderiu à ideia do primado do económico em relação ao social e que, sem menosprezar a importância que têm valores como a rentabilidade e a racionalidade económica, indiscutivelmente coloca acima deles o respeito pelos direitos, liberdades e garantias dos trabalhadores [23].

Estes direitos implicam desde logo uma nova concepção de empresa, que, mais do que mera coordenação de factores de produção, é um espaço de relações humanas, entre pessoas portadoras dos seus direitos e interesses autónomos, tantas vezes contrapostos. Nela, os trabalhadores não podem ser vistos como meros sujeitos passivos de uma organização alheia.

É hoje incontornável – e a Lei Fundamental não permite dúvidas sobre o ponto – que, face ao maior poder económico do outro contraente, coloca-se claramente a necessidade de fazer actuar de forma directa os direitos fundamentais enquanto garantias da liberdade e da dignidade do trabalhador [24].

Eles são, pois, limites a ser tidos em conta no exercício dos poderes patronais.

Também aqui, o exercício do poder atribuído pelo n.º 2 do art.º 22.º deve levar em consideração o princípio da boa-fé e o respeito pela dignidade e pelos direitos fundamentais do trabalhador, aí se incluindo designadamente a sua profissionalidade, bem como a não diminuição da retribuição, evitando-se também, sempre que possível, o desrespeito pela prestação convencionada.

---

[23] Sobre o significado e alcance dos direitos que a Constituição reconhece aos trabalhadores, v. o nosso "Direito do Trabalho e Constituicão", in *Direito do Trabalho – Ensaios*, Lisboa, p. 39.

[24] Sobre o problema da eficácia entre privados dos direitos fundamentais, v. genericamente a nossa monografia *A vinculação das entidades privadas aos direitos fundamentais*, Lisboa, 1990. Especificamente a nível da relação de trabalho, cfr., igualmente da nossa autoria, o já citado "Direito do Trabalho e Constituição".

Esse novo poder só deve ser exercido desde que, e na medida em que, razões objectivas o justifiquem. Resulta tal imposição dos limites legais e constitucionais aos direitos de propriedade e de empresa, à autonomia da vontade e à liberdade contratual.

Hoje, ao contrário do que era a concepção liberal, não só a liberdade constitucionalmente tutelada não se reduz a esses valores, como, antes, eles é que são funcionalizados pela Lei Fundamental ao projecto económico e social nela desenhado [25], projecto assente na dignidade da pessoa humana, verdadeira pedra angular da unidade do sistema jurídico, que tem a sua principal concretização no respeito pelos direitos fundamentais.

Essa dignidade – "de todos os homens e do homem todo" – é o sentido da "luta pelo Direito" de que há já um século falava Ihering e que ainda hoje tão distante se encontra do seu fim, pelo menos tanto quanto ainda se está da construção, apontada como meta pelo preâmbulo da Constituição de 1976, "de um país mais livre, mais justo e mais fraterno".

---

[25] Sobre o conceito constitucional de liberdade e de autonomia privada, v. Ana Prata, *A tutela constitucional da autonomia privada*, Coimbra, 1982, p. 214 e ss.

FLEXIBILIDADE E POLIVALÊNCIA FUNCIONAL

António Vilar

Advogado
Professor da Universidade Lusíada

FLEXIBILIDADE E POLIVALÊNCIA FUNCIONAL

Flexibilidade funcional

1 – Introdução. 2 – A flexibilização do mercado de trabalho. 3 – O objecto do contrato e as suas novas regras. 4 – A essencialidade da determinação do objecto. 5 – A ampliação do poder de direcção do empregador. 6 – O princípio estabilidade da prestação. 7 – Condições de exercício do novo poder. 8 – Condições subjectivas. 9 – Condições objectivas. 10 – Efeitos jurídicos da realização de actividades acessórias.

Polivalência funcional

1 – Introdução. 2 – Categoria profissional e funções contratuais. 3 – Jus variandi. 4 – Polivalência funcional. 5 – Novas expressões utilizadas. 6 – Regime legal da polivalência funcional.

Mobilidade funcional

1 – A mobilidade e a polivalência. 2 – Conceito de mobilidade do trabalhador. 3 – Sistema de classificação profissional em categorias.

Redução do horário de trabalho

1 – Introdução. 2 – Redução do horário semanal e adaptabilidade dos horários. 3 – Flexibização do horário de trabalho.

Trabalho em part-time

Direito comparado

1 – Alemanha. 2 – Japão. 3 – Reino Unido. 4 – Canadá. 5 – França. 6 – Itália. 7 – Países Baixos. 8 – Suécia.

FLEXIBILIDADE FUNCIONAL

1 – Introdução

Flexibilidade funcional, mobilidade funcional e polivalência – são as três expressões entre nós mais correntes para designar o poder do empregador de ampliar as actividades prestacionais do trabalhador a que se referem os n.ᵒˢ 2 a 6 do art. 22.º da LCT, aditados pela Lei 21/96, de 23-7. As duas primeiras estão mais próximas entre si do que qualquer uma delas da terceira. Correspondendo a um *saber-fazer plural, a polivalência* é uma condição de mobilidade ou de flexibilidade funcional do trabalhador e, consequentemente, um limite do poder do empregador de variação da prestação de trabalho.

O termo polivalência é usado no sentido de actividade profissional que envolve aspectos comuns a mais do que uma actividade e, por conseguinte, o objecto do contrato de trabalho abrange as actividades para as quais o trabalhador está qualificado e ao alcance das suas capacidades e que tenham afinidade ou ligação funcional com as que correspondem à sua função normal, ainda que não compreendidas na definição de categoria.

A flexibilidade funcional baseia-se na polivalência dos trabalhadores. Quanto mais polivalentes eles forem, mais se lhes poderá exigir que mudem de uma actividade ou de um emprego para outro.

Verdadeiramente a Lei 21/96 é uma lei de gestão empresarial com alguma preocupação social. O aditamento dos actuais n.ᵒˢ 2 a 6, configura um novo poder do empregador e, consequentemente, uma nova sujeição do trabalhador, permitindo ao primeiro uma mais ampla possibilidade de utilização da mão-de-obra por si contratada. Vem legalizar o poder do empregador de exigir do trabalhador a realização, em regime de cumulação com a sua função normal, de actividades não compreendidas no objecto do contrato de trabalho.

2 – A flexibilização do mercado de trabalho

A flexibilidade do mercado de trabalho não é a panaceia para todos os males da sociedade e da economia, pois é uma solução que privilegia os interesses dos empregadores.

Vários factores têm influenciado o mercado de trabalho: desde a crise económica desencadeada pelo aumento dos preços do petróleo,

Flexibilidade e Polivalência Funcional												149

da primeira metade dos anos setenta, à nova grande vaga tecnológica e ao crescente alargamento dos mercados, dos anos oitenta.

Se, antes, a classe empresarial estava interessada na fixação da mão-de-obra com uma excessiva rigidez, agora reclama a mobilidade, flexibilidade e plasticidade da mão-de-obra. É neste espírito que se insere a Lei 21/96, ampliando o território de autoridade do empregador e comprimindo o território de liberdade do trabalhador. É uma *estratégia defensiva* de saída da crise.

3 – O objecto do contrato e as suas novas regras

A parte mais importante da Lei 21/96 é a que adita os n.ºs 2 a 6 ao art. 22.º da LCT, pois vem acrescentar mais uma questão às já suscitadas à volta do problema do objecto do contrato de trabalho. As questões dizem respeito à determinação ou determinabilidade, fontes e técnicas do objecto do contrato.

Aquilo que, geralmente, se designa por mão-de-obra é uma pessoa física (o homem mais ou menos jovem, empenhado, fatigado, vergado ao peso dos problemas do quotidiano). Na medida em que o empregador tem o poder de dirigir a actividade do trabalhador, significa que o seu objecto é constituído por uma *actividade heteroconformada apreendida no preciso momento da sua exteriorização*. Mas é, também, por isso que o contrato é um sinal de liberdade pessoal que supõe a proibição de prestação perpétua de serviços e a limitação temporal do vínculo contratual ou a faculdade de desvinculação unilateral, a todo o tempo, do compromisso assumido. Além disso, o contrato é ainda uma *fonte de limitação do âmbito de sujeição do trabalhador*, pois este apenas fica sujeito aos poderes do empregador conexos com a actividade prometida. É isto que distingue um trabalhador de um servo, que obedece para além da sua profissão. (trabalho *vs* servidão/escravidão).

4 – A essencialidade da determinação do objecto

A essencialidade da determinação do objecto do contrato de trabalho, ou seja, dos tipos de actividade que o trabalhador pode ser obrigado a realizar, não tem sido posta em causa e corresponde a *requisito de ordem pública*. O homem não pode expor-se, ou ser exposto, licitamente a uma utilização indiscriminada, sem o risco de regresso a situações características de épocas passadas ou reveladoras da sobrevivência de vestígios que se pretendem ultrapassados.

150 *I Congresso Nacional de Direito do Trabalho*

A individualização do objecto do contrato de trabalho cabe ao credor da prestação, isto é, ao empregador a quem cabe definir os termos em que deve ser prestado o trabalho e atribuir ao trabalhador as funções mais adequadas às suas aptidões e preparação profissional dentro do género de trabalho para que foi contratado.

O objecto do contrato deve ser sempre estabelecido por via positiva. O contrato deve identificar as funções ou tarefas a desempenhar, não podendo limitar-se a precisar as funções ou tarefas excluídas. Deve evitar-se o objecto negativamente delimitado que se situa entre as fronteiras da servidão e as fronteiras da robotização. Por sua vez, a dignidade no trabalho (ideia de adaptação do trabalho ao homem como forma de realização pessoal) e a profissionalidade (ideia de respeito pelo exercício das actividades próprias de uma profissão, de valorização e enriquecimento pessoal) são dois parâmetros positivos de delimitação do objecto do contrato. Porém, o reconhecimento do poder do empregador de impor ao trabalhador a realização de outras actividades compreendidas ou não na respectiva categoria, em regime de cumulação com as actividades correspondentes à sua função normal, reflecte a necessidade de revisão do sistema de categorias actual.

Por outro lado, o aditamento dos n.os 2 a 6 ao art. 22 da LCT traduz-se num desvio relacionista justificado pela necessidade de flexibilizar a mão-de-obra. Porém, a Lei 21/96 é omissa quanto ao problema de saber se as partes podem afastar contratualmente a faculdade, agora normal, do empregador de ampliação das actividades exigíveis ao trabalhador. Se a limitação da obediência ao que for devido por razão de ofício é que distingue o trabalhador livre do trabalho servil, o silêncio da lei não pode interpretar-se contra o princípio da liberdade contratual, ou seja, o desvio relacionista agora consagrado deverá entender-se sem prejuízo da autonomia das partes, aproximando, neste aspecto, o seu regime do regime do *ius variandi*.

5 – A ampliação do poder de direcção do empregador

A Lei 21/96 não suprimiu nem alterou as regras sobre o princípio da contratualidade do objecto; o princípio da correspondência entre a actividade a exercer e a categoria contratualmente estabelecida ou a categoria posteriormente atribuída (com observância da lei ou convenção colectiva aplicável); a proibição, mesmo com o acordo do trabalhador, de alterações verticais descendentes (baixa de categoria); o critério de identificação do objecto (técnica de delimitação do círculo de actividades

Flexibilidade e Polivalência Funcional 151

ou de funções a que o trabalhador fica sujeito); o *ius variandi* (as regras que regulam o poder do empregador de cometer ao trabalhador funções não compreendidas no objecto do contrato); o princípio da estabilidade da prestação ou de funções (correspondência entre actividade e categoria).

Ao estabelecer que o trabalhador fica obrigado a disponibilizar outras actividades, ainda que não compreendidas na respectiva categoria, desde que tenham afinidade ou ligação funcional com as actividades correspondentes à sua função normal, a Lei 21/96 veio introduzir algumas especificidades. Agora, os princípios da contratualidade e da correspondência têm que se articular com o *desvio relacionista*; o poder normal do empresário passa a ocupar espaços que antes eram reservados ao quadro do seu poder excepcional; o critério de identificação do objecto do contrato passa a ter que ser complementado com o da afinidade ou ligação funcional com as actividades correspondentes à função normal do trabalhador.

6 – O princípio da estabilidade da prestação

Há autores que falam em estabilidade da prestação no sentido de estabilidade de funções. Este princípio não suscita dúvidas nos casos em que a função exercida seja a única contratualmente estabelecida. Mas, quando o objecto do contrato compreender mais do que uma função, a entidade empregadora deve procurar atribuir ao trabalhador a função mais adequada às suas aptidões e preparação profissional (poder determinativo da função). O poder de fazer variar as funções incluídas no programa não deve ser exercido discricionária nem arbitrariamente. Não obtendo o consentimento do trabalhador, a mudança deverá ser objectivamente justificável.

Porém, mesmo observando o requisito da justificação objectiva razoável, o empregador continua a gozar do poder de fazer variar as actividades do trabalhador compreendidas no objecto do contrato, tanto em regime de cumulação como em regime de substituição, mesmo em condições de normalidade empresarial. Já as demais actividades só poderão ser cometidas ao trabalhador ou em regime de cumulação ou, desde que ocorram as circunstâncias excepcionais que justificam o *ius variandi*, em regime de substituição.

7 – Condições de exercício do novo poder

O poder de utilização da mão-de-obra contemplado nos n.os 2 a 6 do art. 22.º da LCT configura uma extensão legal do poder de direcção normal do empregador e corresponde à tendência flexibilizadora dos últimos anos. Assim, a lei passou a admitir a possibilidade de modificação unilateral das tarefas do trabalhador em circunstâncias de normalidade empresarial *ab initio*, diferentemente do que sucede com o *ius variandi* que continua condicionado à verificação de circunstâncias de excepcionalidade empresarial posteriores à celebração do contrato (facto superveniente).

Em qualquer caso, o exercício do poder de variação normal deverá ocorrer sempre num contexto que o justifique, já que, além da dignidade profissional, também a dignidade pessoal constitui um seu limite inultrapassável. Além disso, a lei exige a observância de certas condições subjectivas e objectivas para que o exercício desse poder seja regular.

8 – Condições subjectivas

A lei faz depender o regular exercício da flexibilidade funcional de condições subjectivas relativas ao trabalhador: qualificação e capacidade.

A *qualificação* é identificada com as capacidades indispensáveis ao exercício de uma profissão, capacidades naturalmente variáveis com a função a exercer dentro de cada profissão, indo desde a formação de base até à mais alta especialização. A noção legal que mais se aproxima da de qualificação é a de *perfil profissional* que consiste no conjunto de competências, atitudes e comportamentos necessários para exercer as funções próprias de um grupo de profissões ou afins, de uma profissão ou de um posto de trabalho. Neste sentido, pode dizer-se que a *qualificação* é a síntese do conjunto de aptidões pessoais para o desempenho de determinado cargo, função ou posto de trabalho, aptidões naturais e adquiridas, designadamente, força e destreza física e intelectual, conhecimentos escolares, científicos e técnicos, experiência, etc., todas elas suas componentes, podendo, porém, incluir igualmente a componente formal da titulação escolar e/ou profissional. Aqui, o que se exige é a credenciação pública (ou legalmente reconhecida, quando a entidade certificadora for privada) da aptidão para o exercício de certas profissões – das profissões que exigem qualificações especiais. Quer dizer, não basta ter habilitações, é preciso ter também um título bastante.

Flexibilidade e Polivalência Funcional

Frequentemente, a obrigatoriedade do título (carteira) relaciona-se com a necessidade de regulação da profissão, designadamente no que respeita à observância das *leges artis* e das regras deontológicas.

Como é óbvio, a qualificação como condição legal necessária para o desempenho de certas actividades, não é nunca sua condição suficiente. Na verdade, pode suceder que o credenciado se não encontre em condições de desempenhar uma dada actividade, quer porque, posteriormente à obtenção do título de habilitação, perdeu as capacidades para o exercício da actividade por qualquer causa (doença ou acidente), quer porque delas nunca tenha sido dotado, caso em que a declaração de habilitação por qualquer motivo (fraudulento ou não) não corresponde às qualidades da pessoa formalmente habilitada. Então, a *capacidade* tem a ver com as aptidões reais, inatas e/ou adquiridas, de que o trabalhador é dotado no momento em que realiza ou lhe é dada a ordem para realizar uma determinada actividade.

9 – Condições objectivas

A lei faz depender o exercício regular da flexibilidade funcional de condições objectivas positivas e negativas.

Como *condições positivas* a lei prescreve que a actividade a desempenhar deve ter afinidade ou ligação funcional com as actividades correspondentes à função normal do trabalhador (actividades semelhantes), deve ser desempenhada em regime de cumulação com a actividade principal (actividade acessória, menos importante, suplementar) e deve ser tendencialmente transitória (a oposição do trabalhador à reclassificação a que tem direito não é um facto impeditivo do exercício da flexibilidade e, uma vez que o direito à reclassificação só existe para categoria não inferior, o regime de cumulação ou não é meramente transitório ou só pode respeitar a funções de nível igual ou superior).

Como *condições negativas* a lei prescreve que das actividades exercidas ao abrigo da flexibilidade não pode resultar, em caso algum, a desvalorização profissional do trabalhador, nem a diminuição da sua retribuição. Assim, mesmo que o trabalhador acessoriamente (em cumulação) desempenhe funções a que corresponda retribuição inferior, ele manterá o salário que vinha auferindo. Por outro lado, poderá dizer-se que determinam desvalorização profissional as actividades acessoriamente exercidas que se mostrem contrárias à promoção profissional, à melhoria da qualidade do emprego e ao desenvolvimento cultural, económico e social do trabalhador. Estas são as duas condições ou limites negativos do regular exercício do poder do empregador de ampliação das actividades do trabalhador. Aliás, é um dever da entidade patronal proporcionar aos seus trabalhadores meios de formação e de aperfeiçoamento profissional, bem como promover a valorização permanente dos recursos humanos de forma a obter a progressão profissional dos trabalhadores.

10 – Efeitos jurídicos da realização de actividades acessórias

A realização de actividades ao abrigo da flexibilidade faz surgir na esfera jurídica do trabalhador dois direitos: o direito à retribuição mais elevada que lhe corresponder e o direito à reclassificação (se essas actividades forem de categoria não inferior às normalmente prestadas). Assim, ele terá direito a maior retribuição se a retribuição mais elevada for devida pelas actividades acessoriamente desempenhadas, e direito à reclassificação logo que se completem 6 meses de exercício das referidas actividades. A reclassificação é a atribuição de nova categoria correspondente às actividades acessórias exercidas e não pode ser inferior à precedente, embora não tenha que ser superior (p. ex. uma categoria hierarquicamente equivalente que o trabalhador prefira). Quanto à contagem dos 6 meses de exercício da actividade acessória, eles tanto podem ser consecutivos como interpolados, pois a lei não distingue o exercício ininterrupto do interpolado.

POLIVALÊNCIA FUNCIONAL

1 – Introdução

O princípio da estabilidade da prestação laboral do trabalhador está assegurado através do n.º 1 do art. 22 da LCT, por reporte à categoria do trabalhador, estipulando que, em princípio, este deve exercer uma actividade correspondente à categoria para que foi contratado, o que significa que esta regra não é absoluta.

Antes da Lei 21/96, eram os n.os 2 e 3 do art. 22.º da LCT que identificavam as situações e condições em que era lícito exigir do trabalhador outras tarefas e outra actividade que não as correspondentes à categoria para que foi contratado. Esse conjunto de excepções, condições e regime foram sendo doutrinária e jurisprudencialmente

Flexibilidade e Polivalência Funcional   155

identificadas como o exercício dum poder do empregador conhecido sob a designação de *jus variandi*.

Com a Lei 21/96 alargou-se a inicial possibilidade de o empregador exigir do trabalhador o exercício de outras funções e o desempenho de outras tarefas que não as específicas da sua categoria. Este alargamento não se verifica através da restrição ou ampliação do anterior *jus variandi*, mas através da criação de uma outra figura de variabilidade do objecto do contrato de trabalho, conhecida vulgarmente como *polivalência funcional*.

2 – Categoria profissional e funções contratuais

A regra geral da inalterabilidade das funções do trabalhador e da sua correspondência obrigatória com as funções próprias da categoria profissional detida pelo trabalhador, tem sido objecto de abundante produção jurisprudencial e doutrinal. Assim, a entidade patronal deve procurar atribuir a cada trabalhador, dentro do género de trabalho para que foi contratado, a função mais adequada às suas aptidões e preparação profissional, segundo o pensamento dominante.

A categoria profissional do trabalhador é determinada pela justaposição, no mesmo trabalhador, das realidades, factual e jurídica, correspondentes a dois conceitos que, ambos usam o mesmo nome de categoria – a "categoria-função", que identifica o essencial das funções a que o trabalhador se obrigou pela celebração do contrato de trabalho e pelas alterações que este vai sofrendo em resultado da sua própria dinâmica (categoria contratual); e a "categoria-estatuto", que identifica o núcleo dos direitos mínimos garantidos àquele complexo de funções (categoria normativa). É a categoria-função que comanda a determinação da categoria-estatuto a aplicar e, nos termos dos arts. 21.° e 23.° da LCT, após a sua determinação ambas gozam das mesmas garantias. A categoria-função é protegida pelos arts. 22.° e 43.° da LCT que indicam que, tendencialmente, deve ser a mais adequada às aptidões e à preparação profissional do trabalhador.

No caso de falta de coincidência perfeita do conteúdo funcional dos conceitos, a jurisprudência tem chamado a atenção para a necessidade de averiguação do núcleo essencial de tarefas próprias de cada uma das categorias-estatuto em confronto, para selecção de qual a aplicável a uma dada categoria-função.

3 – Jus variandi

Os n.ᵒˢ 7 e 8 do art. 22.º da LCT definem e regulam as condições em que é lícita a modificação do objecto da prestação laboral conhecida por *jus variandi*. Uma vez que a Lei 21/96 apenas determinou uma alteração de ordem, a doutrina e a jurisprudência existentes até então continuam válidas e aplicáveis. Vejamos, portanto, quais são as condições e requisitos, ou pressupostos, da licitude do exercício do *jus variandi*, porque também são úteis para o exercício da polivalência funcional.

O exercício do *jus variandi* é legítimo e lícito desde que, cumulativamente, se verifiquem os seguintes requisitos e condições (n.ᵒˢ 7 e 8 do art, 22.º da LCT):

a) não haver estipulação contratual em contrário (é permitida a proibição do seu exercício, pela via convencional, mesmo que se verifiquem as demais condições e requisitos);

b) exigi-lo o interesse da empresa, interesse objectivamente avaliável, verificando-se tal requisito quando a mudança de funções seja reclamada pelo funcionamento da própria empresa;

c) não implicar a diminuição da retribuição, podendo, ao contrário implicar um acréscimo;

d) ser a mudança transitória, nos casos em que a admissão de um novo trabalhador não se apresente como razoável, ou enquanto decorrer o processo de admissão de um trabalhador para o lugar;

e) não se traduzir o desempenho das novas funções numa modificação substancial da posição do trabalhador, ou seja, as novas funções devem inscrever-se na área profissional das funções normais do trabalhador ou ter com ela alguma afinidade e deve corresponder-lhes no "organigrama" da empresa uma posição hierárquica idêntica à da sua categoria profissional;

f) que da alteração temporária de funções resulte para o trabalhador o tratamento mais favorável que, porventura, corresponda às funções temporariamente desempenhadas;

g) que o trabalhador seja informado das razões determinantes do exercício do *jus variandi* (este requisito, embora não esteja expressamente referido no texto legal, tem sido considerado de cumprimento obrigatório, por ser a forma de o trabalhador averiguar da licitude ou ilicitude da ordem que lhe é dada).

4 – Polivalência funcional

O regime da polivalência funcional, agora introduzida pelos n.ᵒˢ 2 a 6 do art. 22.º da LCT, funciona paralelamente ao *jus variandi*, como mais uma derrogação possível à regra geral do n.º 1, coincidência obrigatória das funções e tarefas exigíveis ao trabalhador com as que, integradas na sua categoria-função, gozam da protecção legal da categoria-estatuto em que o mesmo trabalhador está integrado.

5 – Novas expressões utilizadas

Num primeiro exame das alterações introduzidas ao art. 22º, salta à vista a utilização de termos e expressões que não são usuais na legislação juslaboral, onde não possuem entendimento preciso e cujo significado carece pois, de ser determinado, para adequado entendimento deste novo instituto laboral.

Estão neste caso: "qualificação e capacidade", "afinidade ou ligação funcional", "desvalorização profissional", "valorização profissional", "reclassificação".

Vai, por isso e em primeiro lugar, procurar-se atribuir a cada uma destas expressões ou termos o significado que pareça mais adequado à sua utilização num preceito que já fazia parte do *"acquis"* jurídico nacional, estando sedimentado o seu entendimento. Porém, não se vai aqui explicar os seus significados porque tal já foi feito a propósito das condições subjectivas da flexibilidade e das categorias profissionais.

6 – Regime legal da polivalência funcional

Do regime legal da polivalência funcional far-se-ão, sempre que se justifique, as articulações com o regime do *jus variandi* no sentido de determinar os pontos de proximidade, semelhança e diferenciação entre os dois regimes.

A decisão de colocar o trabalhador no regime de polivalência funcional é uma decisão unilateral do empregador, obrigatória para o trabalhador ao abrigo da al. *c*) do nº 1 do art. 20.º da LCT (a entidade patronal pode encarregar o trabalhador de desempenhar outras actividades...).

Ao contrário do *jus variandi*, na polivalência não se admite qualquer restrição à sua utilização. Assim, quaisquer disposições convencionais anteriores proibindo ou condicionando o exercício de actividades em regime de polivalência em termos mais restritivos que os decorrentes do novo texto legal, devem considerar-se revogadas e substituídas pelo dispositivo legal. E nem pode ser afastada por convenção colectiva posterior à Lei 21/96. De facto, o n.º 6 do art. 22.º atribui às convenções colectivas o poder de regular todas as matérias incluídas na disciplina da Lei n.º 21/96 (nas quais se inclui a polivalência funcional) em sentido mais favorável aos trabalhadores e às empresas, e não em sentido mais favorável apenas aos trabalhadores.

Deste modo, as convenções colectivas podem regular o exercício da polivalência de acordo com as especificidades da empresa, contanto que não inviabilizem ou proibam tal forma de desempenho funcional.

A contratação colectiva é a via desejável para proceder à maior precisão dos limites dentro dos quais deve funcionar a amplitude das várias condições estabelecidas pelo n.º 2, de entre as quais se salienta a afinidade ou ligação funcional das actividades a exercer ao abrigo da polivalência.

O grau de intervenção das convenções colectivas no que respeita ao ajustamento dos requisitos do exercício da polivalência considera-se frequentemente necessário devido à utilização de expressões de entendimento ainda não suficientemente precisado (expressões fluídas). Por isso, a sua intervenção pode revelar-se um instrumento eficaz de ajustamento daqueles requisitos, definindo entre que categorias-estatuto pode ocorrer a polivalência e qual o tipo de formação susceptível de fornecer a qualificação e capacidade necessárias para potenciar os melhores resultados da mesma polivalência.

A licitude do acesso ao *jus variandi* está condicionada pelo interesse exigido pela empresa. Todavia, o interesse da empresa não funciona como pressuposto essencial da determinação do empregador para a polivalência. O que não significa que o interesse da empresa não deva presidir à determinação do exercício de actividades em sede de polivalência. Apenas, a reacção do trabalhador a uma determinação de polivalência não pautada pelo interesse da empresa, não poderá consistir na recusa de obediência na medida em que as ordens e as instruções ... se mostrarem contrárias aos seus direitos e garantias (art. 20.º n.º 1 al. *c*) da LCT) mas, antes através da invocação e prova dum abuso do direito nos termos do art. 334.º do Código Civil. O interesse da empresa deve ser entendido como podendo envolver o interesse não-directo e imediato do trabalhador. Aliás, um dos objectivos a prosseguir através da polivalência funcional pode ser o de propiciar a adaptação do traba-

Flexibilidade e Polivalência Funcional 159

lhador às mutações tecnológicas, organizacionais ou outras, favorecer a promoção profissional, melhorar a qualidade do emprego e contribuir para o desenvolvimento cultural, económico e social do trabalhador.

Exige-se que as funções diferentes que o trabalhador passa a exercer não possam ser exclusivas; elas devem ser acessórias das funções próprias que se mantêm como actividade principal do trabalhador. Portanto, são as tarefas não essenciais que podem ser retiradas e substituídas pelas novas actividades de que o trabalhador seja incumbido, embora a troca não seja indispensável pois basta ocorrer um mero acréscimo de outras funções. Há, portanto, nesta matéria, uma diferença muito importante entre o regime do *jus variandi* e o da polivalência. Nesta, o exercício das funções próprias tem de se manter, na totalidade ou na parte essencial, sendo as funções diferentes exercidas acessoriamente; enquanto que no *jus variandi* pode haver uma substituição total, mas temporária, das funções desempenhadas.

No que respeita ao alargamento do objecto da prestação laboral através da polivalência, os n.ᵒˢ 2-3-4 do actual art. 22.º da LCT estabelecem um importante conjunto de limitações:

a) que o trabalhador tenha qualificação e capacidade para o seu desempenho;

b) que a atribuição das novas funções se articule com a valorização profissional do trabalhador;

c) que as novas funções tenham afinidade ou ligação funcional com as que correspondem ao objecto normal da prestação laboral do trabalhador, estejam ou não compreendidas no conteúdo funcional da sua categoria-estatuto;

d) que as funções normais do trabalhador se mantenham como actividade principal do trabalhador;

e) que do exercício das novas funções pelo trabalhador não resultem para este nem a sua desvalorização profissional, nem a diminuição da sua retribuição;

f) que ao trabalhador seja assegurada a retribuição mais elevada correspondente às novas funções, exercidas acessoriamente, se esse for o caso, isto é, se essas funções conferirem aos seus titulares retribuição mais elevada;

g) que ao trabalhador seja garantido o direito a reclassificação profissional, se, após determinado período de desempenho das novas funções, este o quiser.

160   *I Congresso Nacional de Direito do Trabalho*

Com estas exigências pretende-se que o trabalhador no âmbito da polivalência não seja incumbido do exercício de funções para que não esteja preparado ou qualificado (que não possua as capacidades ou aptidões necessárias, nem os conhecimentos teóricos e práticos indispensáveis). Mas, também, esta condição não é absoluta pois, pode-se articular a polivalência com a formação e a valorização profissional. Não que seja esse o seu objectivo mas da polivalência deve resultar a valorização profissional; e, neste sentido, a polivalência corresponde ao enriquecimento de tarefas porque permite ao trabalhador a adaptação às transformações tecnológicas e técnicas, contribuir para a sua realização profissional e promoção social e assegurar a qualidade e estabilidade do emprego e até melhores oportunidades de obtenção de novo emprego.

O facto de as novas funções poderem estar, ou não, compreendidas no conteúdo funcional da categoria-estatuto do trabalhador permite concluir que a lei admite duas modalidades de polivalência: polivalência limitada e polivalência ampla.

A *polivalência limitada*, verifica-se quando a categoria-função do trabalhador só abrange um segmento limitado do total de funções ou tarefas constantes da descrição ou conteúdo funcional da categoria-estatuto e, através da polivalência, ao trabalhador são cometidas outras funções também compreendidas no elenco de funções da sua categoria-estatuto. Neste caso, não haverá lugar a reclassificação porque a categoria-estatuto é a mesma para ambas as funções (ex: o escriturário – categoria ampla em que cabem diversas especialidades: de serviços gerais, contabilidade, gestão de pessoal...).

A *polivalência ampla*, ocorre quando a categoria-função do trabalhador está integrada numa determinada categoria-estatuto e as funções acessórias de que é incumbido são enquadradas em diferente categoria-estatuto. Neste caso, ao fim de 6 meses de exercício, o trabalhador adquire o direito de optar pela sua reclassificação para a outra categoria-estatuto, podendo exercer esse direito em qualquer momento a partir de então. Este direito é relevante, sobretudo se o trabalhador exerceu actividades acessórias mais qualificadas e melhor remuneradas e é distinto da promoção profissional. Neste tipo de polivalência, confere-se ao trabalhador um direito de opção entre ser reclassificado na categoria-estatuto que integra as novas funções, ou manter a categoria-estatuto que vinha detendo.

Quanto ao dever de informação prévia do trabalhador das razões determinantes do exercício de tal poder do empregador, uma vez que não há normativo legal a consagrá-lo, isso não significa que não haja

Flexibilidade e Polivalência Funcional 161

a obrigação de o informar sobre a categoria do trabalhador e a caracterização sumária do seu conteúdo. Assim, é no domínio do bom relacionamento entre os sujeitos no contrato de trabalho, ao abrigo da boa fé (arts. 227.º n.º 1 e 334.º do C.C), e das boas práticas e condutas recomendadas na gestão de recursos humanos, que deve ser encontrado o fundamento para o trabalhador ser previamente informado das motivações do recurso à polivalência.

MOBILIDADE FUNCIONAL

1 – Introdução

A relação contratual laboral é uma relação intrinsecamente duradoura e permanente. Este carácter de permanência e durabilidade assume uma dupla vertente na medida em que satisfaz os interesses de ambos os contraentes. Mais concretamente, satisfaz a permanente exigência de mão-de-obra na empresa, bem como assegura o salário ao trabalhador com base no qual se sustenta a si e aos seus familiares.

Porém, este carácter de permanência da relação laboral não é algo de absoluto, na medida em que as prestações dos contratantes podem ter de se adaptar à conjuntura da empresa (sua economia, mudanças e expectativas). Daí que B. G. Lobo Xavier conceba a relação de trabalho como uma relação duradoura e especialmente evolutiva.

Para tal adaptação existem mecanismos de auto-transformação por sucessivos ajustes e modificações, normalmente condicionados pelo próprio mercado. Por exemplo, no contrato de trabalho, a necessidade de modificações para além de variar de acordo com a evolução da oferta e da procura, taxas de juro, inflação ou mesmo determinadas cláusulas contratuais é, ainda, acrescida por efeito de novos factores da evolução tecnológica, pelos processos de reconfiguração empresarial e pelas expectativas dos trabalhadores melhorarem o seu estatuto, posição profissional, hierárquica, salarial... que contam legitimamente com as vantagens que lhes conferem a antiguidade e a experiência.

Ambos os contraentes devem prever as mudanças mais ou menos radicais naquilo que será posteriormente requerido e que, por conseguinte, determinará a transformação do contrato de trabalho.

As possibilidades de ajustamento estão limitadas por uma regulação própria, característica do Direito do Trabalho que envolve a estabilização das condições fundamentais do trabalhador e restrições à denúncia

162 *I Congresso Nacional de Direito do Trabalho*

do contrato pela entidade patronal, como instrumento para a adaptação contratual (modificação ou renegociação das condições contratuais, sob pena de extinção do contrato). Ainda na opinião do mesmo autor, a imperatividade do Direito do Trabalho é unilateral e parece permitir apenas a ascensão do trabalhador pois, não é previsível que, fora de um contexto de crise, se deteriore a posição do trabalhador pelo simples jogo do mercado.

2 – Modalidades

Segundo Lobo Xavier, costumam apresentar-se os seguintes tipos de mobilidade: interna, externa, horizontal, vertical ascendente e descendente.

A *mobilidade interna*, dentro da categoria ou grupo profissional, produzindo-se entre as várias funções dessa.

A *mobilidade externa*, fora da categoria ou grupo, entre funções que não correspondem à mesma categoria ou mesmo grupo.

A *mobilidade horizontal*, dentro de funções equivalentes, aproxima-se do modelo da polivalência, a que subjaz a imagem do trabalhador multiplamente habilitado, "auto-gestor", que domina o processo produtivo, aberto à inovação, capaz de enfrentar o imprevisto, resistente ao estiolamento profissional e à repetição, inversor das segmentações artificiais.

A *mobilidade vertical*, dentro de funções não equivalentes, *ascendente* (superiores) e *descendente* (inferiores). Ainda segundo este autor, a mobilidade vertical (descendente) parece estar vedada no art. 23.º da LCT (fora dos casos excepcionais) e, em termos expressos, solenemente no art. 21.º, n.º 1, al. *d*) da LCT.

3 – A (ir)relevância relativa do posto de trabalho de ingresso

Sendo a polivalência e, por conseguinte, também, a mobilidade um tão rico conceito, porquê, então, a sua aparente impopularidade?

Por um lado, a categorização profissional contribui para controlar o poder directivo, com genuíno acréscimo da capacidade sindical de intervenção. Por outro, os sindicatos sabem que a polivalência e, por conseguinte, também a mobilidade implica uma destruição de emprego, possibilitada pela aplicação de novas tecnologias que, entregues ou afectas a um tempo marginal de determinado trabalhador, envolvem a inutilização de uma série de postos de trabalho. Como por exemplo, os

Flexibilidade e Polivalência Funcional   163

sistemas de telefone, fax e redes de computadores, geridos pelos quadros técnicos da empresa, disponibilizam postos de trabalho de secretárias, telefonistas e estafetas.

Para Lobo Xavier "é justo dizer-se que sempre houve inespecificidade na relação de trabalho." A prestação do trabalho tem em si a ideia de adaptabilidade: a actividade que constitui o objecto da prestação do trabalho é subordinada e, portanto, adaptável segundo as determinações do empregador num quadro já muitas vezes descrito. No contrato de trabalho, o trabalhador não promete desempenhar esta ou aquela actividade, concretamente e exaustivamente descrita, mas um tipo genérico de actividade laborativa.

Ora, a determinação a cada momento das tarefas a prestar pertence, no contrato de trabalho, àquele que não as desenvolve, isto é, ao empregador. Esta posição das partes é característica das relações laborais e corresponde a um dos aspectos da subordinação. Assim, o trabalhador não promete apenas o serviço, mas também concorda em executá-lo dentro de um âmbito a definir, naqueles precisos termos em que o empregador venha a exigir ("sob a autoridade e direcção"). A sua fixação fica ao cuidado do empregador que, no seu poder complementar de escolha, desenha o programa de cumprimento do trabalhador, a executar de acordo com os fins que ele tiver por convenientes e que são os da organização a que ele está adstrito pelo contrato. A ele e a mais ninguém deve competir, não consentindo precisa determinação negocial, o aspecto de execução técnica (a especial modalidade, *o como* e, de certo modo, *o quando* e *o onde*) das tarefas de que necessita, as quais o trabalhador genericamente concordou prestar.

Por outro lado, sabemos que a prestação do trabalho é traçada entre espaços de definição/indefinição: o trabalhador não se pode comprometer a tudo, mas também não pode pensar que ficou definitiva e rigidamente estabelecido tudo o que vai fazer.

4 – Os princípios *pacta sunt servanda e rebus sic standibus*

Tradicionalmente, ensina-se que a prestação do trabalho determinável é identificada no contrato por uma referência genérica com ou sem apelo a uma categoria-tipo, não sendo lícito exigir trabalho diverso do convencionado fora de casos excepcionais ("jus variandi"). É nisto que consiste o princípio *pacta sunt servanta....*

Segundo Lobo Xavier, é de entendimento pacífico que se trata de identificação da zona do contrato e da zona do não-contrato, e, nesta

164   *I Congresso Nacional de Direito do Trabalho*

última, o trabalhador pode legitimamente negar-se a condutas pretendidas mas não exigíveis, já que não se compreendem no poder directivo nem no negocialmente devido. No primeiro caso, estaríamos perante limites ao objecto, e, no segundo caso, estaríamos perante limites ao poder directivo patronal e à sua autoridade e direcção. Concluindo, convém não esquecer que com a evocação de uma categoria não se afasta a hipótese de variação.

5 – As garantias de imodificabilidade ou de irreversibilidade

Os problemas jurídicos da definição do objecto da relação contratual laboral foram vistos noutra época e têm soluções concebidas por legislação ultrapassada.

Por um lado, existem restrições de carácter jurídico quanto à relação laboral que dificultam a mobilidade funcional. Essas restrições também são podem ser designadas por garantias de imodificabilidade ou de irreversibilidade.

No art. 53.º da Constituição consagra-se o direito à segurança de emprego, onde se reconhece ao trabalhador um estatuto irreversível que protege a sua situação funcional básica, garantindo assim a sua estabilidade no emprego. Por isso é que no âmbito da polivalência e flexibilidade funcional, onde também se insere a mobilidade, se estipula que o trabalhador não pode descer de categoria não obstante durante o período de polivalência possa ter desempenhado funções que se enquadrem numa categoria ou estatuto inferior àquele que figurava no seu contrato de trabalho no seu momento de ingresso para a entidade patronal em causa. Ou seja, mesmo que durante o período de mobilidade funcional o trabalhador exerça funções que se enquadrem numa categoria inferior àquela que figura no contrato de trabalho que ele celebrou com a entidade patronal no seu momento de ingresso, ele terá sempre estabilidade de emprego na medida em que está estabelecido na lei que ele não pode descer de categoria em função das actividades exercidas complementarmente.

Por outro lado, pode dizer-se que no nosso sistema existe um quase bloqueamento estrutural dos despedimentos, pelo que o *"despedimento modificativo"* é praticamente inexistente, apenas existindo nos casos do art. 27.º n.º 3 e art. 18.º n.º 1 e 3, ambos da Lei dos despedimentos. Ou seja, o despedimento modificativo só existe nos casos de despedimento por extinção de trabalho, que é um meio de cessação utilizado muito raramente, ou nos casos de despedimento

Flexibilidade e Polivalência Funcional   165

colectivo. Fora destes casos, e em situações não consensuais, nos termos do art. 32.º n.º 2 da LCT, o despedimento modificativo classifica-se como agravadamente ilícito. As modificações consensuais de funções em Portugal também têm as suas limitações mas, é óbvio que onde se verificar acordo não surgirão dificuldades de maior.

Todavia, as questões da polivalência, flexibilidade e mobilidade funcional não se colocam apenas no âmbito da possibilidade que a entidade patronal tem de modificar unilateralmente a prestação objecto do contrato, encarregando ao trabalhador de novas tarefas não previstas no contrato laboral.

De qualquer modo, o sistema de segurança de emprego supradescrito opõe-se à polivalência funcional e, além disso, o nosso sistema de segurança de emprego não corresponde ao conceito europeu de segurança de emprego. Aliás, como se diz no relatório da Comissão Europeia, "uma concepção europeia de segurança de emprego deveria insistir mais na aptidão dos trabalhadores em obter emprego no mercado global de trabalho que na segurança de emprego detido num dado momento, e deste modo encorajar a flexibilidade e aceitação da mudança, no quadro de um processo de melhoria da produtividade e da criação de empregos".

6 – As soluções nos sistemas alemão, espanhol, francês e italiano

O tema da mobilidade tem sido vastamente desenvolvido na Europa comunitária, onde são constantes os apelos à reconciliação da produtividade. Visa-se aumentar a própria produtividade pela flexibilidade das tarefas, dos homens e das operações.

Ao contrário do que sucede no nosso sistema jurídico, nos sistemas estrangeiros, o despedimento modificativo surge como um despedimento lícito sob condição de o trabalhador aceitar novas condições, ainda que mais desfavoráveis, desde que necessárias à empresa ou, em outra formulação, aparece como a manutenção do contrato de trabalho sob condição positiva de o trabalhador aceitar a sua modificação. Isto significa que este importantíssimo meio de pressão desloca muitas vezes a questão da mudança de funções para a do despedimento e fortifica em extremo a posição patronal na maior parte dos países (europeus).

Assim, vejamos o que referem alguns dos sistemas europeus sobre o objecto da prestação, o limite do poder directivo e o despedimento alicerçado na rigidez da definição do objecto contratual.

O sistema alemão centra-se na definição contratual dos serviços a prestar, podendo nele incluir-se as actividades conexas. Na falta de designação correcta, recorre-se às indicações dadas pelas características tradicionais dos profissionais, pelos usos do ramo económico ou da região, a menos que outra coisa esteja prevista em convenções colectivas. Há a possibilidade de modificação de funções dentro de certo âmbito; para além dele, as pretensões patronais podem ser recusadas, embora em caso de emergência, a entidade patronal possa encarregar o trabalhador de outros serviços. As modificações que supõem piores condições de trabalho não estão cobertas pelo poder directivo e envolvem uma modificação do contrato. Se o trabalhador não aceitar, é facultado à entidade patronal o despedimento modificativo (denúncia do contrato combinada com a proposta de continuação da relação de trabalho em diversas condições); contudo, está sujeito a controlo da comissão de trabalhadores e eventualmente a controlo jurisdicional quanto à sua justificação social – se a modificação tiver justificação capaz, o despedimento também a assumirá –, podendo também o trabalhador submeter-se sob reserva às condições propostas, em termos de poder discutir judicialmente a questão.

O sistema espanhol demonstra que o seu ordenamento jurídico está despreendido da ideia de categoria como limite ao exercício normal do poder directivo, que é muito amplo dentro do grupo: "a mobilidade funcional dentro da empresa não terá outros limites senão os exigidos por habilitações académicas ou profissionais necessárias para exercer a prestação laboral e pela pertença ao grupo profissional". Mas também se admite, excepcional e temporariamente, a exigência pelo empregador de funções não correspondentes ao grupo, se existirem razões técnicas ou organizativas: se não estiverem definidos os grupos profissionais, a mobilidade funcional pode efectuar-se entre categorias profissionais equivalentes. As outras modificações serão estabelecidas por acordo, mas o empregador, quando existam razões económicas e técnicas comprovadas, poderá estabelecer alterações substanciais das condições de trabalho que excedam a mobilidade funcional. Esta decisão é praticamente unilateral e não constitui justa causa para a rescisão do contrato por parte do trabalhador, salvo excepção.

O sistema francês parte do princípio de que o trabalhador deve executar o trabalho para o qual foi admitido, cumprindo as tarefas que entram nas suas atribuições e correspondendo à sua qualificação. O poder directivo move-se dentro deste âmbito, correspondendo à activi-

Flexibilidade e Polivalência Funcional

dade normalmente exercida; contudo aceita-se que o empregador possa unilateralmente introduzir pequenas modificações na execução da prestação do trabalho. Quando a mudança tiver incidência sobre a qualificação ou remuneração, estamos perante uma "modificação substancial", podendo o trabalhador recusá-la. A modificação substancial não é permitida podendo, contudo, o empregador promover um despedimento com aviso prévio e indemnizações, cabendo ao tribunal averiguar se se verificou uma causa real e séria justificada pelo interesse da empresa. Ou seja, existe bastante flexibilidade no sentido de ultrapassar a definição contratual das tarefas: quer admitindo plenamente pequenas modificações – não parecendo haver limites à modificação consensual –, quer aceitando a utilização de uma espécie de despedimento modificativo quando estejam em causa interesses empresariais relevantes.

O sistema italiano merece uma especial referência, já que teve influência determinante na redacção do art. 22.º da LCT. O texto do art. 2103.º do Cod. Civ. fixado pelo art. 13.º do "Statuto dei lavoratori" preceitua o seguinte: "O trabalhador deve ser adstrito às funções para que foi assumido ou àquelas que correspondam à categoria superior que tenha sucessivamente adquirido ou a funções equivalentes às últimas efectivamente desenvolvidas, sem qualquer diminuição de retribuição". Esta norma, de difícil interpretação é completada com outras regras que, para além de relativas à determinação das funções superiores, estabelecem o princípio de que "qualquer pacto em contrário é nulo". Pelo que o trabalhador só possui a certeza de ser adstrito a funções reconductíveis à sua categoria, sendo que esta é uma fórmula verbal de conteúdo variável. Para além disto, existe o chamado *jus variandi*: o poder modificativo que vai para além da categoria e que se distingue do poder directivo. Antes de 1970, o *jus variandi* tinha contornos exactamente iguais ao nosso (art. 22.º, n.ºs 6 e 7 da LCT); desde então, exclui expressamente a mobilidade no sentido descendente, pelo que apenas pode desenvolver-se na horizontal e na vertical ascendente (promoções). Ou seja, o sistema italiano considera que o desenvolvimento inicial da prestação não esgota o conteúdo das funções, compreendendo também as actividades acessórias e complemantares do tipo de actividade mencionado no contrato. Por outro lado, poderá haver acordo expresso sobre funções polivalentes. De qualquer modo, resta sempre ao empregador, no exercício de um poder já não directivo mas modificativo, solicitar tarefas equivalentes, o que maleabiliza a prática executiva da prestação do trabalho. A finalizar, temos o problema das novas tecnologias que tem três tipos de implicações:

1 – No plano contratual, pela admissão de consenso das partes desde o início quanto ao desempenho de tarefas plurifuncionais e polivalentes (equivalentes e enquadradas na sua categoria profissional));

2 – Porque deixou de ser possível contar com funções estáticas, pelo desaparecimento de qualificações tradicionais, o que impõe a aquisição de novas profissionalidades (capacidades) e, põe em crise os princípios da equivalência;

3 – Porque nestas situações se considera legítimo o despedimento modificativo.

Conclusão: é grande a distância que separa o nosso ordenamento jurídico no plano da flexibilidade dos países supracitados, desde a amplidão com que neles se caracteriza o poder directivo da entidade patronal e principalmente pela aceitabilidade do despedimento modificativo.

DIA 21 DE NOVEMBRO DE 1997
9 horas

TEMA III

PODER, DIREITO E PROCESSOS DISCIPLINARES.
DA TEORIA À PRÁTICA

Presidência
Conselheiro Matos Canas,
Presidente da Secção Social do Supremo Tribunal de Justiça

Prelectores
Prof. Doutor Pedro Romano Martinez,
da Faculdade de Direito da Universidade de Lisboa
e da Universidade Católica;
Prof.ª Dr.ª Maria do Rosário Palma Ramalho,
da Faculdade de Direito da Universidade de Lisboa;
Prof.ª Doutora Manuela Maia,
da Universidade Fernando Pessoa;
Prof. Dr. Costa Martins,
da Universidade Lusíada e Advogado.

A JUSTA CAUSA DE DESPEDIMENTO

Pedro Romano Martinez

Professor da Faculdade de Direito de Lisboa
e da Universidade Católica
Doutor em Direito

A JUSTA CAUSA DE DESPEDIMENTO

Contributo para a interpretação do conceito indeterminado de justa causa de despedimento do art. 9.º, n.º 1 LCCT

I. O Direito do Trabalho, tal como aconteceu com o Direito Comercial, autonomizou-se do Direito Civil; era Direito Civil Comum e, hoje, é Direito Privado Especial [1]. Não obstante esta autonomização, o contrato de trabalho, no Código Civil, continua a ser qualificado como um dos contratos em especial (Livro II, Título II), regulado no Capítulo VIII, antes do contrato de prestação de serviço.

Sendo um ramo do Direito Privado, assente num contrato de natureza civilística, o Direito do Trabalho pressupõe a aplicação dos princípios e de regras de Direito Civil, sempre que não se tenham estabelecido regimes com especificidades. Não é, deste modo, concebível o estudo de problemas laborais, como seja a justa causa de despedimento, desacompanhado dos quadros do Direito Civil, em particular dos parâmetros estabelecidos no Direito das Obrigações.

II. O despedimento promovido pela entidade empregadora (Capítulo IV, arts. 9.º ss. LCCT – Decreto-Lei n.º 64-A/89, de 27 de Fevereiro) corresponde a uma resolução do contrato (arts. 432.º ss. CC – Código Civil). Concretamente, a uma resolução do contrato fundada na lei (art. 432.º, n.º 1 CC).

A resolução pressupõe sempre uma destruição unilateral do vínculo contratual e, por via de regra, quando se funda na lei, como é o caso do despedimento, assenta num poder vinculado que se encontra relacionado com um dano causado pelo incumprimento do contrato [2].

---

[1] Cfr. Romano Martinez, *Direito do Trabalho*, I Volume, 2.ª ed., Lisboa, 1997, p. 73.

[2] Cfr. Antunes Varela, *Das Obrigações em Geral*, II Volume, 5.ª ed., Coimbra, 1992, p. 274.

174 — *I Congresso Nacional de Direito do Trabalho*

Assim, o despedimento constitui um poder vinculado conferido ao empregador de extinguir o contrato de trabalho, fundado no incumprimento de deveres obrigacionais por parte do trabalhador.

A eficácia retroactiva da resolução (art. 434.º CC)[3] não seria de ter em conta no domínio do despedimento, atendendo ao facto de o contrato de trabalho ser de execução continuada, caso em que se mantêm as prestações efectuadas até à data em que a resolução produz efeitos (art. 434.º, n.º 2 CC).

A resolução efectuada por via do despedimento é, como na maioria das situações, extrajudicial, pois opera mediante declaração do empregador ao trabalhador (art. 436.º, n.º 1 CC), sem necessidade de recorrer a tribunal.

III. Apesar de o não cumprimento do contrato constituir fundamento legal de resolução, o legislador, normalmente, não concede ao lesado o direito de unilateralmente extinguir o contrato se o dano causado pelo incumprimento for de escassa importância (cfr. arts. 802.º, n.º 2 e 1222.º, n.º 1 CC e art. 64.º RAU – Decreto-Lei n.º 321-B/90, de 15 de Outubro); por outro lado, fora a hipótese de estabelecimento de um prazo admonitório, a resolução do contrato pressupõe a perda de interesse apreciada objectivamente (art. 808.º CC). É isso que ocorre no domínio da cessação do contrato de trabalho, em que a lei só confere ao empregador o poder de despedir o trabalhador perante um incumprimento grave dos deveres obrigacionais, que torne impossível a subsistência da relação laboral (cfr. art. 9.º LCCT).

No art. 9.º LCCT, o legislador alude à justa causa de despedimento, fazendo depender a resolução do contrato promovida pelo empregador da existência de justa causa; importa apreciar este conceito indeterminado à luz do Direito das Obrigações, relacionando-o, em particular, com os pressupostos do incumprimento contratual.

IV. A justa causa não é um conceito específico de Direito do Trabalho[4], pois serve de fundamento para a resolução de vários contratos

---

[3] Cfr. MENEZES CORDEIRO, *Direito das Obrigações*, 2.º Volume, Lisboa, 1986, pp. 164 s..

[4] Cfr. MENEZES CORDEIRO, *Direito do Trabalho*, Coimbra, 1991, pp. 801 ss. e BERNARDO XAVIER, *Da Justa Causa de Despedimento no Contrato de Trabalho*, Coimbra, 1966.

A Justa Causa de Despedimento   175

de execução continuada. No Código Civil, a justa causa constitui fundamento para resolver o comodato antes do prazo fixado (art. 1140.º CC), para que o mandante «revogue» o mandato conferido também no interesse do mandatário (art. 1170, n.º 2 CC), para o depositante exigir a restituição da coisa sem pagamento da retribuição no caso de depósito oneroso (art. 1194.º CC) e o depositário devolver a coisa antes do prazo convencionado (art. 1201.º CC)[5].

Não obstante os contornos variarem, o pressuposto da justa causa é o mesmo estando em causa a resolução do contrato de trabalho ou de um contrato de comodato, de mandato ou de depósito. Em qualquer dos casos, a justa causa baseia-se no incumprimento culposo ou em causas de força maior.

Acontece, porém, que o legislador, no art. 9.º LCCT, restringe a justa causa às situações que se relacionam com o comportamento culposo do trabalhador, enquadrando a força maior nas chamadas causas objectivas, que permitem o despedimento colectivo (arts. 16.º ss. LCCT), a extinção do posto de trabalho (arts. 26.º ss. LCCT) e o despedimento por inadaptação (Decreto-Lei n.º 400/91, de 16 de Outubro). Cabe, todavia, salientar que esta noção restrita de justa causa é específica da lei da cessação do contrato de trabalho, sem correspondência com o disposto no art. 53.º da Constituição[6], nem com os anteriores regimes da resolução do contrato de trabalho constantes, em particular, do Código Civil de 1867 (art. 1381.º) e da Lei n.º 1952, de 10 de Março de 1937 (art. 11.º).

A justa causa como pressuposto de cessação do contrato de trabalho, desde o Código Civil de 1867 (art. 1381.º), tem evoluído no sentido de uma restrição do conceito, de molde a afastar as causas objectivas. De facto, enquanto no art. 1381.º do Código Civil de 1867 e no art. 11º, § único da Lei n.º 1952, para além de situações de incumprimento, se indicava como justa causa de despedimento a doença do trabalhador e a falta de recursos do empregador, os revogados arts. 101.º e 102.º da actual LCT (Regime Jurídico do Contrato Individual de Trabalho – Decreto-Lei n.º 49408, de 24 de Novembro de 1969),

---

[5] Para além das situações referidas, que têm em vista a resolução do contrato, a nível contratual, a justa causa pode constituir fundamento para a revogação de cláusula do contrato de sociedade (art. 986.º, n.º 1 CC) ou para a exclusão de um sócio (art. 1002.º, n.º 2 CC).

[6] Cfr. Acórdão do Tribunal Constitucional n.º 64/91, de 4 de Abril, DR de 11 de Abril de 1991.

176 *I Congresso Nacional de Direito do Trabalho*

de forma indicativa, relacionavam a justa causa de despedimento com a falta de cumprimento de deveres contratuais.

Esta tendência acentuou-se com a Lei dos Despedimentos (Decreto-Lei n.º 372-A/75, de 16 de Julho), na medida em que estabeleceu uma ligação entre a justa causa e o comportamento culposo do trabalhador derivado de infracção disciplinar (art. 10.º), ao mesmo tempo que aludia ao motivo atendível (art. 14.º). O motivo atendível como causa de cessação do contrato de trabalho foi suprimido em 1976 (Decreto-Lei n.º 84/76, de 28 de Janeiro), passando a justa causa a ser entendida como comportamento culposo do trabalhador, sem referência à infracção disciplinar (Decreto-Lei n.º 841-C/76, de 7 de Dezembro).

Nesta sequência, o art. 9.º, n.º 1 LCCT continuou a relacionar a justa causa com o comportamento culposo do trabalhador, expurgando deste conceito indeterminado as causas objectivas.

V. Posto isto, cabe indicar alguns vectores que possam facilitar a tarefa de concretização do conceito indeterminado de justa causa de despedimento [7].

Ao considerar-se que a justa causa pressupõe um «comportamento culposo do trabalhador que, pela sua gravidade e consequências, torne imediata e praticamente impossível a subsistência da relação de trabalho», está a identificar-se a justa causa com o incumprimento contratual.

De facto, a noção legal assenta, em primeiro lugar, num comportamento culposo do trabalhador. A culpa, em termos de responsabilidade civil, não se pode dissociar da ilicitude, em particular no domínio da responsabilidade contratual (arts. 798.º ss. CC) onde a culpa é usada em sentido amplo, de molde a abranger a ilicitude [8]. Assim sendo, o «comportamento culposo» pressupõe um acto ilícito e censurável do trabalhador. Esse acto ilícito culposo, que pode assentar em acção ou omissão do prestador de trabalho, será necessariamente derivado da violação de deveres obrigacionais; todavia, o incumprimento baseado no comportamento ilícito e culposo do trabalhador, tanto pode derivar do desrespeito de deveres principais (como seja a realização do trabalho

---

[7] Quanto a esta questão, veja-se, em especial, MENEZES CORDEIRO, *Direito do Trabalho*, cit., pp. 818 ss. e BERNARDO XAVIER, «Justa Causa de Despedimento: Conceito e Ónus da Prova», RDES, XXX (1988), 1, pp. 1 ss..

[8] Cfr. MENEZES CORDEIRO, *Da Responsabilidade Civil dos Administradores das Sociedades Comerciais*, Lisboa, 1996, pp. 464 ss..

A Justa Causa de Despedimento

com zelo e diligência [art. 20.º, n.º 1, alínea *b*) LCT [9]]), como de deveres secundários (por exemplo, velar pela conservação e boa utilização dos bens relacionados com o seu trabalho [art. 20.º, n.º 1, alínea *e*) LCT [10]]) ou de deveres acessórios de conduta, relacionados com a boa fé no cumprimento do contrato (designadamente, tratar com urbanidade e lealdade a entidade patronal [art. 20.º, n.º 1, alínea *a*) LCT] e não divulgar informações referentes à organização empresarial [art. 20.º, n.º 1, alínea *d*) LCT]), nos termos estabelecidos no art. 762º, nº 2 CC [11].

Para além do comportamento culposo (e ilícito), o legislador fez depender a justa causa de uma noção de gravidade: que «torne imediata e praticamente impossível a subsistência da relação de trabalho». Trata-se de uma limitação ao exercício do direito de resolução do contrato de trabalho na sequência do princípio, constante do art. 808.º CC, de a resolução de qualquer contrato depender da perda de interesse por parte do lesado (no caso o empregador) determinada objectivamente; princípio esse reiterado, nomeadamente, em sede de empreitada ou de arrendamento. Em sentido mais genérico, como regra de proporcionalidade, o mesmo princípio encontra igualmente consagração no art. 27.º, n.º 2 LCT.

O comportamento culposo do trabalhador pode corresponder a qualquer das três modalidades de incumprimento das obrigações: não cumprimento definitivo, mora e cumprimento defeituoso [12]. Assim, uma falta injustificada implica o dever de comparecer ao serviço com assiduidade e poderá integrar uma situação de incumprimento definitivo (parcial) ou de mora; sempre que o trabalhador realiza a actividade em desconformidade com o devido estar-se-á perante um cumprimento defeituoso [13]. Os exemplos de cumprimento defeituoso da prestação

---

[9] A violação deste dever corresponde a uma das previsões exemplificativas de justa causa (art. 9.º, n.º 2, alínea *d*) LCCT).

[10] A violação deste dever só constituirá justa causa de despedimento se implicar uma lesão séria de interesses patrimoniais da empresa (art. 9.º, n.º 2, alínea *e*) LCCT).

[11] O princípio da boa fé no cumprimento tem uma importância acrescida na relação laboral, atento o princípio da mútua colaboração estabelecido no art. 18.º LCT (cfr. Ac. STJ de 12/Jan./1990, BMJ 393, p. 432).

[12] Quanto a esta tripartição do não cumprimento, cfr. ROMANO MARTINEZ, *Cumprimento Defeituoso, em especial na Compra e Venda e na Empreitada*, Coimbra, 1994, pp. 129 ss..

[13] Cfr. ROMANO MARTINEZ, *Direito do Trabalho*, I, 1.ª ed., Lisboa, 1994/95, pp. 464 ss..

178   *I Congresso Nacional de Direito do Trabalho*

laboral são múltiplos e relacionam-se com a realização da actividade em lugar diferente ou de modo distinto do acordado, bem como quando a actividade é desenvolvida em violação de deveres acessórios, como sejam deveres de cuidado. Será o caso do trabalhador que desrespeita regras de segurança, causando prejuízos ao empregador. A violação de deveres acessórios constitui uma das principais causas de cumprimento defeituoso por parte do trabalhador; por exemplo, se o trabalhador não informou o empregador dos riscos que a sua actividade comportava em virtude de certas circunstâncias desconhecidas deste, ou que uma máquina estava a trabalhar mal, há cumprimento defeituoso.

VI. Assentando no pressuposto de a justa causa corresponder a um incumprimento grave de deveres contratuais (principais, secundários ou acessórios) por parte do trabalhador, importa enquadrar o conceito indeterminado de justa causa nos parâmetros da responsabilidade contratual.

Deste modo, o comportamento do trabalhador terá de ser ilícito, por violar deveres contratuais. Porém, esse comportamento, principalmente nos casos de cumprimento defeituoso, pode advir da violação de deveres acessórios e nem sempre se enquadrar, pelo menos directamente, no elenco de causas do n.º 2 do art. 9.º LCCT [14].

É neste plano da violação de deveres acessórios que se deve ponderar o despedimento pelas chamadas causas externas ou condutas extralaborais; o comportamento do trabalhador, mesmo quando externo à empresa, pode consubstanciar uma violação de deveres acessórios, que lhe eram devidos fora do período normal de trabalho. Daí que viole um dever acessório de conduta o trabalhador que agride um colega fora do local de trabalho [15], o piloto de aviação civil que, horas antes do voo, permanece num bar a ingerir bebidas alcoólicas, em vez de se encontrar a repousar [16] ou o guarda de um museu que era receptador de objectos furtados em outros locais que não naquele museu [17].

---

[14] Acerca das hipóteses tipo de justa causa do art. 9.º, n.º 2 LCCT, cfr. PEDRO CRUZ, *A Justa Causa de Despedimento na Jurisprudência*, Coimbra, 1990, pp. 63 ss.; SOUSA MACEDO, *Poder Disciplinar Laboral*, Coimbra, 1990, pp. 83 ss..

[15] Ac. Rel. Pt. de 22/Jan./1990, CJ 1990, T. I, p. 274.

[16] Ac. STJ de 11/Maio/1994, BMJ 437, p. 335; Ac. STJ de 7/Dez./1994, CJ (STJ) 1994, T. III, p. 303.

[17] Ac. Rel. Év. de 12/Jun./1991, CJ 1991, T. III, p. 315.

A Justa Causa de Despedimento 179

Tal violação de deveres acessórios só poderá conduzir à cessação do contrato de trabalho se se ponderar, para além da impossibilidade de subsistência da relação laboral, as consequências jurídicas do despedimento.

VII. Para finalizar, cabe relacionar o ónus da prova dos pressupostos da responsabilidade contratual com a justa causa de despedimento.

Nos termos do disposto no art. 342.º CC, pretendendo o empregador despedir o trabalhador, no processo disciplinar, deverá fazer a prova dos factos que integram a justa causa; isto é, cabe ao empregador a prova dos factos constitutivos do despedimento.

Não se faz a prova da justa causa, que é um conceito indeterminado; o empregador tem de provar a conduta ilícita do trabalhador, indicando e fazendo prova do dever obrigacional por este violado.

Feita a prova da conduta ilícita do trabalhador, presume-se que a sua actuação foi culposa, nos termos do art. 799.º CC. Sendo o trabalhador devedor de uma prestação, que não cumpriu, violando um dever principal, secundário ou acessório da relação laboral, cabe-lhe «provar que a falta de cumprimento ou o cumprimento defeituoso da obrigação não procede de culpa sua» (art. 799.º, n.º 1 CC). Importa, todavia, notar que a presunção legal é simplesmente de culpa, no sentido de negligência, não se presumindo a culpa grave e muito menos o dolo; a culpa grave ou o dolo do trabalhador têm de ser provados pelo empregador, nos termos gerais (art. 342.º CC). Mas para a justa causa de despedimento pode bastar a mera negligência do trabalhador, que se presume.

A culpa é apreciada, em cada caso, por um critério objectivo: segundo a diligência média exigível a um trabalhador daquele tipo, nos termos em que se desenvolve a relação laboral e atendendo às circunstâncias do caso (art. 487.º, n.º 2 CC).

Depois de provado o comportamento ilícito do trabalhador e presumida a sua culpa, o empregador terá de fazer a provar do nexo causal entre a conduta do trabalhador e a impossibilidade de subsistência da relação de trabalho. Com base num critério de normalidade, atendendo às circunstâncias concretas do comportamento do trabalhador, cabe ao empregador demonstrar que tais factos (conduta ilícita e culposa) conduzem à impossibilidade de manutenção do contrato de trabalho. Esta causalidade tem de ser apreciada nos parâmetros do art. 563.º CC, atendendo a um critério de probabilidade normal.

No fim do processo disciplinar, a decisão do empregador, nos termos do n.º 9 do art. 10.º LCCT, deve ser tomada ponderando os factos provados que conduzem à ilicitude da conduta do trabalhador, o seu grau de culpa e a causalidade entre esses factos e a impossibilidade de subsistência da relação laboral.

Em caso de impugnação judicial do despedimento, cabe ao tribunal valorar os factos provados pelo empregador e determinar se, no caso concreto, a conduta do trabalhador é ilícita, culposa e não permite a manutenção do contrato de trabalho. Mas esta valoração, em termos jurídicos, não é diversa daquela que o tribunal tem de fazer quando uma das partes num qualquer contrato impugna judicialmente a resolução requerida pela contraparte.

SOBRE OS LIMITES DO PODER DISCIPLINAR LABORAL

Maria do Rosário Palma Ramalho

Assistente da Faculdade de Direito
da Universidade de Lisboa
Mestre em Direito

SOBRE OS LIMITES
DO PODER DISCIPLINAR LABORAL

I. Gostaria de começar por congratular a organização deste Congresso pela iniciativa da sua realização. Não é demais salientar a importância da promoção destes eventos, como espaço de debate entre juristas e, em particular, entre os cultores do direito do trabalho, que todos somos, mas trata-se de uma iniciativa especialmente importante num momento histórico em que se colocam questões novas ao direito do trabalho, para cuja resolução se nos afiguram imprescindíveis as reflexões da ciência jurídica.

O direito do trabalho encontra-se, na opinião de muitos, num momento de crise [1], ou, pelo menos, num momento crucial da sua exis-tência, já que são hoje questionadas ou postas em causa algumas das ideias-chave que presidiram historicamente ao seu desenvolvimento, tanto em termos sistemáticos como em termos dogmáticos, em favor de novos valores, impostos pela necessidade pragmática de fazer face aos problemas decorrentes da actual conjuntura económica.

Nos últimos anos temos vindo a assistir ao questionamento de valores tradicionais do direito laboral como o princípio do tratamento mais favorável, o respeito pelos direitos adquiridos e a ideia da irredutibilidade do regime de protecção dos trabalhadores subordinados, com as suas projecções ao nível da irredutibilidade salarial, da inamovibilidade, da invariabilidade da prestação, da protecção contra o despedimento, etc....

Primeiro de uma forma esporádica – supostamente para fazer face a situações depressivas conjunturais na economia e no mercado

---

[1] Por todos, neste sentido, BERNARDO XAVIER, *A crise e alguns institutos de direito do trabalho,* RDES, 1986, 4, 517-569.

184 *I Congresso Nacional de Direito do Trabalho*

de emprego – e depois de uma forma sistemática – com o reconhecimento do carácter estrutural dessas alterações – tem vindo a ser desenvolvido o expressivamente denominado "direito do trabalho da emergência"[2], assente nas novas ideias da flexibilização, da desregulamentação, da individualização das condições de trabalho e da admissibilidade da diminuição dos níveis de protecção em termos reais. Verificando-se este movimento na generalidade dos sistemas laborais – nomeadamente nos da Europa comunitária – é inequívoca a sua importância para o sistema laboral português, onde as alterações económicas são já patentes e se vêm também ensaiando, embora na minha perspectiva de uma forma ainda tímida, algumas medidas jurídicas para lhes fazer face.

Colocam-se pois novos e importantes desafios ao direito do trabalho actual, e para lhes responder a contribuição da ciência jurídica é, a meu ver, como em todas as situações de instabilidade jurídica, imprescindível. Sendo todas estas temáticas objecto de reflexão ao longo dos trabalhos deste Congresso, não posso pois deixar de me congratular pela oportunidade deste debate entre juslaboralistas e de afirmar que é com o maior gosto que para ele dou alguma contribuição.

II. Coube-me dizer algumas palavras sobre o poder disciplinar laboral e os seus limites. Tema clássico do direito do trabalho, o tema do poder disciplinar é um tema tão importante quanto difícil.

A sua importância é de tal forma evidente que não carece de justificação: trata-se afinal de uma manifestação de poder do empregador que pode ter efeitos relevantíssimos no desenvolvimento quotidiano do vínculo laboral e que, *in extremis*, toca num dos pontos mais sensíveis desta área jurídica em termos sociais – o despedimento com justa causa, como sanção disciplinar mais grave.

Por outro lado, o poder disciplinar laboral é, reconhecidamente, um instituto de difícil tratamento jurídico, tanto em termos práticos como em termos dogmáticos. Em termos práticos, porque se trata de um instituto que apresenta o perigo da ilimitação ou que é, pelo menos, muito rebelde ao controlo externo (como, aliás, sucede em relação a outros institutos laborais) – na grande maioria dos casos, o conhecimento

---

[2] Por exemplo Giuseppe Pera, *Compendio di diritto del lavoro,* 3.ª ed., Milano, 1996, 14, e entre nós, Monteiro Fernandes, *Direito do Trabalho,* I, 9.ª ed., Coimbra, 1994, 37 s.

Sobre os Limites do Poder Disciplinar Laboral 185

da forma como o poder disciplinar é, de facto, exercido, só se verifica *a posteriori* a partir da constatação de um facto consumado, já que as acções sobre matéria disciplinar que chegam aos tribunais são apenas as acções de impugnação do despedimento. Todo o processo de aplicação de sanções disciplinares conservatórias se mantém dentro dos portões das empresas e não é pois de fácil controlo, excepto em grandes unidades empresariais, com comissões de trabalhadores muito actuantes e uma forte taxa de sindicalização – situação que não é dominante no nosso mercado de emprego. Por outro lado, em termos teóricos o poder disciplinar laboral é um instituto de difícil enquadramento dogmático, pela sua natureza simultaneamente dominial, punitiva e privada. É pois um tema difícil, tanto do ponto de vista teórico como do ponto de vista prático. Na nossa opinião, estas duas perspectivas não podem ser dissociadas na sua apreciação.

O problema dos limites do poder disciplinar é um problema de índole prática, que se enuncia com facilidade. Não havendo quaisquer dúvidas sobre a admissibilidade do poder disciplinar no nosso sistema jurídico, uma vez que tal poder é atribuído ao empregador pela própria lei em termos imperativos (art. 26.º da LCT), a questão dos limites do poder disciplinar pode, em termos simples, desdobrar-se em duas subquestões: em primeiro lugar, o problema de saber o que é que é lícito ao empregador fazer ao abrigo da faculdade disciplinar que a lei lhe concede, e como é que o trabalhador se pode defender de um eventual exercício abusivo do poder disciplinar pelo empregador; em segundo lugar, a questão da utilidade da previsão da matéria em sede da autonomia colectiva – ou seja, a questão de saber em que medida as convenções colectivas podem contribuir para o delimitar no seu exercício.

Não nos parece, contudo, possível aceder à questão dos limites sem proceder ao enquadramento do poder disciplinar em termos dogmáticos – os seus limites práticos e a resolução das questões colocadas pelo seu exercício pelo empregador ou pelo seu representante não podem ser desligados da sua razão de ser, que se pode revelar um contributo útil para a resolução de problemas regimentais. Impõe-se pois uma referência dogmática, com a brevidade inerente a este objectivo instrumental.

Neste enquadramento dogmático, é, do nosso ponto de vista, relevante para a compreensão da questão dos limites, por um lado, a

186 I Congresso Nacional de Direito do Trabalho

caracterização do poder disciplinar em termos estruturais, e, por outro lado, a conjugação destas características com a inevitabilidade natural do poder disciplinar laboral e o raciocínio de equilíbrio que, na nossa perspectiva, o fundamenta. Vamos pois referir conjugadamente estes dois aspectos, aferindo depois da medida em que contribuem para a delimitação do poder em termos práticos e referindo ainda a possível contribuição delimitadora da autonomia colectiva.

III. Na compreensão dogmática do poder disciplinar laboral parece-nos importante começar por sublinhar as suas quatro mais significativas características, que se podem isolar a partir da configuração do poder disciplinar na lei e da própria natureza da relação de trabalho: em primeiro lugar, a sua qualificação como direito subjectivo; em segundo lugar o seu conteúdo unilateral e dominial; em terceiro lugar, a sua essência punitiva; em quarto lugar, a sua natureza jurídica privada e egoísta.

Em primeiro lugar, parece-nos importante salientar que o poder disciplinar se reconduz em termos técnico-jurídicos a um direito subjectivo do empregador, apesar de a lei o enunciar formalmente como um poder, no art. 26.º da LCT – trata-se, de facto, de uma permissão normativa específica de aproveitamento e não de uma permissão genérica. Como direito subjectivo, deverá reconduzir-se à modalidade de direito potestativo, porque se reconduz a uma alteração na esfera jurídica do trabalhador, que se encontra pois na correspondente posição jurídica de sujeição[3]. Como direito subjectivo também, será importante proceder à delimitação do seu conteúdo.

Em segundo lugar, deve referir-se que o poder disciplinar laboral tem uma essência unilateral e dominial. Ele manifesta a posição de domínio do empregador no contrato e na relação de trabalho, tendo este domínio não só um conteúdo social mas também um conteúdo jurídico. Atrever-nos-íamos, aliás, a dizer que este domínio tem um conteúdo social cada vez menos marcado porque as condições de vida dos trabalhadores subordinados progrediram ainda assim bastante desde o início do desenvolvimento sistemático do direito do trabalho, mas do ponto de vista jurídico mantém todo o seu vigor, uma vez que a lei reconhece este poder na titularidade do empregador sem atribuir

---

[3] Por todos, MENEZES CORDEIRO, *Teoria Geral do Direito Civil*, I, 2.ª ed. (reimpr.), Lisboa, 1990, 224, 236 e 280

Sobre os Limites do Poder Disciplinar Laboral 187

qualquer poder correspondente ao trabalhador – o que seria teoricamente possível. Trata-se pois de um poder unilateral e dominial, que, do nosso ponto de vista, é, mais do que o próprio poder directivo, a manifestação por excelência do desnível das posições jurídicas das partes na relação de trabalho.

Em terceiro lugar, do ponto de vista do seu conteúdo, é importante referir que o poder disciplinar é, na sua essência, um poder de punir e não um poder com objectivos ressarcitórios ou compensatórios. Para esta qualificação contribui o facto de a acção disciplinar ter necessariamente na sua origem uma infracção disciplinar, que é sempre um comportamento culposo violador de uma obrigação legal, negocial ou empresarial, como decorre da conjugação do art. 27.º n.º 2 da LCT e do art. 9.º n.º 1 da LCCT, conjugados com a enumeração dos deveres do trabalhador no art. 20 da LCT e com a enumeração das infracções disciplinares no art. 9.º n.º 2 da LCCT e, de uma forma dispersa, noutros diplomas laborais. Em face deste comportamento, o empregador ou o seu representante aplicam uma sanção disciplinar com o objectivo de castigar o infractor e de recolocá-lo em situação de cumprimento ou, apenas se tal não for possível, pôr termo à relação laboral. Ao contrário do que sucede com outras sanções privadas (como a cláusula penal ou o sinal, no caso de incumprimento da promessa – arts. 810.º e 442.º, n.º 2 do CC), não está em causa no poder disciplinar o ressarcimento de prejuízos causados com a infracção. Aliás, as sanções disciplinares não são, em regra, pecuniárias (alguns países proíbem até este tipo de sanções) e mesmo quando o são (como é o caso da multa) o seu produto não reverte para o empregador (art. 30.º da LCT). A natureza punitiva do poder manifesta-se pois na tipologia das sanções disciplinares, no facto de a responsabilidade disciplinar ser cumulável com a responsabilidade civil e na própria configuração da infracção disciplinar, bem como no princípio da proporcionalidade – art. 27.º n.º 2 da LCT.

Finalmente, parece-nos importante destacar a natureza privada do poder disciplinar laboral. Referimos aqui a natureza privada do poder em três sentidos: em primeiro lugar, é um poder privado no sentido em que se insere numa relação jurídica de direito privado, porque protagonizada por sujeitos privados ou, no caso do empregador, por entes privados ou públicos que não actuam os respectivos poderes de autoridade; em segundo lugar, é um poder privado no sentido de que actua uma forma de justiça privada, uma vez que é o empregador "vítima" da infracção, que a julga e aplica a sanção correspondente; por último, é um poder privado no sentido de que prossegue os interesses particulares do próprio titular do poder – ou seja, os interesses inerentes à qualidade de empregador ou os interesses da empresa [4] (neste sentido, é um poder egoísta e não um poder altruísta como outros poderes privados com conteúdo punitivo, como o poder paternal, por exemplo). Esta qualificação decorre também do enunciado de deveres do trabalhador e do elenco das infracções disciplinares que já referimos – na tutela disciplinar da relação de trabalho estão pois em causa os interesses privados do empregador.

IV. Basta o enunciar destas características para demonstrar a dificuldade de enquadramento dogmático do poder disciplinar. Em termos dogmáticos, trata-se, afinal, de explicar um instituto que põe em causa dois pilares da ordem jurídica – o princípio da igualdade das partes nas situações jurídicas de direito privado (já que manifesta a posição de domínio do empregador sobre o trabalhador) e o princípio do monopólio da justiça pública (já que desemboca na aplicação de uma pena privada, definida unilateralmente por um sujeito privado, a outro sujeito privado).
Com esta configuração, o poder disciplinar laboral é pois um instituto absolutamente singular no direito privado. O seu único paralelo parece ser o poder disciplinar na Administração Pública, mas este paralelo só tem significado em termos de conformação estrutural, já que em termos dogmáticos o poder disciplinar administrativo se deixa facilmente explicar pela posição de autoridade do empregador público e pela ideia de interesse público ou geral.

As dificuldades de enquadramento dogmático do poder disciplinar conduziram já, como se sabe, a doutrina a diversas tentativas de fundamentação do poder, que tentam diminuir a sua essência punitiva, aproximando-o de outras figuras civis, ou justificando-o por arrastamento ao poder directivo, em termos contratualistas, com o argumento da indeterminação da prestação de trabalho e da necessidade de garantia do poder directivo, associado ou não às necessidades organizacionais da empresa, ou, em termos institucionalistas, fazendo apelo às ideias

---

[4] Parece-nos importante estabelecer a distinção porque o poder disciplinar assiste também a empregadores não empresários, uma vez que se trata de uma característica essencial do contrato de trabalho.

Sobre os Limites do Poder Disciplinar Laboral 189

da incorporação do trabalhador na empresa e à necessidade de assegurar a tutela dos interesses da comunidade empresarial [5]. A importância dos princípios jurídicos em causa neste instituto torna o tema apaixonante, do ponto de vista da discussão dogmática.

De toda a discussão doutrinal que este poder tem suscitado - e cujo desenvolvimento não cabe nos parâmetros do nosso tema - uma constatação unânime se retira, que nos parece de grande importância prática: é que, a par do reconhecimento da dificuldade de justificação dogmática do poder disciplinar, está sempre a consideração, a todos os níveis, da inevitabilidade deste poder.

A verdade é que, mesmo pondo aparentemente em causa princípios fundamentais da ordem jurídica, o poder disciplinar laboral não levanta quaisquer dúvidas sobre a sua admissibilidade – e este facto constata-te tanto em sistemas como o nosso, em que o poder encontra a sua legitimidade formal na própria lei, como noutros sistemas que não prevêm directamente a faculdade disciplinar na lei [6] e que, portanto, a poderiam até erradicar em sede de negociação colectiva. Num e noutro tipo de sistemas, ao nível da lei, da doutrina ou da jurisprudência, o poder disciplinar é considerado como algo de inerente ao contrato de trabalho e à situação jurídica laboral, uma manifestação da posição de autoridade do empregador nessa relação, correspondente, ao lado da faculdade directiva, à posição de subordinação do prestador do trabalho. Mesmo as convenções colectivas que tratam a matéria disciplinar (e são hoje já muitas as que o fazem entre nós, dedicando uma parte significativa do seu clausulado a esta matéria [7]), começam quase sempre essa regulamentação por uma cláusula que reafirma a norma legal que consagra a existência do poder disciplinar na titularidade do empregador, o que não deixa de ser notável, dada a essência punitiva do poder.

Do nosso ponto de vista, a razão de ser desta situação está num imperativo de praticabilidade e num motivo de equilíbrio. A justificação dogmática do poder disciplinar tem que partir de um *raisonement* de equilíbrio entre os interesses das partes e de praticabilidade da relação

---

[5] Por todos, sobre esta matéria, *vd* o nosso *Do Fundamento do Poder Disciplinar Laboral,* Coimbra, 1993.

[6] É o caso do sistema jurídico germânico, por exemplo.

[7] *Vd* a nossa enumeração da evolução das convenções colectivas na forma de tratamento desta matéria entre nós – *Do Fundamento cit.,* 69 ss.

190   *I Congresso Nacional de Direito do Trabalho*

no seu desenvolvimento quotidiano pelo empregador. E, do nosso ponto de vista, é esta mesma ideia de equilíbrio que deve estar também subjacente à matéria dos limites do poder disciplinar.

Na nossa perspectiva, o poder disciplinar é o garante do equilíbrio das posições jurídicas das partes ao celebrarem o contrato de trabalho, na prossecução dos seus interesses, que não são comunitários mas antagónicos: o empregador pretende prosseguir os seus objectivos empresariais ou organizacionais através da disponibilização da energia laborativa de outrém, cuja actividade direcciona; por seu turno, o trabalhador pretende efectuar a sua prestação mediante uma retribuição, mas pretende também, pelo menos tendencialmente, atribuir a outrém a gestão do risco inerente ao seu trabalho.

Para prosseguir os seus objectivos empresariais ou organizacionais, o empregador presta-se a assumir mais encargos e mais riscos do que aqueles que são assumidos por um simples credor de uma prestação obrigacional *de facere*, nomeadamente pelo credor de uma prestação de serviços no caso do trabalho autónomo – assim, ele contribui para a segurança social, paga férias, feriados e faltas justificadas, subsídios, etc... Mas só o faz porque tem como contrapartida desses encargos e do seu risco acrescido, um meio expedito e eficaz de assegurar o cumprimento por parte do trabalhador, não ficando em caso de incumprimento, como qualquer outro credor privado, na dependência dos meios judiciais de reintegração, reconhecidamente morosos, e, muitas vezes, ineficazes e inadequados.

Por seu lado, ao celebrar o contrato de trabalho, o trabalhador está consciente de que não está apenas a prometer uma actividade laborativa mediante uma retribuição, mas a prescindir da gestão do seu tempo e da forma como aplica as suas energias e capacidade laborativa em favor de outrém, em troca da não assunção do risco de não serem atingidos os resultados, de uma relativa estabilidade financeira e profissional e de uma protecção acrescida em termos de férias, reforma ou riscos sociais. Por isso mesmo sujeita-se voluntariamente não apenas às instruções do empregador relativas directamente à sua actividade produtiva como prestador de serviços, mas também às regras gerais de funcionamento da empresa, nomeadamente ao regulamento interno, ao interesse da empresa, enfim, ao ordenamento disciplinar vigente na empresa ou na organização do credor.

Ao celebrarem o contrato de trabalho, empregador e trabalhador sabem que estão a dar início a uma relação jurídica complexa, com uma componente obrigacional e uma componente laboral propriamente

Sobre os Limites do Poder Disciplinar Laboral 191

dita: a componente obrigacional é a relação de troca trabalho-salário, ou relação de trabalho em sentido estrito, com um elemento directivo, que se pode observar também noutros vínculos privados de serviço [8]; a componente laboral é a relação subjectiva de subordinação-domínio ou relação de emprego, tutelada pelo elemento disciplinar. O poder disciplinar é, na nossa perspectiva, o elemento da posição dominial do empregador que assegura o equilíbrio da relação laboral nesta sua complexidade [9].

Parece-nos pois importante referir que, mais do que procurar operar a redução dogmática da essência dominial e punitiva do poder disciplinar, de forma a torná-lo "mais compatível" com a qualificação privada da relação de trabalho, se impõe reconhecer que estas componentes dominial e punitiva do poder estão ligadas a um juízo de inevitabilidade, que decorre da própria natureza das coisas – no caso, a complexidade inerente à situação social em causa e aos diferentes interesses em causa, e, provavelmente, a impraticabilidade, no actual sistema de produção, de soluções alternativas.

V. Se o poder disciplinar assenta num juízo de inevitabilidade – ou exactamente porque assenta nesse juízo! – a questão da fixação dos limites ao seu exercício apresenta-se assim como fundamental. E fundamental nas reflexões sobre esta matéria nos parece ainda ser a mesma ideia de equilíbrio que justifica dogmaticamente o poder, conjugada com a própria caracterização do poder, que começámos por enunciar.

Por um lado, o exercício do poder disciplinar laboral tem limites inerentes aos seus elementos caracterizadores – ou seja, a sua qualificação como direito subjectivo, a sua essência punitiva e a sua natureza privada e egoísta. Por outro lado, a actuação do poder disciplinar deve

---

[8] Desacompanhado da tutela específica que lhe confere a faculdade disciplinar, o poder directivo do credor verifica-se por exemplo na prestação de serviços, pela sujeição do prestador às instruções vinculativas do credor e até a eventuais alterações decididas unilateralmente pelo credor – art. 1161.º a) e art. 1216.º n.º 1 do CC, respectivamente em relação ao contrato de mandato e ao contrato de empreitada. A especificidade do poder directivo no vínculo laboral reside pois na tutela que lhe é assegurada pelo poder disciplinar laboral.

[9] Sobre a complexidade do vínculo laboral neste sentido e a delimitação do contrato de trabalho relativamente ao contrato de prestação de serviço a partir desta ideia, *vd* o nosso *Do Fundamento...cit.,* esp. 252 ss.

192   *I Congresso Nacional de Direito do Trabalho*

manter-se nos limites do equilíbrio entre os interesses de gestão do empregador e os encargos acrescidos que ele assume pelo facto de recorrer ao trabalho subordinado e, do lado do trabalhador, a necessária razoabilidade do grau de abdicação da sua liberdade no desenvolvimento da relação de trabalho.

Da conjugação da caracterização básica do poder disciplinar com esta ideia do equilíbrio das posições negociais poderemos, na nossa perspectiva, proceder a sucessivas delimitações do poder no seu exercício.

1. Em primeiro lugar, a recondução do poder disciplinar ao conceito técnico-jurídico de direito subjectivo é importante do ponto de vista regimental porque permite alguma elasticidade no seu exercício mas impõe a este exercício os limites decorrentes da boa fé e do abuso do direito.

Assim, por um lado, é possível o exercício do poder disciplinar com uma certa margem de discricionariedade pelo seu titular. Em termos práticos, é, em princípio, lícito ao empregador aplicar uma sanção disciplinar a um certo trabalhador por uma determinada infracção disciplinar e, por uma infracção idêntica, não punir outro trabalhador com base num juízo de oportunidade, porque ele é menos experiente, por exemplo – é a margem de discricionariedade que acompanha o exercício dos direitos subjectivos. Neste sentido, a LCT não impõe mas permite o exercício do poder uma vez constatada a infracção (art. 27.º n.º 1)[10]. Contudo, esta margem de discricionariedade tem, do nosso ponto de vista, que assentar na ponderação do equilíbrio entre os interesses empresariais e aquele trabalhador, considerado em si mesmo (como indivíduo e como profissional) e na sua inserção empresarial, ou seja, relativamente a outros trabalhadores, pela própria funcionalidade do poder – a discricionariedade tem pois, que ser balizada em termos objectivos.

Por outro lado, a recondução do poder disciplinar ao conceito de direito subjectivo, funcionalmente limitado aos interesses do empregador nessa qualidade ou aos interesses da empresa, permite fixar com clareza

---

[10] Excepto no caso da infracção de desmoralização dos companheiros de trabalho, prevista no art. 40.º n.º 2 da LCT, em que a lei parece consagrar um verdadeiro poder-dever disciplinar.

Sobre os Limites do Poder Disciplinar Laboral 193

os limites da licitude no exercício do poder – esta licitude depende da violação culposa daqueles interesses, isto é, da prática de uma infracção disciplinar. Assim, não actua licitamente o seu direito o empregador que sanciona disciplinarmente um trabalhador por uma conduta correspondente ao exercício de um direito próprio, laboral ou não laboral – a recusa de cumprimento de uma ordem ilegal, o aproveitamento de uma permissão de actuação conferida pela lei, a reclamação contra uma situação discriminatória, ou uma conduta atinente à vida pessoal do trabalhador, logo, no exercício do direito à intimidade da vida privada (é a matéria das sanções abusivas, prevista no art. 32.º da LCT). Assim como não é lícita a imposição ao trabalhador de sanções ocultas, ou seja, a imposição de determinado comportamento ao abrigo aparentemente do poder directivo, para na realidade o sancionar disciplinarmente, como reacção a uma conduta lícita do trabalhador, laboral ou extra-laboral – por exemplo, em resultado da informação pela trabalhadora de que está grávida, o empregador impõe-lhe uma transferência de local de trabalho ou de funções para um local mais longe ou para uma tarefa mais penosa, alegando embora as necessidades da empresa. Como direito subjectivo, o poder disciplinar não pode ser exercido em fraude à lei.

Finalmente, a recondução do poder ao conceito técnico-jurídico de direito subjectivo impõe a sua sujeição aos limites impostos pelo abuso do direito e pela boa fé, nos termos do art. 334.º do CC. Assim, por exemplo, não será lícito actuar o poder disciplinar para prosseguir um fim contrário àquele para que o poder foi concedido ao seu titular (por exemplo, colocar o trabalhador numa situação de incumprimento para depois lhe aplicar uma sanção disciplinar com fundamento nesse incumprimento [11]).

---

[11] Neste sentido, o Ac. R Lx. de 16/10/1996, CJ, 1996, IV, 186, considera não corresponder a uma infracção disciplinar justificativa de despedimento a recusa da trabalhadora em aceitar uma modificação da sua prestação, nos termos do art. 22º da LCT, quando ao longo de um período razoável de tempo essa recusa vinha sendo feita e o empregador a tinha vindo a aceitar. Embora não reconheça a correcção do comportamento do trabalhador, o tribunal entende que o comportamento aquiescente do empregador diminui a gravidade da infração em termos objectivos, que apenas poderia justificar uma sanção menos grave. Do nosso ponto de vista, esta situação poderia eventualmente configurar um caso de exercício abusivo do poder disciplinar, na manifestação de *venire contra factum proprium*, se viesse a demonstrar-se que o empregador aceita o comportamento do trabalhador, para depois alegar contra ele esse mesmo comportamento.

2. O carácter dominial e unilateral do poder disciplinar, que enunciámos como sua segunda característica, tem também importantes projecções na delimitação do poder, porque obriga a assegurar com especial empenho as garantias de defesa do trabalhador na acção disciplinar – é este, na nossa opinião, o fundamento do processo disciplinar, prescrito no art. 31.º da LCT e no art. 10.º da LCCT. O exercício do poder disciplinar tem que ser processualizado, dada a sua essência punitiva, e esta exigência justifica plenamente a nulidade da sanção proferida sem processo disciplinar.

Penso que nesta matéria as convenções colectivas têm um papel da maior importância a desempenhar – se a inevitabilidade natural do poder disciplinar na relação de trabalho e, no caso português, a sua imposição legal, não permitem a sua exclusão pela via da autonomia colectiva, nada obsta à delimitação positiva da forma do seu exercício pelas convenções colectivas. Neste sentido, há já entre nós diversas convenções colectivas que tratam esta matéria de forma mais aprofundada e reforçam as garantias de transparência e de defesa nos trâmites do processo disciplinar, não só no caso do processo disciplinar para despedimento, mais tratado na lei, mas também nos processos disciplinares para aplicação das sanções conservatórias. Esta intervenção contribui para minorar os efeitos da posição dominial do empregador que tem na actuação disciplinar a sua manifestação mais intensa, designadamente estabelecendo o direito do trabalhador a ser assistido em todos os processos disciplinares pelas instituições laborais que o representam, e que não partilham, naturalmente, a sua posição de inferioridade negocial. Como sabemos, contudo, nas pequenas empresas esta é uma solução muitas vezes impraticável.

3. A terceira característica do poder disciplinar laboral que referimos (a sua essência punitiva) tem também incidência na questão da delimitação do poder, já que obriga, uma vez mais, a renovadas cautelas quanto ao seu exercício – as garantias de defesa têm que ser asseguradas e o princípio da proporcionalidade entre a gravidade da infracção e da culpa do trabalhador, por um lado, e a gravidade da sanção por outro, tem uma especial importância e encontra aqui o seu fundamento.

Em termos práticos, este princípio obriga a uma ponderação da infracção em termos relativos, à maneira penal, uma vez que se trata na verdade de uma pena, com a agravante de haver uma confusão entre a "vítima" e o juiz da infracção. Devem pois ser ponderadas

Sobre os Limites do Poder Disciplinar Laboral   195

todas as circunstâncias agravantes e atenuantes no caso concreto e os usos da empresa em situações análogas anteriores – a limitação objectiva da discricionariedade no exercício do poder impõe também aqui limitações acrescidas por obrigar, pelo menos, à justificação objectiva das diferenças de tratamento (se, por exemplo, uma trabalhadora tiver relações amorosas no local de trabalho com o seu superior hierárquico não nos parece legítimo despedir a primeira com base na sua conduta moral e não o segundo por ser um trabalhador mais importante para a empresa!).

Também aqui nos parece que a previsão da matéria em convenção colectiva pode contribuir positivamente para balizar em termos objectivos a determinação da medida adequada da sanção – algumas convenções colectivas procedem já desta forma. Uma vez mais a ideia de equilíbrio entre os interesses da empresa ou do empregador e a situação concreta do trabalhador, considerado em si mesmo e relativamente ao conjunto dos trabalhadores, deve ser o pano de fundo da actuação disciplinar.

4. Finalmente, a caracterização privada e egoísta do poder disciplinar tem, do nosso ponto de vista, implicações práticas da maior importância.

É inequívoco que o poder disciplinar é atribuído para tutela dos interesses do empregador ou da empresa – para isso aponta a tipologia das infracções disciplinares. Mas assim sendo, terão que ser esses mesmos interesses a limitar a actuação do poder em concreto. Neste sentido será legítima a sanção disciplinar aplicada por desobediência, mesmo que tal desobediência se salde no incumprimento de uma regra empresarial que não tenha uma relação directa com a prestação [12]; mas já não será legítima a sanção aplicada em resultado de uma conduta atinente à vida pessoal do trabalhador, que desagrade ao empregador, por exemplo, desde que não tenha implicações no cumprimento dos seus deveres ou atente contra interesses da empresa.

---

[12] Neste sentido se compreende a decisão do Ac. da RLx. de 9//04/1997, CJ, 1997, 2, 168, considerando legítimo o despedimento do trabalhador que se recusa ao cumprimento pontual da prestação como reacção à proibição imposta pelo empregador de estacionamento dos automóveis dos trabalhadores dentro das instalações da empresa; ou a decisão do Ac. da RP, de 25/03/1996, CJ, 1996, II, 259, que considera haver justa causa para despedimento do trabalhador que não acata a ordem de não fumar dentro das instalações da empresa e por isso faz uma pausa no seu trabalho para ir fumar em determinado local.

Ainda assim, parece-nos importante fazer aqui de novo um raciocínio de equilíbrio, já que se, em princípio, a vida privada ou as convicções pessoais dos trabalhadores não constituem motivo para despedimento, elas poderão sê-lo em certas situações: por exemplo, quem utilize as instalações da empresa para prosseguir uma actividade profissional privada fora das horas de trabalho, poderá ser despedido, ainda que tal actividade em nada afecte a sua prestação laboral e não entre em concorrência com ela, porque a sua presença na empresa extravasa de forma óbvia os motivos pelos quais tem acesso às instalações; bem como pode ser despedido o trabalhador ou a trabalhadora que assediem sexualmente outro ou outra trabalhadora, seus inferiores hierárquicos [13].

Finalmente a ideia de interesses contratuais e da empresa permite ainda distinguir entre estes interesses e as conveniências pessoais do empregador – apenas a violação culposa dos primeiros justifica a acção disciplinar [14]. Poderá dizer-se que a delimitação entre as conveniências pessoais do empregador e os interesses da empresa é difícil de estabelecer, tanto mais que se admite uma certa discricionariedade no exercício do poder. Para obviar a esta dificuldade, parece-me uma vez mais que é de fazer apelo aos princípios gerais e, nomeadamente, à funcionalidade do direito em causa: o poder disciplinar é atribuído pela ordem jurídica para assegurar o equilíbrio entre os interesses empresariais e os riscos e custos acrescidos inerentes ao trabalho subordinado. Por outro lado, porque os direitos reconhecidos ao trabalhador enquanto tal e enquanto cidadão constituem o limite da sua subordinação, só é admissível a punição disciplinar do facto que contrarie aqueles interesses e obrigações contratuais ou legais do trabalhador e que não se reconduza ao exercício de qualquer um destes direitos – o poder é funcional e tem os limites inerentes a essa funcionalidade.

---

[13] Neste sentido considerou integrar justa causa de despedimento o comportamento de um trabalhador que assediava sexualmente uma trabalhadora, inferiora hierárquica, e dava muito mais trabalho a outra, para beneficiar outra trabalhadora que lhe agradava, o Ac. RLx de 8/01/1997, CJ, 1997, I, 173.

[14] Neste sentido, o Ac. RLx. de 10/10/1996, CJ, 1996, IV, 186, considera que a gravidade do comportamento do trabalhador para efeitos da verificação da situação de justa causa de despedimento tem que decorrer da lesão de interesses objectivos e concretos da empresa e não daquilo que subjectivamente o empresário considere como tal; também neste sentido se pronunciou o Ac. STJ de 23/01/1996, CJ, 1996, I, 249.

Sobre os Limites do Poder Disciplinar Laboral 197

VI. Resta-me dizer algumas palavras sobre a defesa do trabalhador em caso de exercício ilegal ou abusivo do poder disciplinar. Se é certo que o trabalhador se encontra, em face do poder disciplinar, na situação de sujeição correspondente a um direito potestativo, certo é também que tal sujeição tem como limites a licitude no exercício do direito.

Desta forma assiste ao trabalhador não só o direito de defesa durante o processo disciplinar e o direito de consulta do próprio processo [15], mas também o direito de desobediência, através do não acatamento da sanção disciplinar ilegítima – art. 20.º n.º 1 c) da LCT. Mas a dificuldade prática que muitas vezes tal solução significa, bem como a real dificuldade de accionar judicialmente o empregador nos casos de sanções conservatórias torna preferível o recurso à assistência das estrututuras de representação dos trabalhadores e, eventualmente, aos organismos administrativos de fiscalização. No caso de a sanção disciplinar ser aplicada pelo superior hierárquico com competência disciplinar, pode e deve ser exercido o direito de reclamação – art. 31.º n.º 4 da LCT.

Deve contudo reconhecer-se que, pela natureza das coisas, este é o aspecto mais frágil de toda a temática disciplinar. Daí a importância da intervenção da autonomia colectiva na matéria.

VII. Em jeito de conclusão, deixar-vos-ia as seguintes ideias--chave:

1. O poder disciplinar reconduz-se ao conceito técnico de direito subjectivo e tem carácter unilateral, dominial, punitivo, privado e egoísta; não obstante, está-lhe associada uma ideia de inevitabilidade, uma vez que se trata do traço característico da relação de trabalho, necessário para a gestão quotidiana do equilíbrio entre os interesses do empregador e os interesses do trabalhador.

2. Os limites do poder disciplinar no seu exercício decorrem da sua própria caracterização estrutural, conjugada com a necessidade de equilibrar os interesses das partes no desenvolvimento do vínculo laboral: da recondução ao conceito de direito subjectivo decorre a admissibilidade de alguma discricionariedade

---

[15] Reconhecido, por exemplo, pelo Ac. STJ de 17/01/1996, CJ, 1996, 1, 247, desde que o trabalhador solicite essa consulta ao empregador.

no seu exercício, mas também a sua limitação funcional pelos institutos da boa fé, do abuso do direito e da fraude à lei. Da sua natureza unilateral e punitiva decorrem a imperatividade do processo disciplinar e a necessidade de assegurar as garantias de defesa do trabalhador nesse processo. Da natureza privada e egoísta do poder decorre a necessidade da sua conformação funcional pelos interesses da empresa, decorre a inadmissibilidade do sancionamento de condutas do trabalhador não constitutivas de infracção disciplinar e a distinção entre os interesses da empresa e as conveniências pessoais do empregador.

3. A autonomia colectiva tem um importante papel a desempenhar na delimitação positiva do exercício do poder disciplinar laboral, contribuindo para o objectivar e para reforçar as garantias de defesa do trabalhador.

4. O trabalhador deve defender-se do exercício ilegítimo do poder disciplinar por todos os meios que a lei coloca ao seu dispôr e assiste-lhe o direito à desobediência nesses casos. A dificuldade de controlo externo do exercício do poder acentua a importância da actuação dos sujeitos laborais colectivos nesta matéria.

O TEMPO NO PROCESSO DISCIPLINAR
— Alguns Aspectos Críticos

Maria Manuela Maia da Silva

Doutora em Direito
Pró-Reitora da Universidade
Fernando Pessoa

O TEMPO NO PROCESSO DISCIPLINAR

– Alguns aspectos críticos

MARIA MANUELA MAIA DA SILVA [1]

A intervenção que apresento neste I Congresso Nacional de Direito do Trabalho versa sobre a importância do tempo no processo disciplinar bem como algumas questões que se têm colocado aos tribunais em matéria de prazos, em especial no processo disciplinar de despedimento. Nesta exposição, mais do que pretender dar solução aos casos que se colocam, pretende-se fazer uma reflexão sobre alguns desses problemas e algumas soluções já apresentadas que, longe de se considerarem erradas, podem trazer soluções contrárias ao que se pretende obter com a regulamentação legal.

O facto de a presente exposição se ir debruçar, essencialmente, sobre o art. 10.º da LD, não nos impediu de fazer uma breve referência ao estipulado no art. 27.º n.º 3 e 31.º n.º 1 e n.º 3 da LCT [2].

1. ALGUMAS CONSIDERAÇÕES PRELIMINARES

O poder disciplinar apresenta-se, no contexto das relações individuais, como um poder excepcional o que se justifica, em parte, pela

---

[1] Doutora em Direito. Pró-Reitora da Universidade Fernando Pessoa.

[2] Algumas das abreviaturas mais utilizadas: **Ac**: Acordão; **CEJ**: Centro de Estudos Judiciários; **CJ**: Colectânea de Jurisprudência; **LCT**: Lei do Contrato de Trabalho (DL 49408, de 24 Novembro 1969); **LD**: DL 64-A/89, de 27 de Fevereiro; **RDES**: Revista de Direito e Estudos Sociais; **RMP**: Revista do Ministério Público; **STJ**: Supremo Tribunal de Justiça; **STSJ**: Sentencia del Tribunal Superior de Justicia.

202 *I Congresso Nacional de Direito do Trabalho*

inserção do trabalhador num todo que é a organização empresarial, onde existem regras a respeitar, em prol da própria sobrevivência, não só da relação de trabalho, como também da comunidade empresarial. Quer isto dizer que, o poder disciplinar aparece-nos como um dos meios necessários para manter a coesão e organização da empresa, condição de subsistência da própria estrutura empresarial. Mas não só. O poder disciplinar aparece, também, como um instrumento de garantia de realização de um determinado objectivo que é o escopo empresarial. Como refere MONTEIRO FERNANDES, «a acção disciplinar surge então como um conjunto de medidas destinadas a agir, de modo contraposto, sobre a vontade do trabalhador, procurando modificá-la no sentido desejado, isto é, procurando recuperar a disponibilidade perdida ou posta em causa»[3].

O legislador português desde cedo se apercebeu da necessidade de estabelecer determinadas regras para a rescisão do contrato por justa causa, no sentido de proteger o trabalhador de decisões caprichosas e levianas da entidade patronal. O processo disciplinar surge, assim, como uma medida equilibradora de interesses opostos: por um lado o empregador que entende que a conduta do trabalhador foi lesiva dos interesses da empresa e por isso capaz de romper com o laço de confiança existente na relação de trabalho, necessitando que essa ruptura se faça com a máxima brevidade e se possível de imediato. Por outro lado, o interesse do trabalhador em manter a relação de trabalho, necessitando, para isso, de tempo para formular a sua defesa e de condições processuais para que as razões invocadas para o despedimento sejam friamente avaliadas de forma a salvaguardar os seus direitos.

Mas uma questão que se pode colocar é a de saber se qualquer infracção cometida pelo trabalhador e que a entidade patronal entende como motivadora de um procedimento disciplinar deverá seguir a tramitologia prevista no processo disciplinar para despedimento, onde estão previstos prazos e formalidades a que as partes se vêm obrigadas (art. 10.º e segs do DL 64-A/89, de 27/2 e que à frente designaremos, abreviadamente, por LD), garantido-de, *a priori*, um maior rigor na aplicação da sanção, ou se bastará, pelo contrário, um regime mais simplificado e em que termos.

As formalidades exigidas pelo DL 64-A/89 (LD), nos artigos relativos ao despedimento vêm tornar mais exigente e cauteloso o

---

[3] MONTEIRO FERNANDES, A. L.: *Direito do Trabalho*, I Vol., 9.ª ed., Almedina, Coimbra, 1994, pág. 259.

O Tempo no Processo Disciplinar 203

exercício do poder disciplinar, mas que pode não se justificar para situações em que a infracção não rompeu com a relação de confiança estabelecida entre a entidade patronal e o trabalhador e por isso o recurso àquelas formalidades poderia trazer custos (em termos materiais e temporais) acrescidos à empresa (dispêndio de apoio administrativo para elaboração do processo, audição de testemunhas, com consequente perda de tempo no trabalho, quando se trate de trabalhadores afectos à mesma empresa, etc) e ao trabalhador (possibilidade de maior publicidade do facto entre os colegas, maior tensão, etc.). Por isso, é nosso entender e nada parece impedir, que a entidade patronal, sabendo de antemão não pretender despedir o trabalhador, não necessite de seguir, religiosamente, as formalidades exigidas pelo art. 10.º do DL 64-A/89, nomeadamente no que se refere aos prazos, mas deva manter todos as outras que possam colidir com as garantias do trabalhador: requisitos da nota de culpa, audição e apresentação dos meios de defesa do trabalhador [4] e comunicação da decisão.

A necessidade de salvaguardar alguns direitos levou a que o legislador tenha hesitado perante alguns aspectos técnicos do processo, acabando por não delimitar, com rigor as diferentes fases do processo.

Assim, o estudo que nos propomos, agora, fazer é analisar algumas questões que se colocam com a passagem do tempo e a aplicação dos prazos ao longo do processo disciplinar, tendo como ponto de partida três ideias:

- o poder disciplinar é um poder excepcional concedido à entidade patronal, reconhecendo-se o privilégio de a mesma poder instaurar um processo disciplinar, sem ter de recorrer aos meios judiciais
- o estabelecimento de prazos, cada vez mais curtos, no processo disciplinar para despedimento e consequentemente o encurtamento da duração do processo visa proteger, essencialmente, os interesses da entidade patronal e em especial da empresa, face à necessidade de, perante uma situação de ruptura de confiança para com o trabalhador, nada justificar o prolongamento, por tempo desnecessário, da relação de trabalho
- outra ideia reside na necessidade de, apesar da celeridade processual, estarem garantidas as defesas do trabalhador, face a

---

[4] Neste sentido, também, Monteiro Fernandes, A. L.: *Direito do Trabalho*, cit., pág. 251.

204   *I Congresso Nacional de Direito do Trabalho*

despedimentos levianos e caprichosos. A defesa dos direitos do trabalhador tem, também, a ver com os objectivos do processo disciplinar em conjugação com os prazos de caducidade e prescrição estabelecidos no procedimento disciplinar. Com efeito, o legislador ao estabelecer o prazo de prescrição da infracção disciplinar de um ano e o de caducidade do procedimento disciplinar ao fim de 60 dias, teve como objectivo garantir uma certa estabilidade psicológica do trabalhador, bem como a segurança jurídica que a todos deve ser reconhecida, conciliada com a necessidade de efectividade da punição ou sanção. A função do Direito e, neste caso, do Direito do Trabalho vai, também, no sentido de criar normas que afastem as situações de insegurança em matéria de punição do trabalhador, condicionando-lhe o comportamento. Uma vez cometida uma infracção, sobre o trabalhador não deve cair o fardo eterno da sua possível punição, havendo, aqui, também um interesse do trabalhador à celeridade processual, como à frente justificaremos.

2. UM MOMENTO PRÉVIO – O DIREITO DE ACÇÃO DISCIPLINAR

Comecemos por fazer uma breve análise aos prazos no primeiro momento do procedimento disciplinar, para depois nos debruçarmos, mais meticulosamente sobre as diversas fases do processo disciplinar.

O art. 27 n.º 3 da LCT vem dispor que «a infracção disciplinar prescreve ao fim de um ano a contar do momento em que teve lugar, ou logo que cesse o contrato de trabalho»[5],[6]. Este prazo refere-se à

---

[5] Sem nos querermos alongar com algumas questões que este artigo levanta, poderemos referir que a prescrição só tem cabimento enquanto a relação de trabalho se mantém e não quando ela cessa. Com a cessação do contrato de trabalho, não se pode dizer que a infracção disciplinar prescreveu mas antes que a infracção deixou de produzir efeitos na relação de trabalho. Já relativamente ao início da contagem do prazo, é assente entre a doutrina que o mesmo começa a partir do momento da prática da infracção, independentemente do conhecimento do empregador. Mas qual foi o momento da realização da infracção? O momento em que se verificou o facto ou quando ele se consumou, ou seja produziu os seus efeitos? Sobre esta polémica e aderindo ao entendimento que «a prescrição não se conta a partir propriamente da prática do facto» mas só pode operar «a partir do dia em que o resultado se verifique,

O Tempo no Processo Disciplinar

punibilidade da infracção, pelo que o seu decurso vai determinar a impossibilidade de acção disciplinar.

Mas o estipulado neste artigo tem de ser entendido em conciliação com o art. 31 n.° 1 da LCT que prevê que «o procedimento disciplinar deve exercer-se nos sessenta dias subsequentes àquele em que a entidade patronal, ou o superior hierárquico com competência disciplinar, teve conhecimento da infracção»[7].

Daqui decorre que a entidade patronal não pode instaurar o procedimento disciplinar depois de decorrido um ano sobre o momento da infracção nem 60 dias depois do conhecimento dessa infracção.

Por outro lado, estabelece o art. 10.° n.° 11 e n.° 12 LD, respectivamente, que «a comunicação da nota de culpa ao trabalhador suspende o decurso do prazo estabelecido no n.° 1 do art. 31.° do Regime Júridico do Contrato Individual de Trabalho (...)» e «igual suspensão decorre da instauração de processo prévio de inquérito (...)».

Da conjugação destas disposições legais surge a questão de saber quando se deverá considerar instaurado o processo disciplinar e, consequentemente, até quando se deve contar o prazo de 60 dias. Ou seja, o que se pretende saber é qual a importância a dar à fase pré nota de culpa ou fase processual das averiguações.

A entidade patronal, perante uma situação de possível infracção disciplinar pode ter duas atitudes:

– ou conhece perfeitamente o caso em questão, local, data e autor da infracção e neste caso emite a nota de culpa, considerando-se que é com a notificação desta, ao trabalhador, que

---

quer ele faça ou não parte do tipo legal do crime, ou como no caso, da infracção» vide Lobo Xavier, B. G.: «Prescrição da infracção disciplinar (art. 27.°, n.° 3 da LCT)», *RDES*, 1990, n.° 1, 2, 3, 4, pág. 253.

[6] De referir que a orientação da jurisprudência para o caso de infrações que se traduzem em comportamentos de natureza duradoura (por ex. a recusa constante de realização de tarefas da sua competência e correspondentes à sua categoria), o prazo de caducidade inicia-se só a partir da data em que o trabalhador lhe pôs termo (STJ 25/9/96; CJ, 1996, III, pág. 228) ou a partir da prática do último acto faltoso (STJ 16/1/91 AJ, n.° 15-16, pág. 12).

[7] O Ac. RLx veio considerar que «a data do conhecimento da infracção constitui o *dies a quo* para o prazo da instauração do processo disciplinar; e o dia dessa instauração constitui, por sua vez, o início do prazo, para instauração do respectivo processo» (CJ, 1984, V, pág. 208).

206   *I Congresso Nacional de Direito do Trabalho*

se dá a interrupção do prazo de caducidade estabelecido no art. 31.º n.º 1 LCT (conforme é previsto no art. 10.º n.º 11 da LD)

— ou não conhece de forma concreta o que se passou e necessita de um período de averiguações (fase prévia do processo), para decidir se desencadeia o processo disciplinar para despedimento ou se aplica qualquer outro procedimento disciplinar, com o objectivo de aplicar uma sanção [8]. Também com a instauração deste processo prévio se interrompe o decurso do prazo de caducidade (art. 10.º n.º 12 LD), desde que este acto se torne necessário para fundamentar a nota de culpa.

Mas uma ressalva tem de ser feita. Com efeito, quando a lei vem estabelecer que o procedimento disciplinar seja exercido num determinado espaço de tempo após a infracção ou o seu conhecimento pela entidade patronal, vem pressupor que nesse momento, a entidade patronal deva conhecer, não só a infracção, mas também o seu autor bem como as circunstâncias essenciais do enquadramento da infracção. O mesmo acontecerá nos casos em que o processo prévio de inquérito é instaurado somente para fundamentar melhor a nota de culpa (art. 10.º n.º 12 LD), pressupondo-se todo o demais conhecido.

Diferente é a situação quando o procedimento disciplinar tem de ser precedido de um inquérito ou de um processo de averiguações porque se desconhecem as circunstâncias essenciais determinantes para a instauração do procedimento disciplinar. Neste caso não poderá contar o prazo de caducidade na medida em que o empregador desconhece o autor da infracção ou as circunstâncias consideradas essenciais para perfeito enquadramento da infracção.

Assim sendo, podemos concluir que relativamente à fase de averiguações, quando ela se revela como o momento em que a entidade

---

[8] Antes da actual Lei dos Despedimentos defendia-se que bastaria a mera iniciativa disciplinar da entidade patronal, ou seu legítimo representante, para o exercício do poder disciplinar, para evitar o decurso do prazo. Actualmente a lei refere que a «comunicação da nota de culpa suspende o decurso do prazo estabelecido no n.º 1 do art. 31.º do Regime Jurídico do Contrato Individual de Trabalho, aprovado pelo DL 49408, de 24 de Novembro de 1969». No entanto, continuamos a entender e tem sido essa a orientação que a instauração do procedimento disciplinar interrompe o decuro do prazo, como o próprio art. 10.º n.º 12 da LD vem prever.

O Tempo no Processo Disciplinar 207

patronal tem conhecimento da infracção e do seu autor, mas não consegue, ainda, dimensionar a sua importância, ela, também, interrompe o prazo de caducidade de 60 dias.

Vejamos em particular esta fase de averiguações. Com efeito, a lei não se refere à fase inicial do processo, ou fase pré processual, preparatória do processo, mas trata-se de um momento determinante para a parte essencial do procedimento disciplinar que é a nota de culpa. O art. 10.º n.º 12 faz uma referência a este momento como sendo o causador da suspensão do decurso do prazo do procedimento disciplinar, desde que:

- seja necessário para fundamentar a nota de culpa
- seja desenvolvido de forma diligente
- tenha início no prazo de 30 dias depois da suspeita de existência de matéria infractora
- que no prazo de 30 dias depois da conclusão do inquérito, se proceda à notificação da nota de culpa.

Do exposto, poderemos concluir que a fase das averiguações ou de "processo prévio de inquérito" só poderá ser considerado como uma fase pré-processual e por isso legítima para interromper o prazo de caducidade, desde que obedeça aos requisitos do art. 10 n.º 12 do DL 64-A/89 [9].

O prazo de 60 dias conta-se, assim, até à comunicação da nota de culpa ao trabalhador, se antes a entidade patronal não tiver tido necessidade de averiguar as circunstâncias da infracção, através de uma fase de averiguações (que não pertence ao processo mas antes funciona como unidade autónoma deste, passando a fazer parte integrante do processo disciplinar apenas quando este for decretado), caso em que interromperá, neste momento, o decurso do prazo de caducidade. Se a

---

[9] Alguma jurisprudência (Ac RLx 4/7/90; CJ, 1990, IV, pág. 188) veio mesmo considerar que seria duvidoso que a abertura de inquérito devesse ser considerado como acto de averiguação integrado no processo disciplinar, na medida em que o inquérito não constitui uma fase normal deste processo. Mais refere que tem sido entendimento da Relação de Lisboa que «embora o inquérito não se inclua no processo disciplinar, entende-se que o prazo de 60 dias a que alude o art. 31.º n.º 1 da LCT só começa a contar-se a partir da conclusão do inquérito». Por isso, só da conclusão deste inquérito é que se iniciou a contagem do referido prazo do procedimento disciplinar, porque só nesta altura é que o empregador se encontra em condições de concluir se há razões para o procedimento disciplinar.

208   *I Congresso Nacional de Direito do Trabalho*

entidade patronal desconhece o autor ou os contornos essenciais da infracção, só depois de terminado o processo de averiguações é que poderá iniciar-se a contagem do prazo de caducidade do procedimento disciplinar (art. 31.º n.º 1 LCT)

Para esta fase de pré nota de cupla, a lei não vem exigir qualquer formalidade nem tão pouco a sua redução a escrito, pelo que se admite que o mesmo seja realizado sem qualquer formalidade. Entendemos, contudo, que, mesmo nesta fase pré processual torna-se mais aconselhável a sua redução a escrito para melhor análise da prova e possível defesa do trabalhador, tanto mais que poderá ser este o único momento em que a acusação pode ser ouvida.

A lei ao estabelecer o prazo de 60 dias após o momento do conhecimento pelo responsável pela aplicação da sanção (entidade patronal ou superior hierárquico) quis estabelecer uma certa relação entre o dano que a conduta do trabalhador produziu e a reacção desse dano pela empresa: se a reacção é tardia, foi porque o dano não foi suficientemente grave que tenha merecido uma reacção pronta [10]. Este prazo revela-se como um prazo conciliador dos diferentes interesses em causa: por um lado o interesse da entidade patronal em aplicar uma sanção de acordo com a gravidade da infracção; do trabalhador que não pode ficar na eterna incerteza e por isso com o decurso do prazo cessa qualquer possibilidade de sanção; por fim o interesse colectivo ou geral que reconhece na sanção um instrumento de subsistência da própria comunidade laboral.

Por isso o legislador concedeu o poder, à entidade patronal de, uma vez iniciado o procedimento disciplinar e se assim o entender,

---

[10] A lei estabeleceu dois prazos de natureza distinta: o prazo de prescrição da infracção (art. 27.º n.º 3) e o prazo de caducidade da acção disciplinar (art. 31.º n.º 1). O primeiro é de um ano e conta-se apartir do momento em que os factos ocorreram tendo em vista a oportunidade de punibilidade da infracção. Isto é, pretende-se, com este prazo, que a ameaça de punição cesse com o decurso do ano, na medida em que após esse lapso de tempo verifica-se um demasiado distanciamento entre o momento da infracção e a sua possível punição, acabando pela finalidade da sanção se diluir. Quanto ao segundo prazo, trata-se de um prazo de caducidade de sessenta dias que se revela na necessidade de o empregador desencadear o procedimento disciplinar dentro da maior brevidade, se considerou a conduta do trabalhador passível de punição. Se teve conhecimento da conduta e nada fez, no decurso dos 60 dias subsequentes, então foi porque o comportamento do trabalhador não foi suficientemente lesivo dos interesses da entidade patronal.

O Tempo no Processo Disciplinar 209

poder suspender a prestação do trabalho do trabalhador, se a presença deste for considerada inconveniente para o normal funcionamento do trabalho, e por achar melhor para o funcionamento da empresa, desde que mantendo a retribuição (art. 11.º n.º 2 LD).

Uma última questão refere-se à natureza do prazo de 60 dias: tratar-se-á de uma norma de natureza imperativa e fixa, insusceptível de ser afastada por convenção colectiva estipulando prazo mais pequeno que a do previsto na lei ou, pelo contrário, qualquer convenção poderá estabelecer um prazo de prescrição mais pequeno, adfmitindo-se assim, que seja estipulado um regime mais favorável ao trabalhador. Relativamente a esta matéria entendemos que o legislador ao estabelecer este prazo pretendeu não só proteger o interesse do trabalhador, tentando conciliar as normais expectativas do indivíduo que comete a infracção e que levada ao conhecimento da entidade patronal aguarda a sua punição, sendo legítimo que não esteja, eternamente, na ansiedade da punição, mas também critérios de equidade para todos os trabalhadores e para os interesses da sociedade em geral. Estaremos aqui perante, não só um interesse particular mas também um interesse colectivo a tutelar, em matéria de segurança jurídca. Assim sendo e tendo em conta que em matérias essenciais, como a do despedimento, é imperioso que a sua caducidade seja considerada uma norma imperativa absoluta (art. 31.º n.º 1), não se deverá admitir que uma convenção estabeleça um período mais pequeno, apesar de mais favorável para o trabalhador [11].

3. O PROCESSO DISCIPLINAR [12]

a) *O primeiro momento: o envio da nota de culpa e comunicação da intenção de despedir*

Se antes, ou depois da instrução preliminar, o instrutor concluir pela instauração de um processo disciplinar, terá de comunicar ao

---

[11] Neste sentido, também, se pronunciou o Ac RLx 4/7/90 (CJ, 1990, IV, pág. 188).

[12] O regime legal português vem estabelecer um processo de despedimento por justa causa, introduzido pelo DL 372-A/75, de 16/7, determinando a nulidade do processo disciplinar desde que se tivesse verificado alguma irregularidade ou preterida alguma formalidade exigida. Nestes casos, verificava-se a nulidade do despedimento

210 *I Congresso Nacional de Direito do Trabalho*

trabalhador sobre o qual recai a autoria da infracção e nos termos do art. 10.º n.º 1 da LD, a sua intenção de proceder ao despedimento [13],

---

e consequente impossibilidade de o efectuar com base nos factos invocados. Com o DL 64-A/89 mantiveram-se algumas formalidades processuais, alterando-se alguns aspectos pontuais, mas mantendo-se o mesmo espírito processualista, que não existe em vários países. A título de referência podemos dizer que em Espanha o despedimento não está sujeito a qualquer processo, excepto se se tratar de representantes legais de trabalhadores. Contudo, o art. 55.º do Estatuto dos Trabalhadores, que estabelece a forma e efeitos do despedimento disciplinário vem prever no seu n.º 2 que se o despedimento não tiver obedecido às formalidades exigidas no n.º 1 do mesmo artigo (notificação por escrito, ao trabalhador, do despedimento, informando-o dos factos que o motivam bem como da data dos seus efeitos), o empregador pode realizar um novo despedimento com os requisitos necessários, no prazo de 20 dias a contar do primeiro despedimento. Trata-se de um prazo de caducidade a que a jurisprudência se refere da seguinte maneira: «la facultad del empresario para corregir o sancionar las faltas del trabajador es un derecho subjectivo privado, cuyo ejercicio en modo alguno se produce en un marco procesal, perteneciendo, por el contrario, al ámbito de la relación contratual entre as partes (...) sometiéndose por ello a las reglas de derecho común contenidas en el art. 5.º n.º 2 del Código Civil», isto é não excluíndo para a contagem do prazo os dias festivos e de descanso (STSJ Asturias de 27/10/95; Aranzadi 3643). Em Portugal a jurisprudência têm-se dividido quanto à possibilidade de, face à nulidade do processo disciplinar, a entidade patronal sanar essa nulidade com um novo processo ou praticando os actos omitidos, desde que ainda dentro do prazo de caducidade e prescrição (a favor veja-se Mesquita, J.: «Despedimento (sanação da sua nulidade) – Caducidade do procedimento disciplinar (conhecimento oficioso – prazo)», *RMP*, n.º 8). Sobre um estudo comparativo, de diferentes regimes de despedimento aplicáveis em alguns países europeus, vide Salinas, H.: «Algumas questões sobre as nulidades do processo de despedimento», *RDES*, 1992, n.º 1, 2, 3, pág. 31.

    [13] Lobo Xavier vem discordar com a redacção do art. 10.º n.º 1 do DL 64-A/89 por considerar que o empresário manifesta a intenção de despedir o trabalhador, ainda quando não ocorreu a fase de defesa do trabalhador, essencial para avaliar da culpabilidade deste e da sanção a aplicar (*Curso de Direito do Trabalho*, 2.ª ed., Verbo, 1993, pág. 506). Também Menezes Cordeiro vem salientar esta questão sugerindo que o alerta do despedimento que este requisito pretende provocar no trabalhador seria conseguido se, na nota de culpa, se prevenisse o trabalhador da possibilidade ou hipótese de despedimento. A formulação da intenção de despedimento apenas virá provocar «alvoroço e belicosidade dentro da empresa, atingindo evitavelmente os trabalhadores visados: estes durante todo o processo, ficarão numa grande tensão psicológica, havendo casos documentados de distúrbios psico-somáticos» (*Manual de Direito do Trabalho*, Almedina, Coimbra, 1991, pág. 841). Com efeito, parece-nos um pouco prematuro fazer uma manisfestação da intenção de aplicação da maior sanção, quando ainda não está avaliada toda a gravidade da conduta do trabalhador, na medida em que essa avaliação só se obtem, na fase final do processo, depois de ouvido o trabalhador e as testemunhas. Esta solução legal veio, mesmo, a ser reforçada com a

O Tempo no Processo Disciplinar

comunicação esta que terá de ser acompanhada pela nota de culpa com a descrição circunstanciada dos factos que lhe são imputáveis (indicação das circunstâncias – modo, lugar e tempo – em que se verificou o comportamento infractor do trabalhador)[14], dando também conhecimento deste facto e da nota de culpa, à comissão de trabalhadores, nos termos do art. 10.º n.º 2, sob pena de incorrer em multa, nos termos do art. 60.º n.º 1 a) LD[15]. A falta de comunicação da intenção de despedir é causa de nulidade do processo (art. 12.º n.º 3 a) LD). Tem sido esta a orientação da jurisprudência e de grande parte da doutrina, alegando que a falta de comunicação da vontade de despedir indicia que os factos imputados na nota de culpa não são suficientemente graves para se enquadrarem no conceito de justa causa. Assim sendo e porque se entende que a falta de comunicação da intenção de despedir, por parte da entidade patronal, pode afectar gravemente a defesa do trabalhador, constitui causa de nulidade do processo disciplinar[16].

---

orientação da jurisprudência que entendeu, nomeadamente, que a comunicação é elemento essencial do processo, porquanto vai alertar o trabalhador para o cuidado da sua defesa, por estar em causa o seu posto de trabalho (veja-se, por todos, o Ac. do STJ de 30/3/89; BMJ, 385, pág. 503).

[14] Na nota de culpa dever-se-á discriminar o modo como se verificou a infracção, o que aconteceu e como aconteceu, o tempo, data e hora da infracção e o local do acontecimento. Sobre os requisitos da nota de culpa e considerações sobre os mesmos, vide LOBO XAVIER, V. G e LOBO XAVIER, B. G.: «Deslocação do delegado sindical; ónus da prova da justa causa de despedimento», RDES, 1987, n.º 1.

[15] O processo disciplinar pode ser simplificado nas empresas com um número de trabalhadores não superior a vinte (art 15.º n.º 1 LD), desde que o trabalhador em causa não seja membro da comissão de trabalhadores ou representante sindical (art. 15.º n.º 4 LD). Para estes casos a lei só exige forma escrita quanto à nota de culpa e à declaração de intenção de despedir (mantém-se o prescrito no art. 10 n.º 1 LD) e a decisão conforme o art. 15.º n.º 3 LD, que estabelece que a «decisão do despedimento deve ser fundamentada com discriminação dos factos imputados ao trabalhador, sendo-lhe comunicada por escrito». Na falta destes formalismos, o processo disciplinar pode ser considerado nulo e consequentemente verificar-se a ilicitude do despedimento nos termos do art. 12.º n.º 2 LD. A defesa do trabalhador pode revestir a forma de "audição" oral embora o trabalhador possa optar por a apresentar por escrito, sob a forma de alegação, no prazo de cinco dias úteis a contar da notificação da nota de culpa (art. 15.º n.º 2).

[16] Entre muitos veja-se o Ac RC 9/1/90 (CJ, 1990, I, pág. 118) que veio mesmo considerar que se a nota de culpa contém indicações suficientemente claras para um destinatário normalmente diligente e medianamente instruído, não deixando de se aperceber da intenção da entidade patronal em despedir, não há necessidade de qualquer outra declaração a comunicar a intenção de despedimento (pág. 119).

212 | *I Congresso Nacional de Direito do Trabalho*

Por outro lado, a falta de descrição exaustiva dos fundamentos do despedimento, na nota de culpa, não deverá invalidar a nota de culpa, se o trabalhador tiver um comportamento e uma defesa que revele ter conhecimento dos factos e saiba ao que a acusação se refere. Significa isto que não nos parece legítimo que, pelo facto de a nota de culpa não se encontrar minuciosamente discriminada, mas se encontrar devidamente explícita, não deva ser considerada válida e vá afectar a validade do despedimento. Pelo contrário, a nota de culpa é válida se se conseguir mostrar, pela defesa do trabalhador, que o mesmo a entendeu perfeitamente e em nada obstou a sua normal defesa e que uma nota de culpa mais minuciosa teria, como efeito, a mesma defesa do trabalhador [17].

Se ao empregador chegarem, entretanto, novos dados ou outros factos que entretanto desconhecia, deverá elaborar uma segunda nota de culpa ou fazer um aditamento à primeira [18]. Tal adenda é válida desde que seja pormenorizada, explícita e desenvolva factos e circunstâncias relacionadas com o essencial da nota de culpa, constituindo, relativamente a esta, mero complemento. Alguma jurisprudência tem, também, considerado que a adenda deverá ser admitida, mesmo que seja remetida pela entidade patronal, depois de terem decorrido mais de 60 dias sobre o conhecimento dos factos [19].

A importância da nota de culpa advem de duas razões: porque delimita a matéria objecto de acusação e marca o início do processo, quando não há fase de averiguações ou inquérito, interrompendo o decurso do prazo estabelecido no art. 31.º n.º 1 LCT. A notificação da nota de culpa pode fazer-se por duas modalidades: por carta registada com aviso de recepção, caso em que a notificação é a do aviso de recepção ou por notificação pessoal, devendo-se, na cópia da nota de culpa e que ficará junto ao processo, ser referido o dia e a hora da notificação ou lavrada certidão desse facto, assinada pelo trabalhador. Se o trabalhador recusar assinar ou receber o duplicado dos documentos, chamam-se duas testemunhas e lavra-se certidão da ocorrência, para juntar ao processo, comunicando-se ao trabalhador o local onde poderá

---

[17] Por todos, o Ac. STJ 25/9/96 (CJ, 1996, III, pág. 228).

[18] O Ac. STJ de 14/01/83 veio considerar que é de admitir o aditamento à nota de culpa, desde que dentro do prazo de caducidade da acção disciplinar e concedendo novo prazo para a defesa (BMJ, 1983, n.º 323, pág. 276).

[19] Ac STJ 2/11/95 (CJ, 1995, III, pág. 292).

O Tempo no Processo Disciplinar 213

consultar os documentos, informação que também deverá ficar a constar dos auto de ocorrência.

Com a notificação da nota de culpa pode a entidade patronal suspender preventivamente o trabalhador, sem perda de retribuição. Trata-se de uma possibilidade já aflorada no art. 31 nº 2 da LCT, aqui numa perspectiva generalista, ao referir que uma vez iniciado o procedimento disciplinar, a entidade patronal pode suspender a prestação de trabalho se a presença do trabalhador se mostrar inconveniente, desde que não deixe de pagar a retribuição (o não pagamento da retribuição faz incorrer o empregador em multa, nos termos do art. 60.º n.º 1 c) LD)[20]. Trata-se de uma medida da plena discricionaridade da entidade patronal, faculdade que ela pode exercer ou não, sem que, contudo, o seu não exercício permita concluir que os factos imputados ao arguido não constituem impossibilidade de subsistência da relação laboral[21]. Está definido o momento a partir do qual a entidade patronal pode suspender preventivamente o trabalhador (notificação da nota de culpa e a comunicação da intenção de despedir), sem necessidade de invocar as razões da suspensão, mas não refere a sua duração, significando que ela pode durar o tempo todo de duração do processo.

b) *O segundo momento: a defesa do trabalhador e as diligências probatórias*

Estabelece o art. 10.º n.º 4 LD que o trabalhador dispõe de 5 dias úteis[22] para consultar o processo e responder à nota de culpa. Este

---

[20] A lei anterior previa a suspensão preventiva para casos em que o processo disciplinar tivesse como motivo a provocação de conflitos com outros trabalhadores da empresa, a violência física , injúrias ou outras ofensas punidas por lei, em sequestros e outros crimes contra a liberdade das pessoas (art. 11.º n.º 10 DL 372-A/75, de 16/7).

[21] Neste sentido, também, Ac RLx 5/4/95 (CJ, 1995, II, pág. 178) e anteriormente Ac RLx 4/5/94 (CJ, 1994, III, pág. 164).

[22] Uma questão que se coloca é a de saber se um trabalhador emite a sua defesa dentro do prazo mas ela só chega ao conhecimento da sua entidade patronal dias depois, se se poderá considerar uma resposta à nota de culpa, dentro do prazo. Salvo casos muito excepcionais onde se englobam aqueles em que o trabalhador ou um homem normal médio não conseguiria prever, somos de parecer que não. Atendendo a que a resposta à nota de culpa é uma declaração receptícia, ela só se torna eficaz quando levada ao conhecimento do seu destinatário.

214 *I Congresso Nacional de Direito do Trabalho*

prazo de cinco dias úteis (ou mais se assim o tiver concedido a entidade patronal) [23] conta-se a partir da data de recepção pelo trabalhador, da nota de culpa e revela-se, na maioria das vezes, exíguo, na medida em que, nesta altura, o trabalhador tem de consultar o processo [24], deduzir a sua defesa por escrito e alegar todos os factos que possam esclarecer e justificar a sua participação nas infracções de que é acusado [25]. Na contagem destes 5 dias úteis para defesa do trabalhador, não se conta com o dia em que a nota de culpa foi recebida [26].

Uma questão que se coloca é a de saber se este prazo de defesa deve correr quando o contrato está suspenso por impedimento prolongado. Nestes casos cessam os direitos e deveres das partes bem como alguns aspectos do contrato no que pressuponha a efectiva prestação de trabalho. Assim sendo, o trabalhador não se encontra em condições de poder elaborar a sua defesa pelo que só o poderá fazer quando regressar ao trabalho.

Este momento é dos mais importantes do procedimento disciplinar na medida em que será o momento da possível comprovação da veracidade dos factos alegados na nota de culpa e imputados ao trabalhador

---

[23] Nos termos do art. 59.º n.º 1 da LD os prazos do processo disciplinar podem ser regulados por instrumento de regulamentação colectiva de natureza convencional.

[24] Relativamente à faculdade de consultar o processo, prevista no art. 10.º n.º 4 da LD, a dificuldade está em saber se cabe à entidade patronal disponibilizar a consulta do processo ou se só existe esta obrigação quando o trabalhador a solicitar. A lei não estabelece, à entidade patronal, qualquer regra ou obrigação de comunicação ao trabalhador do local, dia e hora em que o processo disciplinar pode ser consultado. Atendendo a que o prazo de defesa não é grande, poderia haver algum interesse em que o trabalhador soubesse, desde logo, onde encontrar o processo. Tanto mais que nos poderemos colocar perante algumas situações de actuações dilatórias, por parte da entidade patronal, com o intuito de atrasar a consulta do processo, por parte do trabalhador. Por isso o que interessa é que a entidade patronal não impeça a sua consulta pelo trabalhador e até lho faculte, quer no início ou quando solicitada, para ele organizar a sua defesa, não devendo constituir uma obrigação da entidade patronal a comunicação ao trabalhador da data e lugar de consulta, pelo que a sua omissão não poderá ser entendida como uma negação ao direito de consulta. É ao trabalhador que cabe aferir da necessidade dessa consulta e por isso a deverá solicitar (Vide Ac RLx 5/4/95; CJ, 1995, pág. 178 e Ac STJ 17/11/96; CJ, 1996, I).

[25] Na legislação anterior o prazo era de 3 dias o que se revelava demasiado exíguo para uma defesa cuidada e completa.

[26] Ac RC 28/4/93 (CJ, 1993, II, pág. 87).

O Tempo no Processo Disciplinar 215

(através da possível confissão deste). Mas também é o momento de justificação dos mesmos, pelo que a entidade patronal é obrigada a proceder às diligências solicitadas pelo trabalhador, na sua defesa, excepto se as considerar dilatórias ou impertinentes, tendo, nestes casos de alegá-lo fundamentadamente, por escrito (art. 10.º n.º 5). Por isso, dada a importância deste acto, o trabalhador deverá defender-se através de uma impugnação especificada de todos os factos constantes da nota de culpa, incluindo as excepções, como a prescrição da infracção disciplinar e alegando todos os factos impeditivos e extintivos, mencionar a prática, o relacionamento entre colegas ou costumes da empresa, bem como todas as circunstâncias que considere relevantes para a sua prova.

E se o trabalhador não entregar a resposta à nota de culpa? Dever-se-á presumir que aceita as acusações que lhe são feitas, confessando os factos de que é acusado, ou não?

Parece-nos que face a esta situação teremos de distinguir se a resposta não existe, porque o trabalhador não contestou as acusações ou se, tendo o trabalhador contestado as entregou fora de prazo. Quanto à primeira situação, parece nada impedir que tal não possa constituir um índicio de que o trabalhador aceita os factos que lhe são imputados. Mas este juízo contribui, apenas para a avaliação da justa causa de despedir, sem que possa ser, evidentemente, uma causa de irregularidade processual. Findo o prazo da resposta, o trabalhador não respondeu, precludiu-se-lhe o direito de defesa, por não ter sido exercitado no prazo legal. Ao instrutor do processo cabe prosseguir com as diligências seguintes. Já na segunda situação, pode acontecer que o trabalhador apresente fora de prazo a sua defesa, quer porque contou mal o prazo, quer porque sendo um acto receptício, necessita de chegar ao conhecimento do empregador para produzir efeitos e tal não aconteceu. Neste caso, caberá à entidade patronal o poder de decidir se aceita ou não a resposta, na medida em que o prazo de 5 dias úteis que a lei prevê não pode ser diminuído, mas pode ser aumentado, concedendo a entidade patronal mais tempo para o trabalhador responder. Especial cuidado é preciso ter, contudo, nestes casos, em virtude de a recusa da aceitação da resposta (tanto mais que cabe à entidade empregadora o ónus da prova de que a resposta à nota de culpa entrou fora de prazo e por isso não ouviu, por exemplo, as testemunhas do trabalhador), ir determinar

216   *I Congresso Nacional de Direito do Trabalho*

a recusa da defesa constituindo esta recusa, se infundada, uma causa de nulidade processual (art. 12.º n.º 2 b) da LD)[27].

c) Terceiro momento: parecer da comissão de trabalhadores

Findo o prazo de defesa, segue-se o envio de cópia do processo para a comissão de trabalhadores para, no prazo de cinco dias úteis (na legislação anterior eram 2 dias) esta se pronunciar sobre o processo, em parecer devidamente fundamentado (art. 10.º n.º 7 LD), que pode ser favorável ou contra o despedimento. Trata-se de um prazo também muito pequeno para haver tempo para elaboração de um parecer devidamente trabalhado. Contudo, a apresentação do parecer não é obrigatória, pelo que a comissão pode-se remeter ao silêncio e existindo não é vinculativo para a entidade patronal.

Com efeito, a intervenção desta entidade tem por finalidade contribuir para a defesa do trabalhador, pelo que poderia haver interesse em que se tivesse estabelecido um prazo maior, sem prejuízo, como é evidente, que o trabalhador, por motivos especiais, se possa opôr à intervenção deste orgão ou o dispense, por pretender maior sigilo quanto ao seu processo. Contudo, a audição da comissão de trabalhadores ou associação sindical, não pode ser considerada como uma prorrogação do prazo para a resposta à nota de culpa ou da defesa. Com efeito, do conteúdo do art. 10.º n.º 7 LD não resulta que a notificação do sindicato possa constituir uma prorrogação do prazo de defesa. O n.º 7 só será de aplicar após terminado o prazo da defesa, pois, como ali se refere, «concluídas as diligências...». A audiência do sindicato, quando necessária, também não interfere no prazo de defesa, porque ela se destina a acompanhar o processo até à decisão final.

d) Quarto momento: decisão fundamentada da sanção a aplicar (possível despedimento)

Depois de decorrido o prazo para a comissão de trabalhadores se pronunciar, a entidade patronal tem o prazo de 30 dias de calendário,

---

[27] A RLx decidiu que cabe à entidade patronal, organizadora do processo disciplinar, a prova de que a resposta à nota de culpa e o rol de testemunhas de defesa foram apresentados fora de prazo. Não se fazendo essa prova, e não admitindo aquela resposta, nem inquirindo as testemunhas arroladas, verifica-se nulidade insuprível do processo disciplinar e consequente despedimento (CJ, 1988, I, pág. 173).

O Tempo no Processo Disciplinar 217

logo após o término do prazo para o parecer da comissão de trabalhadores, para proferir a decisão, que se deve apresentar fundamentada, quer em matéria de facto, quer de direito e constar de documento escrito (art. 10.º n.º 8 LD) [28].

Na decisão a entidade patronal deverá ponderar as circunstâncias e adequar a sanção à culpabilidade do trabalhador, tendo em atenção o parecer da comissão de trabalhadores (art. 10.º n.º 9). Não poderão ser invocados factos que não sejam constantes da nota de culpa, nem referidos na defesa escrita do trabalhador, salvo se atenuarem ou dirimirem a sua responsabilidade. Podemos dizer, pois, que resulta da disposição legal que a entidade patronal deverá descrever cuidadosamente todas as circunstâncias que motivaram o procedimento disciplinar, ponderá-las e adequá-las à sanção do despedimento, tendo em conta a gravidade da infracção, o grau de culpabilidade do trabalhador infractor, a defesa do trabalhador e o parecer da comissão de trabalhadores, a adequação da sanção à gravidade dos actos de forma a que haja uma certa proporcionalidade entre a infracção cometida e a sanção aplicada. Por isso, a decisão da entidade patronal pode não ser o despedimento, mas apenas a multa, a repreensão ou simplesmente o arquivamento do processo.

Dever-se-á, por isso, considerar o processo ferido de nulidade insanável se não existir documento escrito onde conste a decisão fundamentada, não bastando, por isso, apenas a comunicação de decisão de despedimento dizendo que a conduta do trabalhador tornou impossível a manutenção do vínculo de trabalho. A jurisprudência tem considerado, mesmo, que o envio de uma fotocópia da conclusão final do instrutor do processo disciplinar, onde se propõe uma determinada sanção, não serve de decisão por quem tinha poderes para tal. Assim, a carta enviada posteriormente ao trabalhador não tem a capacidade de sanar a nulidade, por não ter sido proferida no âmbito do processo disciplinar, nem dele constar. Por outro lado, sendo o despedimento uma declaração de vontade receptícia, só produzindo efeitos quando levada ao conhecimento do seu destinatário, sendo o despedimento nulo, só se poderia sanar essa nulidade com outro processo disciplinar e não com a ratificação do despedimento [29].

---

[28] A comunicação do despedimento reveste carácter de declaração receptícia, nos termos do art. 224 nº 1 do Código Civil na medida em que depende da recepção, pelo destinatário, para produzir efeitos.

[29] Vide Ac STJ 6/12/95 (CJ, 1995, III, pág. 301).

O estabelecimento de um prazo para proferir a decisão revela-se como uma orientação distinta relativamente à anterior legislação, com a finalidade de evitar o arrastamento do processo disciplinar, visando--se, sim, o seu aceleramento [30]. Mas a entidade patronal não pode proferir a decisão antes de terem decorrido os prazos anteriores. O despedimento é nulo se a entidade patronal emite a sua decisão sem ter terminado o prazo de defesa do trabalhador.

Quanto a este prazo coloca-se a questão de saber quais as consequências pelo seu não cumprimento. A lei, nesta matéria, remeteu-se ao silêncio, pelo que surgem algumas dúvidas de interpretação. Se atendermos a que o processo disciplinar com finalidade de despedimento deverá ser rápido e nesse sentido se orientou o legislador ao estabelecer prazos muito estreitos, nomeadamente quanto ao prazo da entrega da resposta à nota de culpa, poderiamos concluir que o não cumprimento destes prazos e a entrega da decisão depois dos trinta dias significaria que a impossibilidade de subsistência da relação de trabalho não era tão forte e nem sequer a impossibilidade era imediata, pois de contrário a entidade teria a preocupação de emitir uma decisão rápida [31]. O Acordão da Relação de Coimbra de 26/5/92 [32] veio entender que o prazo de 30 dias para proferir a decisão visa imprimir celeridade, pelo que o seu incumprimento não tem por efeito extinguir o direito de praticar o acto de proferir a decisão, não podendo, por isso, ser considerado um prazo de caducidade.

Por outro lado, também, já se defendeu que este seria um prazo de caducidade do direito de punir, findo o qual se extinguiria esse

---

[30] Em sentido contrário se pronunciava a jurisprudência na vigência do DL 372-A/75, de 16/7 ao considerar não existir qualquer prazo para a conclusão do processo, nem ser lícito ser estipulado, por contrato ou convenção colectiva, um prazo para a conclusão do processo disciplinar, na medida em que estariamos perante um regime imperativo (Ac RLx 17/1/83; CJ, 1983, I, pág. 170).

[31] Neste sentido, LOBO XAVIER, B. G.: *Curso de Direito do Trabalho*, cit., pág. 508 e também, Ac RP 23/9/96 (CJ, 1996, IV, pág. 264). Neste acordão refere, mesmo, que se a empresa não tinha comissão de trabalhadores a decisão do processo disciplinar deveria ter sido proferida 30 dias de calendário após a inquirição das testemunhas do trabalhador, sem que seja possível que este prazo se possa dilatar para a entidade patronal fazer diligências ou ouvir testemunhas que deveria ter ouvido anteriormente (Ac. cit, pág 265).

[32] CJ, 1992, III, pág. 160.

O Tempo no Processo Disciplinar 219

direito. A sanção a aplicar (o despedimento) não poderia ser aplicado e consequentemente o processo de despedimento seria nulo [33].

Face a estas orientações, colocam-se-nos as seguintes questões:

– se considerarmos um prazo de caducidade significa que, decorrido o prazo e a entidade patronal não tenha proferido a decisão, ela perde esse direito e o despedimento é nulo por falta da decisão de despedir. Perante um regime de caducidade, o direito está sujeito a um prazo durante o qual poderá e terá de ser exercido, sob pena de se perder esse direito (trata-se de um "direito com prazo"). Esta solução traduziria uma considerável alteração face ao regime e princípio anteriormente vigente, o que coloca a questão da sua admissibilidade em termos de justiça [34], tanto mais que poderemos, também, estar presente perante uma situação de complexidade do processo de despedimento em causa, que tenha determinado que a entidade patronal não tenha tido tempo suficiente para a elaboração da decisão.

– se não o consideramos como prazo de caducidade, entendendo que se trata de um prazo com intenção meramente aceleratória, podemos ser levados a pensar que, afinal, a entidade patronal não sentiu que a relação de trabalho se tornou de tal maneira insustentável que tivesse concluido pela impossibilidade de subsistência da relação de trabalho e por isso não estavam reunidos os condicionalismos da justa causa de despedimento e o despedimento pode ser ilícito por via do art 12.º n.º 1 c) LD, por, eventual improcedência da justa causa invocada.

– podemos, também, entender que o prazo tem intenção meramente aceleratória, mas sem que daí decorra qualquer consequência, pelo seu incumprimento [35]

---

[33] Neste sentido João Abrantes, J.: *Prontuário da Legislação do Trabalho*, CEJ, actualização n.º 33) e citada no Ac. RC 17/10/91 (CJ, 1991, IV, pág. 154). Também o Ac RC RLx 29/9/94 (BMJ, 1994, n.º 439, pág. 639).

[34] Anteriormente e ao abrigo do DL 372-A/75 estipulava-se, inicialmente, um prazo de ponderação para a decisão de despedimento, permitindo que a entidade patronal proferisse a sua decisão só decorridos 15 dias (e mais tarde 10 dias) sobre o termo do prazo concedido ao organismo representativo do trabalhador, para se pronunciar. Posteriormente, com a Lei 48/77, de 11/7, eliminou-se esse prazo, permitindo-se que a decisão fosse imediata.

[35] Tem sido entendimento de alguma jurisprudência que a decisão proferida fora de prazo não extingue esse direito (Ac RC 7/7/93; BMJ, 1993, n.º 429, pág. 898).

220   *I Congresso Nacional de Direito do Trabalho*

Ora, a lei nunca estabeleceu um prazo para a entidade patronal apresentar a sua decisão, podendo esta arrastar-se indefinidamente. Este prazo de 30 dias de calendário revela-se como uma inovação face à legislação anterior com o intuito de evitar prolongamentos excessivos e injustificados da decisão. E ao mesmo tempo que estabeleceu este prazo, o legislador veio, no art. 12.º da LD, estipular as situações motivadoras de ilicitude do despedimento e nulidade do processo, não prevendo o incumprimento dos prazos (e neste caso concreto o prazo para apresentação da decisão) como causa de nulidade processual. Não nos parece, também, possível o enquadramento desta situação na alínea *c*) do n.º 2 do art. 12.º LD, na medida em que esta reporta-se somente à forma e conteúdo que deve obedecer a comunicação da decisão de despedimento, mas não quanto ao prazo. O legislador ao tomar esta orientação legislativa decidiu "voluntariamente" optar por estabelecer um prazo para apresentação da decisão e, também, "voluntariamente" entendeu não o incluir, no art. 12.º da LD, como motivador de nulidade processual (faz-se, aqui uma interpretação nos termos do art. 9.º n.º 3 do CC, ao prever que «na fixação do sentido e alcance da lei, o intérprete presumirá que o legislador consagrou as soluções mais acertadas e soube exprimir o seu pensamento em termos adequados»). Por outro lado, não podemos aplicar extensivamente um regime de nulidade que a lei não prevê.

Por outro lado, é indiscutível que o estabelecimento do prazo tem como único objectivo evitar delongas processuais e optar por esta solução em nada vai colidir com os interesses e direitos das partes, como direito de defesa do trabalhador, nem entrava o normal correr do processo, (o mesmo não aconteceria, por exemplo, com os restantes prazos processuais), não influindo, também, com a descoberta da verdade a que se propõe o processo disciplinar.

Assim sendo e atendendo à intenção do legislador em acelerar o processo, o julgador no momento de avaliação do caso concreto deverá ponderar o atraso, suas causas e dimensão, de forma a que possa decidir que, apesar dele, se continua a verificar um comportamento culposo e de tal maneira grave que torna imediata e praticamente impossível a subsistência da relação de trabalho (conciliação do art. 9.º, art 12.º n.º 1 *c*) e n.º 5 da LD).

Assim sendo, uma decisão fora de prazo, sem legítima justificação, constitui elemento indiciador de estarmos perante um despedimento ilícito, com base na falta de elementos que prefigurem a justa causa de despedimento.

4. ALGUMAS NOTAS CONCLUSIVAS

A legislação sobre processo disciplinar mostra-se muito exígua e pouco rigorosa em determinados aspectos e um deles é precisamente a estipulação do regime aplicável aos prazos, no caso do seu incumprimento. Muitas das vezes cabe ao intérprete a nobre mas também ingrata função de tomar decisões quer por recurso a juízos de equidade quer à aplicação analógica do regime do processo civil. E a questão que se coloca é a de saber até que ponto será legítima a aplicação analógica do regime processual civil ao processo de despedimento, tendo em conta que se trata de regimes distintos e com princípios diferentes. Tanto mais que o legislador ao ter permitido à entidade patronal a faculdade de dirigir e decidir sobre um processo, sem que para isso tivesse de recorrer aos meios judiciais, pode demonstrar a inequívoca vontade do legislador em afastar estas situações das regras processuais judiciais, tendo em conta es especificidades da relação de trabalho.

Vejamos, por exemplo, o caso de uma resposta à nota de culpa que chega com um dia de atraso, quando enviada pelo correio. Será de admitir, como igual ocorre no processo civil relativamente à contestação, que se permita a prática do acto no dia útil a seguir ao termo do prazo, embora, aqui, no processo disciplinar sem o dever de pagar multa, na medida em que não se trata de um processo judicial. Embora admitamos que, por três dias de atraso fosse tolerável a aplicação do regime do processo civil, não nos parece, contudo, justo podendo transformar-se num factor de grande instabilidade. Tratando-se de um processo a correr entre particulares a finalidade das regras processuais civeis não são todas de aplicar (tanto mais que as regras processuais têm, também, uma faceta de arrecadação de receitas, que não existe no processo disciplinar), sob pena de tal ir contra as normais expectativas das partes que, pressupondo não estarem no regime processual cível, fazem aplicar a lei que as regula e não outra. Assim, e atendendo a que o legislador terá pressuposto que o processo disciplinar e a respectiva defesa do trabalhador seria feita e entregue no seu local de trabalho, não se justifica que o trabalhador envie a sua defesa pelo correio, colocando, uma data de envio falsa, por exemplo, para assim poder usufruir de um prolongamento de prazo. Em normais circunstâncias, se o trabalhador opta pelo correio, como meio de comunicação, deverá contar com as possíveis demoras e contingências do meio de comu-

222   *I Congresso Nacional de Direito do Trabalho*

nicação escolhido. Só nos casos em que não lhe era exígivel prever o atraso é que se poderá admitir uma possível ponderação da causa justificativa do atraso [36].

---

[36] Um pouco distinto já nos parece a possibilidade de, sendo o trabalhador residente em localidade diferente daquela em que deverá ser recebida a resposta, ser de admitir a aplicação analógica do regime processual cível de conceder um prazo dilatório ao prazo peremptório que é o prazo de defesa, tendo em atenção as distâncias de comunicação. Neste caso e porque a distância quilométrica entre o local de trabalho ou residência do trabalhador e o local onde o trabalhador tem de entregar a sua resposta é relevante, não parece justo que ao trabalhador seja retirado tempo à sua defesa, acabando por ter que a elaborar precipitadamente. Tanto mais que além de se criar alguma injustiça relativamenbte aos trabalhadores que ficam com cinco dias úteis líquidos para elaborar a sua defesa, poderia criar o precedente de a entidade patronal, com a intenção de restringir o tempo de defesa do trabalhador, obrigá-lo a mandar a sua resposta pelo correio.

SOBRE O PODER DISCIPLINAR DA ENTIDADE PATRONAL

Costa Martins

Professor da Universidade Lusíada
Advogado

SOBRE O PODER DISCIPLINAR
DA ENTIDADE PATRONAL

I

A exigência de justa causa disciplinar, como se sabe, implica a verificação cumulativa dos **seguintes requisitos:**

a) Comportamento culposo do trabalhador;
b) Impossibilidade de subsistência da relação laboral;
c) Nexo de causalidade entre os requisitos anteriores.

Para existir justa causa, torna-se necessário, portanto, que o comportamento do trabalhador seja, antes de mais, culposo.

A censurabilidade da conduta terá de pressupor uma *acção ou* uma *omissão* imputável ao trabalhador, **balizada nos seguintes parametros objectivo-normativos:**

a) Quadro de deveres a que está sujeito pelo específico vínculo contratual a que está subordinado [1];
b) Cumprimento da função ou actividade a que se obrigou;
c) Disciplina da organização empresarial onde o trabalhador se insere.

---

[1] Por vezes torna-se difícil delimitar este ponto. Não aceitamos, sem mais, a relevancia jurídico-laboral das condutas extra-laborais, como iremos tentar descrever, traçando o quadro onde acenta a nossa forma de entender o problema. Podemos, neste quadro referir que a relevância do comportamento do trabalhador fora da esfera de domínio ou de acção da empresa, que não tenham uma relação de interesses pessoais e patrimoniais, ainda que indirecta, acessória ou de carácter instrumental com a relação jurídica laboral, não devem ser enquadradas no âmbito do exercício do poder disciplinar da entidade patronal.

226   *I Congresso Nacional de Direito do Trabalho*

A *censurabilidade* passará necessariamente, ainda, a nosso ver, pela ponderação de **factores conexos** àqueles, tais como:

a) Gravidade da conduta em si mesmo;
b) Gravidade da conduta nas suas consequências;
c) Reiteração da conduta;
d) Tempo e lugar da ocorrência da conduta ou comportamento;
e) Tipo de interesses violados da entidade patronal pela conduta e, consequentemente, o tipo de lesões verificadas;
f) O modelo de relações entre o trabalhador e a entidade patronal ou entre o trabalhador e os seus companheiros de trabalho;
g) Funções exercidas pelo trabalhador tendo em conta o seu próprio enquadramento funcional;
h) Em certos casos, os precedentes disciplinares da empresa, relativos ao regime do poder disciplinar da empresa em causa, mais propriamente, os juízos disciplinares concretos anteriormente verificados [2];

Ponderados os aspectos acima expostos, no que concerne ao carácter culposo da conduta do trabalhador, nada mais será necessário que apreciar tal conduta à luz de um critério de *razoabilidade,* considerando a natureza da relação de trabalho e, por conseguinte, desprendida de critérios subjectivos da entidade empregadora.

A culpabilidade há-de, portanto, apreciar-se no *quadro factual concreto* e não circunscrita a padrões de comportamento ideais ou subsumíveis a modelos de comportamento pré concebidos do empregador.

A culpa e a sua gravidade devem ser apreciadas de acordo, sempre, com o entendimento de *"um trabalhador médio, normal"* ou de *"um empregador, médio, normal"* face ao caso concreto, tendo em conta

---

[2] Monteiro Fernandes, *Noções Fundamentais de Direito do Trabalho,* Volume I – 4.ª Edição – Almedina, Coimbra, pág. 128 em anotação considera não ser de rejeitar de todo o regime do precedente. Para ele, *"o precedente constitui, nos juízos disciplinares, se não o único, ao menos o principal factor de avaliação da sua justeza, como manifestação de um presumível critério do empregador, através de cuja fixação resulta de algum modo limitado o seu arbítrio originário. Não se esqueça, por outro lado, que se tende, no nosso direito, para certa objectivação do juízo disciplinar, através do condicionamento imposto à faculdade de despedir da entidade patronal".*

Sobre o Poder Disciplinar da Entidade Patronal 227

critérios de *objectividade* e *razoabilidade*[3] e não com base naquilo que a empresa, subjectivamente, considera como tal.

II

A impossibilidade prática de subsistência da relação de trabalho só constitui justa causa de despedimento, nos termos da lei, quando o comportamento do trabalhador, culposo, crie ruptura, de modo inequívoco e absoluto nessa relação, ou seja, torne *irremedíável* e definitivamente intransponível a manutenção dos direitos e deveres recíprocos.

Se, porventura, outra sanção for susceptível de ultrapassar a *"crise"* da relação jurídica existente, o despedimento é injusto e inadequado.

A sanção aplicável terá assim, uma função, digamos, *"didáctica"*, compreensível, capaz de repor a relação contratual na sua plenitude jurídica como dantes e possibilitar um adequado comportamento do trabalhador conforme o interesse da empresa[4].

A impossibilidade prática de subsistência da relação laboral conduz-nos à análise dos seguintes **aspectos extrínsecos à relação jurídica** existente, mas nela direccionados, nomeadamente:

a) Interesses em presença de ambas as partes ligados, estritamente, com a *estabilidade* da relação contratual em causa já que esta

---

[3] Cfr. BERNARDO DA GAMA LOBO XAVIER, *Curso de Direito do Trabalho,* 2.ª Edição com aditamento de actualização, 1994, pág. 499. MENEZES CORDEIRO, *Manual de Direito do Trabalho,* Almedina, Coimbra, 1991, pág 752, refere a propósito: *"A ilicitude corresponde à inobservância de deveres jurídicos, seja ignorando imposições, seja atentando contra proibições. Os deveres concretamente atingidos podem ser quaisquer uns: contratuais, convencionais ou legais. Como foi dito não vigora, aqui, qualquer princípio de tipicidade: mesmo os fundamentos da justa causa de despedimento, enumerados na lei – art. 9.° n.° 2 da LCCT, que reproduz o art. 10.° n.° 2 anterior da L Desp. – são meramente exemplificativos".*

[4] Refere MONTEIRO FERNANDES, *ob. cit.* pág. 126, a propósito: *"A sanção disciplinar tem, sobretudo, um objectivo conservatório e intimidatório.... Não pode pois, a nosso ver, ser conceituada apenas como uma reacção de sentido objectivo, destinada a actuar sobre certa situação materialmente em desacordo com a consecução do escopo económico do dador de trabalho. É, antes, uma reacção que visa, em primeira linha, a pessoa do trabalhador de modo a reprimir a sua conduta inadequada, a levá-lo a proceder de harmonia com as regras de disciplina, reintegrando-o assim no padrão de conduta visado".*

tem carácter duradouro e, por isso, apta a satisfazer interesses também duradouros de ambos os contraentes (ao trabalhador interessa assegurar o seu posto de trabalho e a sua retribuição e à entidade patronal dispôr de mão de obra);

b) Ponderação desses interesses no *contexto da estrutura empresarial*, ou seja, na fixação do que será mais adequado, se a desvinculação se a conservação do vínculo laboral, tendo em atenção as circunstâncias concretas.

A entidade patronal não poderá, de um momento para o outro, arbitrariamente, privar o trabalhador do seu emprego, despedindo-o. Mas, também não é justo admitir como possível, sustentar um vínculo perpétuo, insusceptível de ser posto em causa por qualquer meio jurídico.

c) Adequação na *análise diferencial dos interesses pessoais e patrimoniais* em presença, de modo a tornar aproximada a posição dos sujeitos na relação jurídica, considerando, para este fim, o plano relativo dos interesses do trabalhador em face dos interesses da entidade patronal, esta, muitas das vezes, desprendida do reflexo que o despedimento pode ter e causar na esfera jurídica do trabalhador, outras vezes, por ela considerada não como um "mal menor", mas como um "bem maior".

No nosso ordenamento, tal como na generalidade dos países europeus, está protegida a posição do trabalhador: este tem um *estatuto preferencial,* fugindo – a relação jurídica bilateral criada – à óptica paritária tradicional da disciplina dos contratos.

A estabilidade é uma garantia fundamental não só para o trabalhador como para a sua família e a desvinculação arbitrária faria perder irremediavelmente vantagens inerentes à relação laboral bem como tornaria impossível a reparação de danos morais consideráveis [5].

d) Prognose valorativa das *condições mínimas* de suporte do vínculo, no tempo, com vista à criação de um campo de interesses fundamentais a preservar, caso a opção seja tomada, num ou noutro sentido.

---

[5] Por isso o artigo 53.º da CRP garante ao trabalhador "*a segurança no emprego, sendo proibidos os despedimentos sem justa causa ou por motivos políticos ou ideológicos*". Sobre o princípio constitucional da garantia de segurança no emprego cfr. Lobo Xavier, *ob cit.* pág. 454 a 458 e 483 a 486.

Sobre o Poder Disciplinar da Entidade Patronal

e) Ponderação da natureza duradoura e pessoal das relações emergentes do vínculo laboral em causa, no seu *carácter fiduciário,* ou seja, recíproca *confiança,* obediência a princípios de *boa fé negocial* a desenvolver, permanentemente, no estrito âmbito dessa relação de confiança [6].

O carácter duradouro do contrato de trabalho pressupõe, necessariamente, uma relação pessoal, engloba um conjunto de comportamentos possíveis, de agir ou de não agir, exigíveis legitimamente pela entidade patronal, como garantia dessa relação fiduciária.

Todavia, a indeterminabilidade temporal das relações contratuais deve ser protegida, de modo a tornar possível a defesa do trabalhador de um despedimento inadequado, inopinado ou abusivo por parte de entidades patronais sem escrúpulos.

Assim, é necessário ponderar, sempre, os interesses de cada uma das partes do contrato e só deverá haver justa causa quando, em concreto, os factos praticados pelo trabalhador *tornem inexigível ao empregador cumprir as suas obrigações contratuais;* o mesmo é dizer, tornem inexigível, no plano concreto, ao empregador, o respeito pelas garantias da estabilidade a que o vínculo laboral está associado.

Deste modo, existirá impossibilidade prática de subsistência da relação de trabalho sempre que, no caso concreto, a manutenção do

---

[6] Torna-se pois necessário que a conduta do trabalhador não destrua ou abale essa confiança ou crie no espírito do empregador a dúvida sobre a idoneidade da sua conduta.

Como refere B. LOBO XAVIER, *Curso de Direito do Trabalho,* 2.ª edição, Verbo, 1994, pág. 296, *"o contrato de trabalho é de carácter pessoal e pressupõe uma relação de confiança e de colaboração estreita, estando nele subjacente o acreditarem as partes em qualidades de honestidade, lealdade e confidencialidade fundamentais para a consecução da finalidade contratual"* .

É obvio que no debate em torno das condutas extra-laborais e sua relevância prática, neste domínio, entendemos que não é a análise casuística dos casos, como já dissemos, que nos poderá abrir o caminho dos limites do Poder Disciplinar da entidade patronal. Precisamos de "segurança". Há que criar alguns pressupostos que ajudem a delimitar o âmbito do exercício de um Poder Disciplinar, que não deve nem pode ser arbitrário, ainda que sujeito a um quadro legal definido e estritamente delimitado numa relação jurídica bilateral. No limite da relação concreta está a perda de confiança. Contudo, é pacífica e constante a jurisprudência no sentido que a perda de confiança no trabalhador, por acto seu, constitui justa causa de despedimento porque torna impossível a subsistência da relação laboral – cfr. anotação n.º 4.

230   *I Congresso Nacional de Direito do Trabalho*

vínculo laboral fira de forma exagerada e inadmissível, uma *pessoa normal colocada na posicão do empregador* e constitua uma insuportável e injusta imposição à entidade patronal[7].

III

Postas estas considerações será de encarar o poder disciplinar como uma prerrogativa legítima e necessária da entidade patronal?[8]

Como refere MONTEIRO FERNANDES[9], o empregador dispõe *"da singular faculdade... de reagir, por via punitiva, à conduta censurável do trabalhador, no âmbito da empresa e na permanência do contrato"*.

Apelando a outra ilustre opinião, como nos diz o Professor Doutor MENEZES CORDEIRO[10], o poder disciplinar é um *"instituto pelo qual uma das partes, na relação jurídica pode aplicar sanções à outra, com um fim punitivo[11]"*.

---

[7] Cfr. MONTEIRO FERNANDES, *ob cit* pág.461 e segs.; MENEZES CORDEIRO, *ob cit* pág. 822 e 823; MOTTA VEIGA, *Direito do Trabalho*, 1997 pág.128 e 129.

O STJ tem decidido verificar-se a impossibilidade prática de subsistência da relação de trabalho, por deixar de existir o suporte psicológico mínimo para o desenvolvimento dessa relação, quando se esteja perante uma situação de quebra absoluta de confiança entre o empregador e o trabalhador (cfr. Acs. do STJ de 31.10.1990, de 3.7.1991 e de 7.12.1994, BMJ n.º 400 pág. 519 e Acs. Dout. n.º 360, pág. 1421 e ALBINO BATISTA, *Colectânea de Jurisprudência de Direito do Trabalho*, 1997, pág 852 e ss. respectivamente).

A jurisprudência tem, também, entendido que condutas do trabalhador, fora do local e tempo do trabalho, por conseguinte, da sua vida privada, podem constituir justa causa de despedimento se se reflectirem negativamente na relação laboral, em especial se afectarem a relação especial de confiança (RE de 12.06.1991 in CJ, 1991, III, 315 e de 4.7.1995, CJ, 1995, IV, 293 e RC de 28.1.1993 in CJ, 1993, I, 85.

[8] Em geral, PEDRO DE SOUSA MACEDO, *Poder Disciplinar Patronal*, Coimbra, 1990, Almedina e JOSÉ ANTÓNIO MESQUITA, *Poder Disciplinar*, Direito do Trabalho, Suplemento ao BMJ, Lisboa, 1979.

[9] *Ob cit.* pág. 126

[10] *Ob cit* pág. 746

[11] *Ob. cit.* pág 746 anotação 4 citando Goetz – JOACHIM KUHLMANN que define a Justiça da empresa como *"...o sistema de sanções em empresas económicas com o qual essas empresas reagem a violações dos trabalhadores contra certas regras de comportamento através de imposição de penas ou de medidas semelhantes às penais, muitas vezes, mas nem sempre, mediante o decurso dum processo semelhante ao judicial"*.

Para o Professor Doutor MOTTA VEIGA [12], *"o poder disciplinar não constitui mera faculdade da entidade patronal, mas sim, um **poder dever"** [13]. Prossegue o ilustre Professor: "À entidade patronal compete organizar o trabalho em termos de disciplina e, portanto, cabe-lhe o **dever** de aplicar sanções disciplinares aos trabalhadores que não cumpram as suas obrigações profissionais".*

Trata-se do poder de predispor e aplicar medidas coactivas adequadas (sanções disciplinares) aos trabalhadores cuja *"conduta prejudique ou ponha em perigo a empresa ou não seja adequada à correcta efectivação dos deveres contratuais"* [14] na opinião do Professor LOBO XAVIER.

O poder disciplinar, refere o ilustre Professor, *"actuando decerto como garantia do cumprimento das prestações de trabalho e para recondução rápida do trabalhador à execução dos deveres, justifica--se sobretudo pela necessidade de manter a disciplina de grupo da comunidade empresarial, perdendo boa parte do seu sentido quando referido a formas não empresariais de trabalho".*

Ainda na opinião do Professor Doutor MENEZES CORDEIRO *"o poder disciplinar do empregador corresponde a um instituto próprio de industrialização"* [15] ...impondo-se assim *"por uma via ou por outra, por razões de ordem técnica. As necessidades de organização do trabalho nas empresas"*, refere o ilustre Professor, *"requerem um poder de direcção eficaz; ora essa eficácia é, no actual estádio da cultura, reforçada através da hipótese de sanções imediatas ou expeditas... O controlo jurisdicional, imprescindível nos actuais Estados de Direito, funciona, pois, a posteriori".*

É um facto evidente que a estrutura empresarial, cada vez mais complexa, cada vez mais sujeita a disciplinas de mercado diversificadas, bem como a existência de múltiplas relações e níveis hierárquicos na sua organização interna, *"tornam manifestamente inadequado o emprego*

---

[12] *Ob cit.* pág 385

[13] *Ob Cit.,* pág 385 citando BRITO CORREIA, *Direito do Trabalho,* cit., volume I, pág. 156 e ainda Ac. do STJ de 16.6.93, AD, 380, 1993, 956.

[14] LOBO XAVIER, *ob cit.* pág 329

[15] Ob. cit. pág 747, prosseguindo a sua apreciação pelo Direito Comparado: França, Itália, Alemanha e GARCIA PEREIRA, *O Poder Disciplinar da Entidade Patronal,* Temas Laborais, Vega pág. 15 e ss.

232   *I Congresso Nacional de Direito do Trabalho*

do mecanismo contratual da resolução do vínculo, como reacção perante a falta de observância pelo trabalhador dos seus deveres profissionais" [16].

Na nossa opinião, um dos elementos que permite a legitimação do poder disciplinar da entidade patronal é a natureza do seu direito a determinada organização empresarial.

O exercício do poder disciplinar é, antes de mais, uma *faculdade* do titular da empresa.

A *faculdade* do dono da empresa, exteriorizada de certo modo nas suas múltiplas relações, nomeadamente, *de domínio,* idêntica à faculdade de determinar ou modificar, em concreto, o tipo de organização interna da empresa, o direito de escolha e de opção dos recursos disponíveis etc., etc.

O exercício do poder disciplinar será, assim, antes de mais, um dos modos legítimos de exteriorização da vontade do titular do direito, na defesa da titularidade da empresa e da sua inerente organização.

O poder disciplinar é também uma típica manifestação do *poder directivo* da entidade patronal, que tem a faculdade de elaborar regulamentos internos donde constam as normas gerais de organização e disciplina do trabalho na empresa, normas que, para os trabalhadores, têm carácter *heterónemo,* pois eles, em regra, não comparticipam na sua elaboração e, a sua eficácia, não está, em regra, dependente da sua aceitação [17]. Como refere o Professor LOBO XAVIER, *"o regulamento interno não poucas vezes constitui a verdadeira lei orgânica da empresa"* [18].

Na sua faceta não contratual, os regulamentos internos definem geral e abstratamente os poderes do empresário enquanto titular de um poder de *organização* de *direcção stricto sensu* e de *disciplina* sobre os trabalhadores da empresa, pois é ao empresário que compete a orientação da empresa, a sua estruturação, a divisão do trabalho e a fixação dos termos como deve operar a prestação do mesmo.

---

[16] MOTTA VEIGA, *ob cit.* pág 385.

[17] Art. 39.º, n.º 2 da LCT; ALMEIDA POLICARPO, *Regulamento Interno – sua funcão,* ESC n.º 29

[18] *ob cit.* pág. 335.

Sobre o Poder Disciplinar da Entidade Patronal

Consequentemente, o poder disciplinar é, em certa medida, a garantia e a legitimação da *função de comando,* numa certa comunidade empresarial hierarquizada.

O poder disciplinar inerente à posição do empregador é, também, justificável face às garantias legalmente consagradas à posição do trabalhador na empresa, nomeadamente, o reconhecimento de certos *direitos colectivos* (direito de reunião na empresa, direito à greve, etc.) e de certos *direitos individuais* (retribuição ou salário, trabalho extraordinário, direito à indemnização pelos prejuízos causados por doenças profissionais e acidentes de trabalho, limites de duração do trabalho, repousos, descansos semanais, faltas, feriados e férias etc.)

Servirá, assim, para conferir à relação jus-laboral pautada pelo fenómeno da *subordinação,* que corresponde, como todos sabemos, à *direcção* e *autoridade,* um grau de *equilíbrio* no exercício do direito que, sem essa prerrogativa, não existiria.

A legitimação do poder disciplinar poderá também ser entendida, como a *contrapartida* do *estatuto legal do trabalhador,* nomeadamente, no que concerne ao reconhecimento dos seus direitos especiais quando comparados com a posição da entidade patronal.

Por isso, constituirá um dos tópicos indiciadores da existência de subordinação jurídica, isto é, uma manifestação exteriorizada de certa forma, subordinada a certas cautelas e a certos pressupostos processuais, na qual a entidade patronal exerce o *direito potestativo* de definir, em concreto, a prestação do trabalhador e, havendo justa causa, exerce o *direito potestativo* de pôr fim, eventualmente, à relação laboral.

IV

Cabe agora, como não podia deixar de ser. extrair algumas conclusões acerca do fundamento e natureza do poder disciplinar [19].

---

[19] Para mais desenvolvimentos, MONTEIRO FERNANDES, *ob. cit.,* pág. 132, ALMEIDA POLICARPO e MONTEIRO FERNANDES, *Fundamento do Poder Disciplinar,* ESC n.º 24; MONTEIRO FERNANDES, *Sobre o Fundamento do Poder Disciplinar,* ESC n.º 18; GARCIA PEREIRA, *ob. cit.,* pág 15 e ss; ROSÁRIO PALMA RAMALHO, *Do fundamento do Poder Disciplinar,* Almedina, Coimbra, 1993.

234   *I Congresso Nacional de Direito do Trabalho*

Encontramos na doutrina duas teorias principais: a *contratualista* e a *institucional.*

Para a *teoria contratualista,* o poder disciplinar é instituido pelo contrato e tende a garantir o cumprimento contratual. Para a *teoria institucional,* o poder disciplinar explica-se pela organização empresarial.

Importa tecer alguns comentários a este propósito, sabendo de antemão que o assunto não é pacífico, é polémico, porque susceptível de explicações diversas, consoante o modo como o perspectivamos.

Em primeiro lugar, a nosso ver, o poder disciplinar emana das suas fontes: a *lei* e o *contrato.* É, por isso, antes de mais, um problema do direito positivo (heteronomia), e de uma relação contratual determinada (autonomia da vontade).

O poder disciplinar é exercido num quadro legal determinado, variável consoante o sistema jurídico.

Representa no plano estritamente contratual, o conteúdo de um *direito subjectivo stricto sensu,* de natureza *obrigacional,* inerente à qualidade de que está investida a entidade patronal. É uma faceta do outro lado da subordinação jurídica, *"sujeição".* É em concreto, num primeiro reflexo, uma forma de exercer um poder do sujeito activo face ao incumprimento de um dever do sujeito passivo.

Se à primeira vista nos parece merecer críticas ferozes, este posicionamento tem vantagens no plano da defesa dos interesses dos trabalhadores, porquanto legitima-lhes o direito de defesa face a uma iniciativa disciplinar desde logo, estritamente contratual.

Em segundo lugar, o poder disciplinar pode ser visto em sentido amplo, no plano institucional. Por essa via, constatamos que o poder de disciplina não é uma instituição restrita do Direito do Trabalho.

Encontramos certas formas ou manifestações de "disciplina" em comunidades e organizações de várias espécies, embora moldáveis a cada qual: há poder disciplinar, vulgo, disciplina, na Ordem dos Advogados; nas Associações, como os Partidos Políticos; nas Universidades Públicas nas Universidades Privadas e noutros estabelecimentos de ensino publico e privado; na Administração Pública; no âmbito do Direito da Família, como por exemplo, no âmbito do exercício do Poder Paternal relativamente ao *"jus corrigendi"* dos pais em relação aos filhos e até, veja-se, no Direito das Sucessões, como acontece nos casos de deserdação.

Sobre o Poder Disciplinar da Entidade Patronal 235

Por conseguinte, o *"poder de disciplina"* encontra alguma explicação na salvaguarda dos "interesses legítimos" que serve ou, de outro modo, na preservação dos interesses ou objectivos que visa atingir e que sustentam a entidade em causa, estando esta entidade posicionada numa relação contratual ou não.

O exercício do poder disciplinar é, assim, uma maneira de reafirmar o poder, muitas vezes decorrente de certa hierarquia, outras vezes decorrente de posição de *"domínio"* legalmente reconhecida e tem, necessariamente, uma dupla função: *preventiva,* geral, da comunidade em causa; *repressiva,* particular, face ao acto, do *"subordinado"*, em concreto.

O poder disciplinar, assim configurado, num segundo reflexo, afasta-se do mero incumprimento contratual, na acepção civilística do termo.

Tendo embora um suporte formal no vínculo estabelecido entre os sujeitos da relação, o reconhecimento do poder disciplinar a um deles, sobre o outro, tem uma projecção extra-contratual, por conseguinte, *normativa ou regulamentar,* que só pode ser explicada, eficazmente, apelando à própria teoria geral das organizações onde se inserem.

Daí que, o exercício do poder disciplinar, seja mais um modo de preservar as organizações e seus objectivos enquanto tais, mediante o reconhecimento de um *direito subjectivo,* agora *autónomo* do contrato de trabalho, mas *acessório* da relação em causa e, ao mesmo tempo, garantia da organização.

Neste contexto, o poder disciplinar da entidade patronal pode abarcar realidades extra-laborais, desde que, embora não inerentes ao objecto da própria relação laboral, interfiram directamente no próprio objecto negocial (plano objectivo) ou na confiança que, razoavelmente, deve existir.

Assim, no plano extra-contratual só é de atender a acções ou omissões do trabalhador que tenham conexão – daí o caracter acessório do direito reconhecido à entidade patronal – com a relação de trabalho.

Abrange os actos praticados que ponham em causa a relação de trabalho, enquanto integrada na organização, ficando à margem do poder disciplinar, todas aquelas acções ou omissões do trabalhador que digam respeito à sua liberdade individual, tal como a vida íntima ou particular.

O desrespeito deste limite pode constituir um autêntico *abuso de direito.*

Como refere o Professor BAPTISTA MACHADO [20] "*o abuso de direito é um limite normativamente imanente ou interno dos direitos subjectivos – pelo que no comportamento abusivo são os próprios limites normativos-jurídicos do direito particular invocado que são ultrapassados*".

Ou, então, segundo o Professor ANTUNES VARELA [21], "*para que o exercício do direito seja abusivo, é preciso que o titular, observando embora a estrutura formal do poder que a lei lhe confere, exceda manifestamente os limites que lhe cumpre observar, em função dos interesses que lhe legitimam, a concessão desse poder. É preciso, como acentuava M. Andrade, que o direito seja exercido em termos clamorosamente ofensivos da justiça*".

Ou, ainda, como refere o Professor ALMEIDA E COSTA [22], "*o princípio do abuso do direito constitui um dos expedientes técnicos ditados pela consciência jurídica para obtemperar, em algumas situações particularmente clamorosas, às consequências da rígida estrutura das normas legais. Ocorrerá tal figura de abuso quando um certo direito em si mesmo válido – seja exercido em termos que ofendam o sentimento da justiça dominante na comunidade social*".

Ou ainda "*o abuso do direito abrange o exercício de qualquer direito por forma anormal, quanto à sua execução, de modo a poder comprometer o gozo de direitos de terceiros e a criar uma desproporção objectiva entre a utilidade do exercício do direito, por parte do seu titular e as consequências que outros têm de suportar*", tal como refere o Acórdão do STJ de 7.7.1977 [23]

---

[20] BATISTA MACHADO, *Colectanea de Juzisprudência* IX-2-17 citando CASTANHEIRA NEVES, *Questão de facto e Questão de Direito,* 526 e nota 46.

[21] ANTUNES VARELA, *Direito das Obriga,cões em Geral* - Volume I, 5.ª edição pág. 498 e 499.

[22] ALMEIDA E COSTA, *Direito das Obriga,cões,* 2.ª Edição, pág. 35.

[23] Acórdão do STJ, BMJ n.º 268 pág 174. Nesta orientação se tem pronunciado o STJ, como resulta, entre outros, dos acordãos de 22.2.1984, BMJ n.º 33 pág. 418, BMJ 299 pág. 1417; de 7.10.1986, BMJ n.º 360 pág. 621; de 8-4-1987 BMJ 366 pág 432.

O Tribunal da Relação de Évora considerou justa causa de despedimento o facto de um guarda nocturno do Paço Ducal de Vila Viçosa, onde existe valioso património, vir a ser condenado como receptador de objectos furtados, embora a

Sobre o Poder Disciplinar da Entidade Patronal 237

Custa-nos aceitar que condutas da vida particular do trabalhador, fora da relação de domínio da empresa, não abrangidas nos deveres acessórios do trabalhador, devam ser atendidas no âmbito do poder disciplinar e, por isso, potenciadoras da violação do requisito "confiança" numa relação de trabalho.

A alargar-se a possibilidade casuística ao foro íntimo ou pessoal dos sujeitos, está a fomentar-se a sempre justificada ofensa a direitos fundamentais das pessoas, enquanto cidadãos livres. Daí que só devam ser atendíveis os factos da vida privada cometidos fora do local e tempo de trabalho desde que determinem para a entidade patronal, danos irreparáveis ou prejuízos manifestos no serviço que vinha realizando ou alterações evidentes e manifestas no ambiente de trabalho [24].

Finalmente, algumas breves considerações a respeito do processo disciplinar.

V

O *processo* disciplinar constitui a forma como se manifesta o poder disciplinar em concreto, no *plano adjectivo*.

Alguns aspectos de ordem técnica necessitam de ser ponderados com vista a uma melhoria processual.

---

entidade diferente daquela a quem prestava serviço Ac.RE de 12.06.1991, CJ Ano XVI – 1991 – Tomo III. pág. 315.

Aceitamos a relevância jurídica das condutas extralaborais do guarda nocturno acima mencionadas, porque geradoras de desconfiança e susceptíveis de gerar danos à entidade patronal. Daí a necessidade de cautelarmente se providenciar medidas adequadas a evitar tais danos.

[24] Diz, a propósito, o Professor MENEZES CORDEIRO, *ob cit.* Pág 752. "questão delicada é a de saber se a infracção disciplinar laboral pressupõe a violação de deveres especificamente laborais ou se qualquer norma juridica, civil, penal ou outra, sendo violada dá lugar à imputação disciplinar. A Ordem juridica é múltipla; tem uma unidade dada, apena, pela ciência do Direito. Não obstante, há indubitáveis tensões unitárias no ordenamento, designadamente quando estejam em causa situações dotadas de especial coesão, como as que se tecem em torno duma única pessoa. O Direito do Trabalho, ao dispôr sobre a prestação-trabalho, é particularmente envolvente. Para mais quando a situação laboral se desenvolva no quadro da empresa, o envolvimento é quase total: o trabalhador que atente contra valores pessoais ou patrimoniais está, com probabilidade, a atentar também contra a disciplina no trabalho. A violação de normas civis, penais ou outras poderá assim ser. uma violação laboral. Caso a caso haverá que determiná-lo".

Vejamos:

a) A lei não consagra, nitidamentet as *fases* processuais[25];

b) A lei não se refere à necessidade de instrução inicial ou preparatória do processo;

c) A lei não impõe que a instrução seja escrita;

d) A lei continua a impor que o empregador configure um pré-juízo, posto que, o obriga a manifestar a sua intenção de proceder ao despedimento quando ainda não decorreu a fase da defesa. Este entendimento tem consequências nefastas, no plano da defesa[26];

e) A lei não considera relevante o facto do trabalhador pretender que o processo disciplinar seja secreto, não salvaguardando assim um direito legítimo, quando lhe são imputados factos que atentam contra a sua honra, por exemplo.

f) A lei não prevê a decisão arbitral, solução que não nos repugnaria;

g) Não repugnaria, igualmente, que a lei consagrasse uma instância de recurso, ainda que, a sua previsão seja admissível nos instrumentos colectivos;

Não obstante o exposto, o sistema processual tem evoluído em sentido que permite dele extrair a salvaguarda de certos princípios processuais, tais como o da *defesa*, o da *boa fé*, o da *celeridade* e o da *igualdade*.

É nítido, cada vez mais, o respeito pelos princípios que devem nortear os processos disciplinares. É sempre de esperar que não sejam princípios meramente formais (todos sabemos que, às vezes, os princípios, meramente formais, aparentemente rígidos, servem apenas para *"tornar lícita a ilusão de que há justiça"*.

---

[25] SOUSA MACEDO, *ob cit.* pág. 127-8 propõe o seguinte faseamento: a) Fase de *inquérito; b)* Fase *acusatória; c)* Fase de *instrução;* d) Fase de *defesa;* e) Fase da *decisão;* f) Fase da *execução.*

[26] MENEZES CORDEIRO, *ob cit.* pág 841 *"A exigência da formulação da intenção de despedimento apenas vem provocar alvoroço e belicosidade dentro da empresa, atingindo evidentemente os trabalhadores visados: estes durante todo o processo, ficarão numa grande tensão psicológica, havendo casos documentados de distúrbios psico-somáticos assim induzidos".*

Também é verdade que ainda existem entidades empregadoras que recorrem ao processo disciplinar como forma de retaliação contra trabalhadores incómodos ou como arma de coacção contra o exercício de direitos constitucionalmente garantidos [27].

Incoerência disciplinar e medidas disciplinares discriminatórias são, em grande medida, o reflexo de uma cultura empresarial egoísta, fundada no "lucro" a qualquer "preço" de alguns empresários e na desumanização das relações de trabalho, que ainda subsistem, num país, que no limiar do séc. XX pretende estar no "pelotão da frente".

Por isso, não seria incómodo ao sistema processual que atitudes deste género fossem punidas criminalmente, porque atentatórias da integridade física, patrimonial e moral dos trabalhadores enquanto pessoas.

O problema é também de foro sociológico e respeita, também, à organização do tecido social e político.

Com efeito, o desejável seria alcançar-se hoje, ou a partir de hoje, o compromisso sério entre forças complementares, em concreto, a força produtiva e construtiva do trabalhador e a força do investimento e iniciativa da entidade patronal. A conflitualidade social, os conflitos de interesses egoísticos e antagónicos, terão de esbater-se se pretendermos ser uma sociedade verdadeiramente democrática.

O uso justo, equitativo e sério do Poder Disciplinar reconduz em última análise à subsistência dos restantes trabalhadores integrados numa determinada estrutura empresarial e à sobrevivência e desenvolvimento da própria estrutura social.

Com efeito, a necessidade de *colaboração,* de *concertação, equilíbrio* de interesses, de mais *justiça social* e de *reorganização* da sociedade industrializada – absorvente, *injusta* e *desigual* porque exageradamente exigente – para padrões humanos e de sã convivência, é uma questão de sobrevivência quer de empresas quer de trabalhadores.

Definitivamente e como questão prévia ao Direito ou à Ciência do Direito teremos de nos interrogar sobre a necessidade de uma reconversão de mentalidades a nível cultural e sociológico.

---

[27] Não obstante a lei tipificar, ainda que insuficientemente, a nosso ver, a categoria de *sanções abusivas.*

É necessário modificar a nossa cultura empresarial, virada para o "lucro fácil" em que o cidadão é, ainda, cada vez *"menos pessoa"*, e cada vez mais um *"mero elemento do conjunto"* qual peça de uma máquina.

A empresa é uma estrutura materializada socialmente indispensável. Mas, nunca esquecer que o trabalhador é sempre cidadão.

DIA 21 DE NOVEMBRO DE 1997
11 horas

COMUNICAÇÕES DE CONGRESSISTAS

Presidência
Dr. Joaquim Dionísio,
Director do Gabinete de Estudos da CGTP-IN
e membro do Secretariado Nacional;
Dr. Abílio Neto,
Advogado.

Prelectores
Neuza Ribeiro,
finalista do Curso de Gestão
de Recursos Humanos do ISLA;
Teresa Moreira,
estudante do 4.º ano do Departamento Autónomo de Direito
da Universidade do Minho;
Dr. João Soares Ribeiro,
Delegado Adjunto do IDICT;
Dr.ª Isabel Ribeiro Parreira,
da Faculdade de Direito da Universidade de Lisboa
e Advogada;
Dr. Abel Ferreira,
da Faculdade de Direito da Universidade de Lisboa,
do Instituto Superior de Gestão e Advogado.

TRABALHO DE MULHERES
Reflexões breves sobre discriminações

Neuza Ribeiro
Finalista do Curso de Gestão
de Recursos Humanos do ISLA

TRABALHO DE MULHERES
Reflexões breves sobre discriminações

NEUZA RIBEIRO
*Finalista do Curso de Gestão
de Recursos Humanos do ISLA*

Já nos finais do séc. XIX, D. António da Costa, Ministro da Instrução, dizia no seu livro "A mulher em Portugal", publicado em 1892: "Neste vasto teatro a que se chama a pátria portuguesa, não basta que a mulher seja mera espectadora, é necessário que represente o seu grandioso papel, que se desempenhe da sagrada missão de educadora e trabalhadora, conforme a sua índole e as suas faculdades."

Mas foi longo e penoso o caminho de afirmação da igualdade de direitos e oportunidades entre mulheres e homens.

Em Portugal, é com a Constituição de 1976 que se abriu caminho a toda uma nova dinâmica de igualdade. O art. 13.º, reconhece a igualdade dos cidadãos, repelindo os privilégios ou discriminações fundadas no sexo, dispondo o art. 59.º, alínea *a*), que compete ao Estado impedir que o sexo limite o acesso a quaisquer cargos, trabalhos ou categorias profissionais, assegurando igual salário para trabalho igual.

No entanto, a Constituição de 1976, estabelece princípios igualitários mais no sentido da eliminação da discriminação do que na construção da igualdade.

É neste sentido que surge o D.L. n.º 392/79, numa tentativa de garantir às mulheres igualdade com os homens, concedendo-lhes as mesmas oportunidades e tratamento no trabalho e no emprego (art. 1.º) e proibindo a discriminação fundada no sexo, directa ou indirectamente. Por discriminação entende-se toda a distinção, exclusão, restrição ou

246 *I Congresso Nacional de Direito do Trabalho*

preferência baseada no sexo, que tenha como finalidade ou consequência comprometer ou recusar o reconhecimento, gozo ou o exercício dos direitos assegurados pela legislação do trabalho (arts. 2.º e 3.º, n.º 1). Constituem excepção as disposições transitórias que estabelecem preferência em razão do sexo, imposta pela necessidade de corrigir uma desigualdade (art. 3.º, n.º 2).

Assim, a legislação portuguesa consagrou expressamente a possibilidade de serem adoptadas posições em favor das mulheres.

Garante-se ainda às mulheres o acesso a todos os empregos e profissões, proibindo os trabalhos que impliquem riscos efectivos ou potenciais para a função genética, conforme previsto em disposições legais, regulamentares ou administrativas, que deverão ser revistas periodicamente em função dos conhecimentos científicos e técnicos e, de acordo com estes, poderão ser actualizadas, revogadas ou tornadas extensivas a todos os trabalhadores.

O referido decreto consagra uma situação de "segregação inicial", no recrutamento, quando há poder discricionário na selecção, preferindo-se o homem à mulher, salvo nas actividades de moda, arte e espectáculo quando tal seja essencial à natureza da tarefa a desempenhar. A oferta de emprego contendo restrições, especificações ou preferências discriminatórias em função do sexo e os sistemas de descrição de tarefas e de avaliação de funções de conteúdo discriminatório são punidos de acordo com o art. 8.º e 9.º do D.L. 491/85.

No D.L. 392/79 são também definidas as obrigações do Estado e do empregador, no sentido de promover a orientação e a formação profissional e assegurar a igualdade de oportunidades, de tratamento, de desenvolvimento profissional e de promoção, em todos os níveis, como também de remuneração, por trabalho igual ou de igual valor (arts. 5.º, 6.º, 9.º e 10.º).

Relativamente à promoção de acções de orientação e formação dirigidas às mulheres, o Estado ainda não tomou as medidas suficientes destinadas a incentivar esta formação e também não fixou o número de vagas nos cursos de formação profissional reservados às mulheres. Também as empresas não têm vindo a cumprir as suas responsabilidades no domínio da formação.

Na verdade, nem as interessadas nem os sindicatos estão informados e consciencializados da importância da formação profissional.

Trabalho de Mulheres 247

Em relação à "igualdade de remuneração entre trabalhadores e trabalhadoras", pode dizer-se que, na Europa de hoje, são frequentes situações em que trabalhem, lado a lado, homens e mulheres, fazendo um mesmo trabalho flagrantemente discriminado em termos salariais.

A questão é bem mais subtil, por se localizar em zonas onde a legislação e os tribunais são impotentes. Por um lado, o mercado de trabalho feminino implanta-se em sectores de menores remunerações efectivas. Por outro, verifica-se a dificuldade da carreira profissional das mulheres em chegar até às chefias, isto por várias razões que radicam fora do mercado de trabalho, como o esquema de repartição das tarefas caseiras entre cônjuges, as interrupções de carreira (tão frequentes na fase fértil da mulher), o tipo de instrução de base, entre outras.

De facto, a igualdade e liberdade teoricamente consagradas estão extremamente condicionadas. A maternidade, tão exaltada na nossa tradição histórica, literária e cultural, é muitas vezes motivo de discriminação e penalização para as mulheres. O problema não é tanto a legislação, não obstante a necessidade por vezes pontual de melhorias ou correcções em aspectos específicos; o problema é o da aplicação efectiva dessa mesma legislação e o da existência de mecanismos de controlo fortes e convictos da sua importância.

A tutela à maternidade está prevista na Lei n.º 4/84 e no D.L. 136/85 e o despedimento de mulheres grávidas exige hoje formalismos acrescidos presentes no art. 18.º-A da mesma lei. Segundo o n.º 1 do mesmo artigo, a cessação do contrato de trabalho promovida pela entidade empregadora carece sempre, quanto a trabalhadoras grávidas, puérperas e lactantes, de parecer favorável dos serviços da Comissão para a Igualdade no Trabalho e no Emprego e este parecer deve ser comunicado ao empregador e à trabalhadora nos 30 dias subsequentes à recepção do processo de despedimento (n.º 3).

Por sua vez, o art. 30.º do D.L. 136/85 estipula que a C.I.T.E tem competência para emitir o parecer prévio de despedimento de trabalhadoras grávidas, puérperas ou lactantes e o empregador deve-lhe remeter cópia do processo, consoante a modalidade de despedimento, considerando-se satisfeita a exigência do n.º 1 do art. 18.º-A se a C.I.T.E. não se pronunciar dentro do prazo de 30 dias a contar da recepção de cópia do processo.

Na realidade e com base em indicadores dos "mass media", a lei não está a ser cumprida e o despedimento de mulheres grávidas parece não depender da emissão de qualquer parecer prévio por parte da

C.I.T.E., como pudémos verificar muito recentemente com o despedimento de duas trabalhadoras grávidas.

De facto, o fosso existente entre as concepções da legislação e a realidade da vida é notável e subsiste devido à inexistência de mecanismos de controle fortes, sensibilizados e convictos da sua aplicação, tal como o desconhecimento das leis por parte das trabalhadoras e da própria entidade patronal. É necessário melhorar o conhecimento do regime jurídico por meio de campanhas de informação e programas de formação sobre os direitos das mulheres reconhecidos pelos regimes jurídicos vigentes.

Concluindo:

A Administração Estadual do trabalho não tem desenvolvido os esforços adequados por uma tutela eficaz da maternidade. É altura de pôr cobro a essa estranha omissão, já que dela só resulta prejuízo manifesto para as mulheres deste país. Os dados sociais disponíveis apontam para uma situação realmente preocupante: as mulheres trabalhadoras, sobretudo quadros técnicos qualificados, têm necessidade de *adiar* projectos de vida relacionados com a sua condição de futuras mães, pelo *simples facto* dos empregadores (e, pasme-se também empregadoras) não tolerarem que a condição genética das mulheres seja desenvolvida naturalmente. É a contraposição do economicismo face a um humanismo que por todos deveria ser defendido isto porque, a curto prazo, existirão refracções negativas em termos de futuros recursos humanos e do grau de satisfação dos trabalhadores, condição indispensável para uma economia mais saudável e mais rentável.

A estranha passividade de muitas mulheres deve-se, também, à precariedade do vínculo laboral. E esta será razão acrescida para uma maior e melhor atenção daqueles que têm por incumbência fazer com que a igualdade preconizada na Constituição, seja uma realidade para todos os portugueses e não simples declaração de intenções. Destas está o inferno cheio e a vida não é o inferno.

A CONCERTAÇÃO SOCIAL EM CAUSA
Brevíssimas notas para uma discussão

Teresa Moreira

Aluna do 4.º ano de Direito
Departamento Autónomo de Direito
Universidade do Minho

A CONCERTAÇÃO SOCIAL EM CAUSA
Brevíssimas notas para uma discussão

TERESA MOREIRA

Aluna do 4.º ano de Direito
Departamento Autónomo de Direito
Universidade do Minho

1. O Direito do Trabalho não cria emprego. Esta verdade lapaliciana, de tão evidente que é, pareceria não merecer ser referida num início de comunicação a apresentar num Congresso. Não assumi essa postura por pensar que poderia ser importante referenciar a evidência para concluir por uma ideia oponente: o Direito do Trabalho pode contribuir eficazmente para a destruição do emprego. De facto, leis rígidas, que aprisionem os empregadores nas malhas da lei, podem desincentivar o investimento e criar desemprego.

Em busca de leis laborais equilibradas,que não *colonizem* os contratos de trabalho, os governos vão procurando consensos em sede da macro-concertação social para que aquelas, em cujo processo de feitura participam, por imperativo constitucional, os organismos representativos de trabalhadores – artigos 54.º-5 d) e 56.º-2 a) da Constituição e Lei 16/79, de 26.5 –, possam contribuir para um relativo equilíbrio do mercado de emprego. E será desnecessário enaltecer o papel que as empresas têm na criação de postos de trabalho, únicas entidades que podem gerar emprego. Outras soluções, porventura estatizantes, são apenas presuntivos remédios taumatúrgicos sem futuro no campo de economias sociais de mercado.

2. Desde o chamado primeiro choque petrolífero de 1973 que se vai referindo a necessária *flexibilização* da legislação laboral, termo que de tão utilizado acabou por ser adulterado, conduzindo a desvios ópticos que quase levaram ao seu dobre de finados. Clarificando, conclusivamente, diríamos que a flexibilidade pode ser *interna,* ou na empresa, e *externa*, ou na contratação e no despedimento: a primeira facultará que, no âmbito duma relação de trabalho constituída, possam ser modificadas funções e categorias profissionais, locais e tempos de trabalho, eventualmente salários, sempre com carácter de transitoriedade ou provisoriedade. É a conhecida problemática do *ius variandi*, a que acrescem os novos dados da Lei 21/96, de 23.7, com a gestão flexível dos tempos de trabalho e a consagrada polivalência funcional, na terminologia do Prof. BERNARDO XAVIER – nova redacção do art. 22.º da Lei do Contrato de Trabalho. A flexibilidade *externa* pode ser: de *entrada*, caminhando-se, assim, para mecanismos mais dúcteis e plásticos de contratação, facilitando-se o ingresso no mercado de trabalho; ou de *saída*, e estaremos face a mecanismos jurídico-legais que permitem que o empregador se liberte com menos custos da mão-de-obra contratada. Revestem importância a este nível os artigos 41º e ss. da Lei de Cessação do Contrato de Trabalho e dos Contratos de Trabalho a Termo, aprovada pelo D.L. 64-A/89, de 27.2, o D.L. 358/89, de 17.10, que contém o regime jurídico do trabalho temporário, e o D.L. 404/91, de 16.10, que regula a comissão de serviço.

Defende-se que se deve caminhar mais para a flexibilidade interna. E nem se diga que a opção poderá conduzir a um autoritarismo *demodé*. É que haverá que ter em conta os mecanismos de autodefesa colectiva -como são os sindicatos e a contratação colectiva – e de autodefesa individual – como é a cultura dos trabalhadores –, como elementos compensadores para a concepção dominial da empresa, ultrapassada, em que o *dominus* tinha os inerentes poderes do *ius utendi, fruendi et abutendi*, ou do *quero, posso e mando*. A concepção social de empresa, que emerge da Constituição, também refreia os ânimos, além de que os mecanismos de heterodefesa -tipo intervenção estatal- contribuirão para que os poderes patronais não se exerçam com abuso e fora dos limites impostos pela boa-fé.

3. Postas as considerações que antecedem é altura de abordar, com melhor enfoque, a macro e a meso-concertação social.

Inaugurada na Constituição de Weimar de 1919, a concertação social viria a ter um cunho particular em Portugal no domínio do velho *Estado Novo*. Com a democratização e a constitucionalização do regime a concertação social acaba por ter feição nitidamente diversa, o que também sucederia com as revisões sucessivas da Constituição. A refe-

A Concertação Social em Causa 253

rência fundamental é, hoje, o seu art. 92.º. A Lei Orgânica do Conselho Económico e Social é a Lei 108/91, de 17 de Agosto, regulamentada pelos Decretos-Lei 90/92, de 21.5 e 105/95, de 20.5. Nos termos do art. 1.º da Lei Orgânica o C.E.S. *é o órgão de consulta e concertação no domínio das políticas económica e social e participa na elaboração dos planos de desenvolvimento económico e social.*

O presidente do Conselho Económico e Social é eleito pela Assembleia da República – art. 3.º-1 *a*) da L. 108/91. Como órgão do Conselho existe a Comissão Permanente de Concertação Social – art. 6.º *c*). Ora esta Comissão é presidida pelo Primeiro-Ministro – art. 9.º--3. E aqui reside a primeira aberração do sistema: dentro dum órgão que emana da Assembleia da República, pelo menos no que concerne à presidência, existe, na sua esfera funcional, uma Comissão a que preside o Primeiro-Ministro. A promiscuidade parece começar aqui.

4. Uma outra questão que não pode deixar de ser ponderada concatena-se com os representantes dos trabalhadores e dos empregadores. O art. 9.º da Lei que vimos referindo estabelece no n.º 2 a representação paritária (3 elementos para cada) da U.G.T. e da C.G.T.P.-IN e 2 membros para cada uma das confederações patronais com assento no C.E.S.- CAP, CCP e CIP. E a problemática que aqui se suscita é a da representatividade. Quem representa os trabalhadores integrados em sindicatos que não integram nenhuma das centrais sindicais existentes? Porquê a escolha da CAP e não da outra confederação de agricultores? Qual a razão de ser da representação paritária? Não havendo lei que defina critérios de representatividade, o sistema é perfeitamente arbitrário, com laivos de inconstitucionalidade. De facto, o nosso ordenamento jurídico-laboral parece só se reportar ao sindicato mais representativo no art. 14.2 *b*) do D.L. 519-C1/79, de 29.12. Inexistindo critérios de representatividade, qual a real eficácia dos acordos celebrados no seio da Comissão Permanente de Concertação Social e, mais concretamente, do Acordo de Concertação Estratégica de 20 de Dezembro de 1996?

E se o sistema parece decair a este nível, como desenvolver eficazmente a negociação colectiva, de que resultará a contratação colectiva, direito colectivo fundamental dos trabalhadores de acordo com o art. 56.º-3 da Constituição?

5. Sem expurgar o sistema das excrecências que estão imanentes na Lei torna-se difícil caminhar para uma contratação colectiva de trabalho efectiva e o Estado está condenado a, *malgré tout,* ter um papel demasiado pesado no campo das relações de trabalho e da regulamentação colectiva das condições de trabalho.

Esta é uma temática a ter presente na anunciada reforma laboral. Reforma que não poderá ser apenas de leis. Haverá que ter em conta as estruturas, mentalidades e atitudes. Daí a interdisciplinaridade que a mesma envolve.

Mas uma coisa é certa: empresários que apostem prevalentemente no presente; sindicatos que só sonhem com o passado; governos que façam estritamente o jogo do economicismo e, quiçá, do eleitoralismo, são empecilho fundamental à Reforma.

Não estamos na zona do *vale tudo*. O facto de atingirmos o homem trabalhador, com a sua dignidade, com créditos alimentares fundamentais para sustento do próprio e da família, levar-nos-ão a refrear os ânimos. E sem a pretensão de criar soluções duradouras. É que haverá sempre que corrigir em função da eficácia ou ineficácia da experiência e dos resultados. E se com os parâmetros delineados a Reforma não fôr a mais brilhante nem a melhor, que seja a mais realista e a possível e, também, a mais social. E que permita campo de actuação à autonomia colectiva dos trabalhadores, com algumas regras à mistura, para evitar as Convenções Colectivas de Trabalho dos ricos, para os que têm força negocial e impacto na opinião pública, de par com a miséria das restantes, para os desvalidos da fortuna. Aqui o Estado tem de desempenhar papel fundamental para que se consiga a realização dum humanismo socialmente comprometido.

Conclusão:

Com regras transparentes de representatividade no seio da Concertação Social; com Sindicatos representativos; com a admissibilidade duma contratação colectiva de trabalho informal, que vai existindo, para os casos de nula ou escassíssima representatividade, pelo menos ao nível dos Acordos de Empresa, será possível caminhar no sentido dos equilíbrios necessários no seio das relações laborais, condição de solidificação duma sociedade mais justa, apta a enfrentar os desafios que este final de século e de milénio colocam aos cultores do Direito perante uma economia internacionalizada a nível mundial.

A Concertação Social pode e deve ter papel fundamental, com o tripartismo instituído, mas sem laivos de neo-corporativismo.

PRAZO PARA PROLACÇÃO DA DECISÃO DISCIPLINAR

João Soares Ribeiro

Delegado Adjunto do IDICT

PRAZO PARA PROLACÇÃO DA DECISÃO DISCIPLINAR

João Soares Ribeiro

Delegado Adjunto do IDICT

É de todos sabido que o tempo se repercute por dois modos diferentes no direito disciplinar laboral positivo: através *da prescrição da infracção* decorrido o prazo de um ano sobre a sua prática (art. 27.°, 3 da LCT) e através da *caducidade do direito de exercer acção disciplinar* que ocorre passados 60 dias sobre o conhecimento da infracção pela entidade patronal ou superior hierárquico do trabalhador com competência disciplinar (art. 31.°, 1 da LCT).

Claro é que o prazo de prescrição e o prazo de caducidade podem correr simultaneamente, se a entidade disciplinarmente competente tomou conhecimento da infracção no momento da sua prática, mas também podem os prazos correr, e muitas vezes correm, separadamente.

Como diz o Prof. Monteiro Fernandes "em rigor a prescrição da infracção, referida à punibilidade, só deveria ser excluída pela decisão sancionatória"[1], ou seja, nunca deveria mediar mais de um ano entre o momento da prática da infracção e o momento da comunicação da decisão disciplinar ao trabalhador. Um processo disciplinar não deveria, por isso, nunca poder ultrapassar um ano, sob pena de se considerar prescrita a infracção,

Todos sabemos, porém, que a realidade é muito outra e que os processos disciplinares se eternizam ou demoram anos a concluir.

A razão encontra-se no facto de a jurisprudência, de forma perfeitamente pacífica, vir de há muito a admitir que a instauração de

---

[1] Direito do Trabalho, 1, 6.ª edição, 1987, p. 180.

processo disciplinar interrompe a prescrição invocando um argumento de analogia com o que se passa com o regime disciplinar dos funcionários públicos [2], cujo Estatuto Disciplinar determina que o prazo de prescrição, que nesse caso é de 3 anos, se interrompe se, antes dele findar, algum acto instrutório com efectiva incidência na marcha do processo que tiver lugar [3].

Eis, pois, aberta a porta para um alargamento dos prazos do processo disciplinar sem um limite definido.

Entendemos nós, contra alguma doutrina, que, sob pena de grave incongruência na aplicação dessa analogia, a sua invocação para considerar interrompido o prazo de prescrição deve ser. estendida também à última parte da norma do Estatuto Disciplinar [4] e considerar que a prescrição volta a contar-se a partir do dia em que tiver sido praticado o último acto no processo disciplinar.

É que parece não ser aceitável a aplicação analógica dum segmento de uma norma e não do outro que lhe segue e com ele está numa relação de perfeita complementaridade.

E não se consegue descortinar, dado como adquirido o recurso à analogia para fundamentar a interrupção do prazo de prescrição, onde se vai buscar uma norma que determine que o processo disciplinar tem de ser concluído no prazo de um ano, como parece quererem os que entendem que só a instauração do processo interromperia aquele prazo e não também qualquer outro acto instrutório com efectiva incidência no processo. De resto, parece que a prática ensina que normalmente qualquer processo disciplinar perdura para além de um ano.

Não se questiona, antes se releva, que no processo disciplinar, como aliás em qualquer processo, vigora o princípio de celeridade, fundamental para o trabalhador que tem interesse na rápida definição da sua situação e para o restabelecimento da harmonia no seio da empresa, eventualmente afectada pela instauração dum processo contra um trabalhador.

Convém, no entanto, lembrar que nem sempre esse valor, no específico aspecto da prolacção da decisão, tem estado na *mens legis*. É que na legislação subsequente à Revolução de Abril a tónica foi posta, não na celeridade, mas, antes na ponderação da decisão dis-

---

[2] Cfr. Estatuto Disciplinar aprovado pelo Dec-Lei n.º 24/84, de 16 de Janeiro.

[3] Art 4.º n.ºs 1 e 4

[4] Trata-se da norma contida no n.º 4 do art. 4.º.

Prazo para Prolacção da Decisão Disciplinar 259

ciplinar. Por isso a redacção inicial do Dec-Lei n.º 372-A/75, de 16 de Julho, determinava que *"a entidade instrutora do processo devia ponderar devidamente todas as circunstâncias do caso, nomeadamente as possibilidades de recuperação do trabalhador, pelo que só pode proferir decisão final, quando houver lugar a despedimento, decorridos quinze dias após o termo do prazo referido no número anterior"*, solução mantida na redacção do Dec-Lei n.º 84/76, de 28 de Janeiro, tendo passado para dez dias com a redacção do Dec-Lei n.º 841-C/76, de 7 de Dezembro, só tendo desaparecido com a redacção da Lei n.º 48/77, de 11 de Julho.

Com a actual lei da cessação do contrato de trabalho dá-se uma inversão da tendência. Agora, preceitua o n.º 8 do art. 10.º do Dec-Lei n.º 64-A/89, de 27 de Fevereiro, que *"decorrido o prazo referido no número anterior, a entidade empregadora dispõe de 30 dias para proferir a decisão, que deve ser fundamentada e constar de documento escrito"*.

Ponto é saber qual a natureza desse prazo ou, dito de outro modo, qual a consequência para o processo se a entidade patronal profere a decisão para além desse prazo.

Antes de prosseguir queremos dizer que entendemos que a *nulidade* com que a alínea *c)* do n.º 3 do art. 12.º da lei da cessação do contrato fulmina o processo, se refere apenas à decisão de despedimento e seus fundamentos não constarem de documento escrito, e não também ao facto de não ter sido proferida no prazo de 30 dias o que, a acontecer, resolveria de imediato o problema.

Sobre a natureza desse prazo há fundamentalmente duas correntes.

Uma que engloba aqueles que consideram que se trata de um *prazo de caducidade* do direito de proferir a decisão e, portanto, a decisão proferida para além dele seria nula ou afectaria de nulidade o respectivo processo disciplinar.

Uma outra respeita àqueles que entendem que se trata de um *prazo meramente aceleratório* e, portanto, a decisão ainda seria válida ou, quando muito, haveria uma presunção ilidível de inexistência de justa causa do despedimento proferido.

Na primeira situa-se, por exemplo, José João Abrantes [5], enquanto na segunda se pode encontrar Pedro de Sousa Macedo [6].

---

[5] Cfr. *"Algumas considerações a propósito do prazo do n.º 8 do art. 10.º da LCCT"*, publicado no *Prontuário da Legislação do Trabalho*, CEJ, actualização n.º 33.

[6] *Poder Disciplinar Patronal*, Coimbra 1990, p. 153.

260 *I Congresso Nacional de Direito do Trabalho*

A Jurisprudência que se conhece sobre o ponto, os Acordãos da Relação de Coimbra de 17 de Outubro de 1991 e 26 de Maio de 1992 [7], perfilha a segunda corrente de opinião, aditando este último aresto que "*a inobservância daquele prazo somente poderá relevar da apreciação da existência de justa causa de despedimento, nos termos do n.º 5 do referido artigo 12.º como também já se entendia no domínio da legislação anterior*".

Em Setembro de 1989 defendemos sobre esta questão uma posição diversa, que mantemos, a qual já vimos citada [8] mas, por deficiência da nossa expressão e por gralha de imprensa, não traduzia exactamente o que queríamos dizer.

Convém então recordar que para além desta inovação que é a determinação expressa dum prazo de 30 dias para o proferimento da decisão (ao abrigo da anterior lei dos despedimentos havia quem entendesse que se aplicava, por analogia, nesta fase do processo o prazo que o n.º 6 do art. 12.º estabelecia para o início do processo disciplinar) há uma outra novidade, constante do n.º 11 do art. 10.º, que determina que o prazo de caducidade – o prazo de 60 dias do n.º 1 do art. 31.º da LCT – se *suspende*.

Temos assim agora, ao lado da *interrupção da prescrição* por virtude da instauração do processo disciplinar, a *suspensão do prazo de caducidade* do exercício da acção disciplinar por virtude da comunicação da nota de culpa ao trabalhador.

Se, como defendemos, o prazo de prescrição se *reinicia* se o processo, mesmo depois de iniciado, estiver parado, também o prazo de caducidade que estava *suspenso* há-de voltar a correr.

Em que momento acontece essa cessação da suspensão do prazo de caducidade?

Precisamente, a nosso ver, depois de decorridos 30 dias sobre o fim da instrução (ou, mais precisamente, sobre o termo do prazo de 5 dias úteis para a Comissão de Trabalhadores juntar o parecer ao processo ou ainda, agora, sobre o termo do prazo de 30 dias contados da recepção do processo pela CITE, nos termos do art. 18.º A da Lei n.º 4/84, redacção da Lei n.º 17/95, de 9 de Junho).

Trata-se, então, não de um prazo meramente aceleratório, já que se somado o período de tempo decorrido entre o conhecimento da

---

[7] Publicado no BTE n.ᵒˢ 1, 2, 3/95, p. 232
[8] Vd. Nota (6) do estudo de José João Abrantes cit. na nota 5.

Prazo para Prolacção da Decisão Disciplinar 261

infracção e a notificação da nota de culpa ao trabalhador com o período que decorrer 30 dias após finda a instrução atingir os 60 dias do prazo da caducidade, esta ocorrerá e, em consequência, extinguir-se-á o direito de punir.

Esta interpretação não briga, a nosso ver, com a norma do art. 328.° do Código Civil que dispõe que o prazo de caducidade não se suspende senão nos casos em que a lei o determine, precisamente porque a suspensão do prazo de caducidade é claramente determinada, não só pelo n.° 11, como também pelo n.° 12 do art. 10.° do Dec-Lei n.° 64-A/89, não havendo igual exigência de lei expressa para a cessação da suspensão.

O CONTRATO DE REPOSIÇÃO

João Soares Ribeiro

Delegado Adjunto do IDICT

O CONTRATO DE REPOSIÇÃO

JOÃO SOARES RIBEIRO

Delegado Adjunto do IDICT

A empresa *A* dedica-se ao fabrico e comercialização de massas e farinhas e, no âmbito da sua actividade, fornece os seus produtos a grandes superfícies às quais adquire o direito de aí os colocar em prateleiras devidamente determinadas.

A empresa *B* tem por actividade a indústria e comércio de carnes e, no desenvolvimento da sua actividade, contratou com as grandes superfícies a colocação em espaços devidamente identificados a colocação desses seus produtos para serem adquiridos pelos consumidores.

Uma e outra dessas empresas, e centenas de outras, têm necessidade de alguém que ali coloque os produtos, zele pela sua manutenção e acomodação em termos de serem apetecíveis aos olhos do público e reponha quantidades idênticas às que forem adquiridas pelos clientes.

Isto é, estas empresas necessitam de profissionais que desempenhem essa actividade num local que pertence a outrem, os proprietários dos hipermercados, com quem contrataram as condições de acesso dos seus produtos e das pessoas que os vão colocar. Para o efeito, identificam essas pessoas com um *crachá* ou fornecem-lhes uma bata. Chamam-lhes **repositores**. Iríamos escrever *repositoras*, não fosse o receio do cometimento do pecado da discriminação em função do sexo, pois que são mulheres todas ou quase todas as pessoas com estas funções.

Mas é bom de ver que tais empresas não necessitam normalmente dos serviços de um repositor por mais de meia hora, uma hora, duas horas por dia, quando não por semana. E, em princípio, também lhes não interessará muito que seja fixo o horário a praticar com esse profissional, sem embargo de o ser em muitas situações.

Vai daí a empresa celebra com esse profissional um **contrato de prestação de serviços**.

Cláusula desde logo que é condição *sine qua non* para a outorga do contrato a prévia entrega pelo futuro repositor de cópia de declaração do início de actividade na competente Repartição de Finanças e põe como condição da entrega de qualquer importância a título do serviço prestado a subscrição e entrega do respectivo recibo de modelo oficial, o designado *recibo verde.*

O pagamento do serviço tanto pode ser estipulado ao dia como à hora, mas é feito normalmente com periodicidade mensal.

No referido contrato, celebrado por escrito, e selado em obediência às normas fiscais, é expressa e cuidadosamente dito que o repositor não fica sujeito ao poder de direcção, autoridade e fiscalização da empresa cujo produto está exposto, mas também normalmente é preceituado que ao repositor incumbem tarefas como a de controlar o stock da outorgante nos armazéns dos seus clientes, isto é das grandes superfícies, arrumar, limpar e repor o stock nas prateleiras destinadas à exposição dos produtos, recolher informações sobre actividades e preços da concorrência e mesmo participar quaisquer anomalias ao responsável da empresa que pode ser, e muitas vezes é, o vendedor, o técnico de vendas.

Com estes contornos, que são "mutatis mutandis" comuns a todos os contratos dos repositores estaremos, senhoras e senhores, perante um contrato de prestação de serviços?

Esta hipótese não é uma mera hipótese. É antes uma realidade que pode ser contada dez, quinze mil vezes, tantos são os profissionais estimados a prestar serviço nos super e hipermercados deste país.

Acresce que, normalmente, um repositor não faz reposição para uma só empresa. Fá-lo para várias, o que se compreende dada a curta duração do seu "trabalho" para cada uma delas.

Estaremos, então, perante um contrato de trabalho?

De há muito que a doutrina e a jurisprudência, face à realidade cada vez mais complexa e às situações concretas que se lhe deparam, vem procurando novos contributos para a distinção entre o contrato de trabalho e o contrato de prestação de serviços, amoldando o clássico critério da subordinação jurídica, não exigindo a sua efectividade, antes se bastando com a mera potencialidade e recorrendo a elementos fácticos, os *indícios,* cuja verificação seria sinal determinante da existência de trabalho subordinado.

O *Contrato de Reposição*

Assim, partindo da premissa que numa e noutra dessas modalidades contratuais há "trabalho" afirma-se a sua qualificação pela diferente natureza do seu objecto, a *actividade* de um lado, o *resultado do trabalho* do outro.

Na situação em análise não será, ainda assim, fácil a caracterização jurídica do contrato, pelo que há que recorrer a factos indiciários tais como a prática de um horário de trabalho, a determinação do local feita pelo empregador, a modalidade da retribuição e a periodicidade do seu pagamento, as instruções quanto às funções a exercer, a propriedade dos instrumentos de trabalho. Ora, se é sempre possível encontrar um ou mais elementos que apontem em sentido oposto, atendendo ao conjunto desses elementos há que concluir iniludivelmente pela existência de trabalho subordinado.

Independentemente, porém, da qualificação jurídica que possa ser atribuída a esta realidade, este será, a nosso ver, mais um dos exemplos que proliferam hoje em dia no âmbito daquilo a que alguns, perante a rigidez do conceito de contrato de trabalho e a falta de flexibilidade do seu âmbito de abrangência, já querem amortalhar em *contrato de actividade profissional.* E um exemplo para outros que entendem que o critério de *subordinação jurídica* não é mais adequado para qualificar todas as situações que merecem enquadramento no ordenamento protectivo laboral, avançando para uma conceptualidade mais abstracta – a *para-subordinação.* Ou exemplo ainda para aqueloutros que defendem uma diminuição da rigidez interna das regras do contrato de trabalho ou um aumento do *seu pluralismo interno* para obviar ao fenómeno da *fuga ou evasão laboral,* perfeitamente suportado por dados estatísticos que comprovam uma generalizada diminuição do número de trabalhadores por conta de outrem e um consequente aumento de trabalhadores autónomos.

É certo que a situação tipificada pode nem ser, sequer, a mais ilustrativa da designada *"selva laboral".* Outras situações pertencentes ao domínio do *trabalho domiciliário,* do *teletrabalho,* do *trabalho temporário,* se podiam igualmente descrever, enfeitando-as com algumas das principais dificuldades do seu controlo legislativo e do seu enquadramento inspectivo.

O que fica dito, porém, bastará para que, de algum modo, se ilustre a situação de *crise* do mundo laboral de que são principais responsáveis, segundo se ouve e lê, a mundialização das trocas comerciais, a competitividade internacional e a globalização da economia.

Fenómenos que, em teoria, se sustentam nas correntes neoliberais, hoje tão em voga, e que fazem apelo à prevalência da *autonomia individual*, fonte privilegiada das relações laborais face à *heteronomia estatal*, que reputam de inibidora do desenvolvimento económico e distorsora das leis de mercado, como também proscrevem a própria *autonomia colectiva*, demasiado uniformizadora, igualitarista e impeditiva do direito à diferença, apontando assim para uma espécie de retorno às origens do direito do trabalho com o argumento de que agora, ao contrário do que sucedia no início da industrialização, não teríamos mais um trabalhador desprotegido, mas um "activo esclarecido".

Crise complexa esta, em que se pode descortinar uma dupla vertente.

Exterior ao contrato, por um lado, visível nas situações de fuga à disciplina laboral, que desaguam das torrentes dessas teorias liberais baseadas na competitividade dos mercados, quando não mesmo dos grandes blocos económicos, e sustentadas na evolução tecnológica, na complexidade das alterações técnicas, na rapidez da difusão da informação.

Crise interna, por outro lado, crise do próprio contrato enquanto título de legitimação e sustentação do vínculo laboral, mais grave que aquela, que mina a relação laboral naquilo que tem constituído, vai para 150 anos, o seu verdadeiro valor social – a estabilidade, a tendencial perenidade do contrato, fonte de sustentação da família, bóia de sobrevivência da pessoa humana, motivo de realização pessoal de uma vida dedicada ao trabalho, característica evidenciada e incensada pela doutrina social da Igreja.

Crise esta que, além de institucionalizar a precarização da relação laboral, a erege quase como um valor a preservar, crise que afasta ou confrange a singeleza, a tradicional linearidade do contrato e lhe interpõe muitas vezes um terceiro elemento que o complexiza, triparte e simultaneamente faz perder força vinculativa, crise que vai ao extremo de postergar o tradicional princípio da irreversibilidade das vantagens adquiridas, crise que substitui o trabalho em equipa, solidário e convivial por um trabalho desumanizado, solitário, *stressante*.

Não nos perguntem qual é a espécie de crise que corporiza o contrato que exemplificamos. Mas que é trabalho o que fazem os repositores nos grandes hipermercados, "os maiores da Europa" de que o país se parece orgulhar de possuir, disso não temos grandes dúvidas.

O Contrato de Reposição   269

Mas que trabalho, perguntar-se-á.

Se há contrato de trabalho, mesmo que as partes por comum acordo lhe não queiram atribuir essa qualificação – e recorde-se que a vontade das partes, a civilística liberdade contratual e a juslaboralista autonomia individual, se relevam para a escolha do contrato e para fixação das suas cláusulas e condições, já não têm qualquer valor na determinação da qualificação jurídica a atribuir-lhe – que tipo de contrato se estabeleceu ? Um contrato duradouro? Um contrato a termo? Qual o seu tempo de duração? E se no decurso desse contrato, seja ele definitivo seja a termo, a empresa perder para a concorrência o direito de expor e vender naquela superfície comercial, como está permanentemente a acontecer em face das tais leis de mercado? Caminhar-se-à para uma situação paralela à dos trabalhadores dos serviços de limpeza que mudam de empregador, mantendo o posto de trabalho, sempre que aquele perde a sua posição no concurso de atribuição do serviço?

E se é proposta às partes a "legalização" da situação do trabalhador pela celebração de um contrato a termo qual o motivo, de entre o elenco do artigo 41.º do diploma legal que actualmente consigna o seu regime, hão-de as partes consignar, já que nenhum deles se lhe ajusta, mormente se os repositores não são trabalhadores à procura de 1.º emprego ou desempregados de longa duração e não podem, assim, entrar pela porta larga aberta pela última alínea desse preceito?

Mas será razoável qualificar de trabalhador um profissional que mantenha um vínculo contratual com dez ou mais empresas para, dessa forma, preencher um normal período de trabalho diário? Como se processam os seus descontos para a Segurança Social? Quais as empresas que efectuam a transferência da responsabilidade infortunística para uma seguradora? E em caso de acidente de trabalho qual a empresa responsável?

Em suma como operar e conviver com esta tão acentuada parcialização do trabalho, se trabalho houver?

A QUEBRA DE CONFIANÇA COMO CRITÉRIO DE CONCRETIZAÇÃO DA JUSTA CAUSA DE DESPEDIMENTO

Isabel Ribeiro Parreira

*Assistente Estagiária da Faculdade
de Direito da Universidade Clássica de Lisboa
Advogada*

A QUEBRA DE CONFIANÇA COMO CRITÉRIO DE CONCRETIZAÇÃO DA JUSTA CAUSA DE DESPEDIMENTO *

ISABEL RIBEIRO PARREIRA

Assistente Estagiária da Faculdade
de Direito da Universidade Clássica
de Lisboa
Advogada

SUMÁRIO

     I. Apresentação
    II. Introdução
   III. O art. 9.º, n.º 1, da LCCT
   IV. A "quebra de confiança"
    V. A concretização da "quebra de confiança"
   VI. A ilicitude do comportamento do trabalhador
  VII. A ilicitude e a vida privada do trabalhador
VIII. Conclusão
   IX. Limitações
    X. Aplicação prática: o contrato de trabalho de advogado

I. APRESENTAÇÃO

1. Apresento os meus cumprimentos aos ilustres membros desta mesa, aos Senhores Professores Doutores, aos colegas, a todos os

---

* Esta comunicação corresponde a um resumo renovado do nosso relatório de Mestrado – "O Consumo de Droga como Concretização do Conceito de Justa Causa de Despedimento" – apresentado no âmbito do Seminário de Direito do Trabalho subordinado ao tema "A Justa Causa de Despedimento", sob a orientação do Professor Doutor António Menezes Cordeiro, em Março de 1994, na Faculdade de Direito da Universidade Clássica de Lisboa.

presentes e ao Dr. António Moreira a quem desde já felicito pela iniciativa oportuna e louvável que nos reuniu nestes dois dias.

II. INTRODUÇÃO

2. O tema que ousámos sintetizar em 5 minutos, relaciona-se com o papel da chamada "quebra de confiança" na concretização do conceito de justa causa de despedimento e dos seus eventuais reflexos na ilicitude do comportamento do trabalhador.

III. O ART.º 9.º, N.º 1, DA LCCT

3. A lei, no art.º 9.º, n.º 1, da LCCT, em cláusula geral, apresenta a definição possível que lança as bases da discussão.

   3.1. Nesses termos, constitui justa causa de despedimento:
   a) "O comportamento culposo do trabalhador (...);
   b) "(...) que, pela sua gravidade e consequências (...)";
   c) "(...) torne imediata e praticamente impossível a subsistência da relação de trabalho".

IV. A "QUEBRA DE CONFIANÇA"

4. Perante as enormes dificuldades de concretização desta noção, de identificação do momento a partir do qual a subsistência da relação laboral se revela imediata e praticamente impossível, alguma doutrina e, em especial, a maioria da jurisprudência, têm recorrido ao princípio da confiança.

5. Este funcionaria da seguinte forma: o comportamento culposo do trabalhador seria grave e consequente a ponto de impossibilitar imediata e praticamente a relação laboral, quando provocasse a quebra de confiança nele depositada pelo empregador.

6. Esta posição parte, necessariamente, do pressuposto de que a relação laboral é fiduciária, infungível e *intuitu personae*. Não obstante, não implica o retorno a teorias paternalistas de defesa da relação e sujeição pessoais.

7. O investimento de confiança feito pelo empregador no trabalhador que contrata, recorre à ideia da boa fé e resulta da legítima expectativa que o empregador tem de o trabalhador ter a idoneidade necessária ao cumprimento dos compromissos contratuais que assumiu. O empregador confia no trabalhador porque acredita que ele vai cumprir bem.

8. Este investimento de confiança é flexível e varia de intensidade consoante a função desempenhada pelo trabalhador.

8.1. Com efeito, a confiança depositada no trabalhador é tanto maior quanto maior for a responsabilidade do cargo e a intelectualidade ou especialidade da função, e tanto menor quanto mais reduzida se encontrar a subordinação e o poder de controlo do empregador.

V. A CONCRETIZAÇÃO DA "QUEBRA DE CONFIANÇA"

9. Apesar do esforço da jurisprudência em trabalhar esta "quebra da confiança", a tarefa do intérprete continua a encontrar dificuldades na sua aplicação.

9.1. De facto, quando cessa aquela confiança? O que é quebrar a confiança?

9.2. A este propósito atrevemo-nos a defender que a quebra da confiança acontece quando é colocado em perigo o futuro bom cumprimento do contrato de trabalho.

9.3. Sendo a confiança a legítima expectativa de cumprir bem, a sua quebra ocorrerá quando surge o *perigo da futura violação de deveres laborais por parte do trabalhador*.

10. Este perigo da futura violação de deveres laborais encontra, contudo, algumas *limitações*, nomeadamente:

10.1. *O perigo tem que ser imediato e objectivo*, ou seja, tem que estar prestes a efectivar-se a qualquer instante e tem que resultar objectivamente do facto praticado com recurso, eventualmente, a princípios de probabilidade – e não das conjecturas delirantes e caprichosas de um certo empregador;

10.2. *A violação futura tem que ser eminente e intensa*, isto é, tem que ser possível ocorrer no momento imediatamente a seguir e tem que ser forte e grave.

276   *I Congresso Nacional de Direito do Trabalho*

10.3. *Os deveres laborais em perigo de serem violados, têm que ser deveres importantes no âmbito da actividade concreta a que o trabalhador se obrigou.*

10.4. Exemplo: o facto de um tesoureiro furtar algum dinheiro à empresa, é grave a ponto de impossibilitar a subsistência da relação laboral e concretizar uma justa causa de despedimento, porque implica a quebra de confiança depositada no trabalhador.

De facto, aquele comportamento consubstanciou desde logo um perigo de ocorrer, a qualquer momento uma violação, futura, de deveres laborais de isenção e honestidade que no caso de tesoureiro são fundamentais.

É legítimo para o empregador pensar que, depois daquele furto, o tesoureiro pratique outros ainda maiores ou tenha outros comportamentos semelhantes.

O mesmo já não se poderá concluir se o facto praticado pelo tesoureiro for, por exemplo, um desleixe na sua apresentação.

No entanto, se quem se apresentasse, por exemplo, com a roupa mal lavada e despenteado, fosse um trabalhador que representasse o rosto de uma grande empresa nos *mass media* e assim surgisse no cumprimento do seu dever, podia, por isso, no nosso entender, ser despedido com justa causa.

11. Pelo exposto, somos levados a concluir que *é prática e imediatamente impossível a subsistência da relação laboral quando o facto culposo praticado pelo trabalhador resulte num perigo de ocorrência da violação futura de deveres laborais.*

12. Daqui decorre, ainda, uma outra conclusão: integra a esfera jurídica do trabalhador o *dever geral de não colocar em perigo o futuro bom cumprimento do contrato de trabalho* – nascido da figura geral da boa fé no cumprimento dos contratos.

VI. A ILICITUDE DO COMPORTAMENTO DO TRABALHADOR

13. Aproveitando esta conclusão a propósito da ilicitude do comportamento do trabalhador gerador de justa causa de despedimento, consideremos, novamente, o disposto no art.º 9.º, n.º 1, da LCCT.

13.1. *Aí se fala num comportamento culposo mas nada se diz sobre a sua ilicitude.* Esta, segundo a maioria da doutrina encontra-se pressuposta, pois não existe comportamento culposo que não implique uma ilicitude. Dúvidas surgem, contudo, acerca do carácter laboral ou extralaboral desta ilicitude.

13.2. Se a lei não limita com essa qualificação de ilícito o conjunto de comportamentos integráveis na previsão do art. 9.º, n.º 1, será exactamente porque aquela qualificação não surge essencial no momento da análise do caso concreto, mas apenas depois da aplicação daquele preceito.

13.3. Se após a interpretação do caso verificarmos que um determinado comportamento do trabalhador resulta na criação de um perigo de violação futura de deveres laborais relevantes, concluímos pela aplicação do art. 9.º, n.º 1, e pela sua ilicitude, concretamente laboral.

Não obstante, podíamos ter partido de qualquer tipo de comportamento, mesmo daqueles que, em princípio, não contrariavam nenhum conjunto de leis e, por isso, não eram ilícitos.

14. Portanto, *a ilicitude presente no art. 9º., n.º 1, é laboral, exclusivamente ou não*, e, como veremos, será sempre final, tenha ou não existido uma ilicitude laboral inicial.

VII. A ILICITUDE E A VIDA PRIVADA DO TRABALHADOR

15. Como o facto culposo que consubstancia uma justa causa é definido pela lei com recurso à sua gravidade e consequências e não à sua originária ilicitude, pode ter lugar no tempo e espaço da relação laboral ou ocorrer fora do horário e local de trabalho.

15.1. *Se o facto ocorrer no seio da relação laboral*, implicará desde logo uma violação efectiva de algum dever laboral e será, pois, desde aí, ilícito – ilicitude laboral originária –, discutindo-se se essa violação efectiva, se essa ilicitude inicial colocará em perigo o futuro bom cumprimento do contrato. Se sim, cumular-se-á uma ilicitude laboral originária com uma ilicitude laboral final.

15.2. – *Se o facto for externo à relação laboral* e pertencer, por isso, à vida privada do trabalhador, assume maior relevância aquela ilicitude final.

278   *I Congresso Nacional de Direito do Trabalho*

Como não existe uma violação efectiva de um dever laboral, não encontramos, *ab initio* uma ilicitude, mas se o facto consubstanciar um perigo de violação futura de deveres laborais relevantes, concretiza uma ilicitude laboral – a final – porque foi violado o dever de assegurar o bom cumprimento futuro do contrato, possibilitando o despedimento com justa causa.

VIII. CONCLUSÃO

16. Concluímos, pois, que *qualquer comportamento do trabalhador, ocorrido dentro ou fora do horário e local de trabalho pode consubstanciar uma justa causa de despedimento, desde que seja culposo e concretize um perigo, objectivo e imediato, de uma futura violação, eminente e intensa, de certos deveres laborais, fundamentais na actividade a que o mesmo trabalhador se obrigou, independentemente de terem existido reflexos directos e efectivos na relação laboral.*

IX. LIMITAÇÕES

17. Contudo, *quando o facto culposo tem lugar no âmbito da vida privada do trabalhador*, a sua valoração para efeitos da aplicação do art. 9.º, n.º 1, terá que *ponderar e salvaguardar o equilíbrio existente entre os interesses da empresa, as legítimas expectativas do empregador e os interesses da protecção da vida privada do trabalhador*, protecção esta já cristalizada na lei e consagrada na constituição.

17.1. *Quando o facto praticado fora da relação laboral não padeça de nenhuma ilicitude*, a reserva da vida privada cresce em vigor e, em princípio, bloqueia a aplicação do art. 9.º, n.º 1.

Exemplo: um trabalhador que desempenha as funções de relações públicas de uma grande empresa, proclama nos *mass media* a sua homosexualidade.

Neste caso, em que não existe, de todo, qualquer tipo de ilicitude inicial, a protecção constitucional e legal da liberdade sexual afasta a justa causa, desde que não exista uma actuação directamente dolosa por parte do trabalhador.

17.2. *Quando o facto praticado fora da relação laboral já integra alguma ilicitude*, quando já existe uma ilicitude inicial embora extralaboral, a salvaguarda do referido equilíbrio de interesses pode revelar-

A Quebra de Conf. como Critério de Concr. da J. C. de Despedimento 279

se ténue, sobrepondo-se a força do exercício máximo do poder disciplinar à reserva da vida privada do trabalhador.

Exemplo: o caso do professor de instrução primária que pratica a pedofilia fora do local e horário de trabalho.

Aqui, a ilicitude penal grave do comportamento do trabalhador, repudia o valor da protecção da sua vida íntima.

17.3. Consideramos, ainda, que podem ocorrer situações de justa causa mesmo quando esta ilicitude inicial extralaboral não seja grave.

Tomemos, para terminar, um exemplo mais pormenorizado para aplicar a nossa exposição:

IX. APLICAÇÃO PRÁTICA: O CONTRATO DE TRABALHO DE ADVOGADO

17.4. Imaginemos a situação de um *advogado, trabalhador subordinado* – admitindo esta terminologia face ao disposto no art. 5.º, n.º 2, da LCT e ao art. 55.º do EOA – de uma grande empresa que, no exercício da sua actividade representa o empregador, negociando e celebrando contratos fundamentais e milionários.

17.5. Imaginemos, ainda, que esse *advogado é consumidor de heroína* e reincidente há muitos anos, sem nunca se ter revelado junto da empresa, o que lhe era facilitado, obviamente, pelo facto de trabalhar sozinho e no seu gabinete ou fora da empresa, sem qualquer poder de controlo dada a sua acentuada especialização e elevadas autonomias técnica e deontológica, restringindo-se a sua subordinação a um mínimo indetectável.

17.6. *Perante a descoberta, através de meios lícitos, desta história, o empregador, receia que*, a qualquer momento, o seu advogado trabalhador cometa falhas na negociação, elaboração e celebração de contratos tão cruciais para a vida da empresa, se deixe enredar pelo brilho do vil metal que alimenta o seu vício esfomeado, afecte a boa imagem da empresa perante os clientes e viole, afinal, quase todos os seus deveres laborais secundários e acessórios.

17.7. De facto, *este receio é compreensível* pois o empregador não tem garantias, pelo contrário, de que o advogado se consiga conter como até agora, por aquilo que lhe foi dado a conhecer, podendo, a qualquer momento, colocar em causa valores empresariais muito graves.

280   *I Congresso Nacional de Direito do Trabalho*

17.8. Em conclusão, entendemos que neste caso *existe justa causa para despedir.*
Senão, vejamos:

a) o comportamento do advogado trabalhador é culposo,
b) ocorre fora do local e tempo de trabalho (pertencendo, pois, à sua vida privada),
c) não se reflecte directa e efectivamente no seio da relação laboral,
d) padece de uma ilicitude originária apenas extralaboral e não muito grave,
e) consubstancia um perigo, objectivo e imediato,
f) de violação, iminente e intensa,
g) dos deveres de honestidade, probidade, independência, imparcialidade, liberdade, isenção, rectidão, nobreza de carácter e dignidade profissional, definidores da actividade de advocacia.

Isto, sem queremos abordar directamente a questão relacionada com a integração dos deveres constantes do EAO na esfera jurídica passiva do advogado trabalhador [1].

***

Peço, terminando a minha comunicação, que relevem a velocidade do meu discurso condicionado pelo reduzido tempo que cabe a cada congressista e que eu, certamente, já excedi.
Muito obrigada pela Vossa atenção.

---

[1] Para maiores desenvolvimentos sobre o contrato de trabalho de advogado, cfr. o nosso trabalho escrito final de estágio de advocacia – "O Exercício Subordinado da Advocacia" –, a publicar brevemente, que sintetizou, unicamente na perspectiva do direito português, o nosso entendimento sobre a qualificação do contrato de trabalho e a sua distinção do contrato de prestação de serviços, já exposto no artigo – "Contrato de Trabalho: elementos distintivos face ao contrato de prestação de serviços (uma perspectiva luso-guiniense)", *Boletim da Faculdade de Direito de Bissau*, Ed. da FDB, Bissau, Junho 1995, p. 123 a 316.

GRUPOS DE EMPRESAS E RELAÇÕES LABORAIS
Breve introdução ao tema

Abel Ferreira

*Assistente da Faculdade de Direito de Lisboa
e do Instituto Superior de Gestão
Advogado*

GRUPOS DE EMPRESAS E RELAÇÕES LABORAIS

Breve introdução ao tema

ABEL FERREIRA

Advogado
Assistente da Faculdade de Direito de
Lisboa e do Instituto Superior de Gestão

Senhor Presidente e demais ilustres membros da mesa,

Minhas Senhoras e Meus Senhores,
Caros Colegas,

A todos cumprimento e dirijo as minhas cordiais saudações, iniciando esta intervenção, necessariamente breve, com o agradecimento devido à Organização e, muito em particular, ao Senhor Dr. António Moreira, por me terem concedido a oportunidade de suscitar perante este Congresso um tema que, ao menos directa e expressamente, não se encontrava incluído no respectivo programa, mas que, a meu ver, constitui uma das mais importantes e condicionantes problemáticas com que se defronta o novo Direito do trabalho: refiro-me, e é esse o meu tema, à perturbação causada nas relações laborais, individuais e colectivas, pelo advento do novo sujeito laboral que é o grupo de empresas.

1. INTRODUÇÃO

A evolução recente da economia, assente em fenómenos de globalização, terciarização e liberalização dos movimentos de pessoas e capitais, concretizados através da crescente internacionalização e interdependência dos mercados, colocou em evidência as dificuldades da empresa independente como base de constituição e estruturação legal do novo sistema económico.

Confrontadas com imperativos de diversificação e expansão, e face à insuficiência e aos efeitos contraproducentes do recurso ao crescimento interno, as empresas societárias adoptam hoje uma estratégia de expansão externa, com recurso a instrumentos de controlo e de cooperação inter-empresarial, assim se operando a passagem de uma era dita *atomística* para uma era *molecular* da organização económica empresarial, caracterizada por permanentes processos de renovação e reestruturação das empresas.

Neste contexto, o grupo de empresas, numa abordagem simples definido como o conjunto de empresas, juridicamente autónomas, subordinadas a uma direcção unitária com vista à realização de finalidades comuns, tem vindo a assumir o protagonismo, pacificamente reconhecido e exponencialmente crescente, do sistema económico vigente.

O grupo de empresas interessa ao Direito do trabalho enquanto **situação de facto** susceptível de alterar os termos do enquadramento legal das relações laborais, na exacta medida em que, originando uma transferência do poder económico, da esfera jurídica onde residem os direitos e obrigações próprios da posição do empregador, para o nível exterior e superior do grupo, a interferência do grupo provoca uma discrepância entre o centro de imputação formal dos direitos e deveres na situação jurídica laboral e o centro de decisão material da actividade empresarial, ou seja, entre a titularidade aparente do poder jurídico e a efectiva autonomia económica do quadro empresarial de concretização da relação laboral, com a consequente alteração do quadro de exercícios dos direitos dos trabalhadores.

Em resultado desta desarticulação entre as novas estruturas económicas de organização e os quadros tradicionais da estruturação jurídico--empresarial, a emergência do grupo de empresas apresenta-se como um factor de crise que condiciona a ordem jurídica na sua globalidade, originando muito especiais dificuldades nos ramos do Direito cuja dogmática se construiu à volta do modelo secular da empresa independente como é, manifestamente, o caso do Direito do trabalho.

Procurando sistematizar as perturbações que a presença dos grupos de empresas causam nas situações jurídicas laborais, podem identificar--se três grandes áreas de estudo: a determinação do empregador no

Grupos de Empresas e Relações Laborais   285

âmbito do grupo, a mobilidade dos trabalhadores na organização pluriempresarial, e a relevância dos grupos na configuração das relações colectivas de trabalho.

2. SITUAÇÃO ACTUAL

Entre nós, a abordagem do tema, tanto no plano dogmático como numa vertente mais pragmática, tem sido prejudicada pela ausência de fontes jurídico-positivas, e pela escassez de elementos jurisprudenciais e doutrinários.

Concretizando,

• No plano legislativo, a única referência identificada como susceptível de fundar uma específica temática laboral dos grupos de empresas é a figura da **cedência ocasional de trabalhadores** regulada, com muito duvidosa razoabilidade sistemática, no Decreto-Lei n.° 358/89, de 17 de Outubro (diploma conhecido como Lei do Trabalho Temporário). Julgamos, contudo que a estruturação jurídica da matéria, que a partir daí poderia ter sido possível resultou gorada face a uma disciplina legal a que faltou a profundidade científica e a qualidade técnica que a complexidade do tema justificava.

Ainda no plano legal, aguarda-se a transposição da Directiva 94//45/CE, do Conselho, de 22 de Setembro de 1994, relativa à instituição de um conselho de empresa europeu ou de um procedimento de informação e consulta dos trabalhadores nas empresas ou grupos de empresas de dimensão comunitária, a qual merece uma rápida referência.

Isto porque a relevância prática da transposição da Directiva se anuncia, no caso português, muito limitada.

Na verdade, a instituição, a nível comunitário, do novo regime, apenas beneficiará os trabalhadores vinculados a empresas ou grupos de dimensão comunitária; e aqui é que se coloca o problema, pois, os critérios instituídos para efeitos da determinação da «dimensão comunitária» parecem demasiado exigentes para a realidade portuguesa.

Precisando melhor esta ideia, cumpre recordar que a «dimensão comunitária» exigida para a criação dos conselhos de empresa europeus ou, em alternativa, para a instituição de procedimentos de informação e consulta, corresponde à dimensão do efectivo de trabalhadores da empresa ou do grupo.

Para serem consideradas de dimensão comunitária as empresas deverão empregar, no mínimo, 1000 trabalhadores no conjunto dos

Estados-membros e, pelo menos, 150 trabalhadores em cada um de dois Estados diferentes. Os requisitos aplicam-se cumulativamente, pelo que as empresas portuguesas com mais de 1000 trabalhadores mas com actividade exclusiva no território nacional, bem como qualquer empresa nacional que tenha também estabelecimentos no exterior do país mas cujo número de trabalhadores não atinja ou o total de 1000 ou os 150 em, pelo menos, dois dos Estados-membros em que se encontra estabelecida, não são empresas de dimensão comunitária para o efeito do diploma em análise.

Quanto aos grupos de empresas de dimensão comunitária, eles só serão assim qualificados desde que empreguem no mínimo, 1000 trabalhadores no conjunto dos Estados-membros e integrem, pelo menos, duas empresas com origem em Estados-membros, além disso, empregando cada uma delas, no mínimo, 150 trabalhadores.

Perante este quadro, é notório que o número de empresas e de grupos de empresas portugueses susceptíveis de serem qualificados como de «dimensão comunitária» é extremamente reduzido, podendo afirmar-se, com alguma segurança, que, salvo raras excepções, no plano nacional apenas estarão em condições de beneficiar deste regime os trabalhadores portugueses integrados em empresas que sejam membros de grupos de dimensão comunitária, ou integrados em estabelecimentos nacionais de empresas estrangeiras de dimensão comunitária.

• No tocante à jurisprudência sobre o tema, ela é escassa, facto a que não será alheia a circunstância de também o advento dos grupos de empresas constituir, entre nós, uma realidade recente. Na nossa pesquisa identificámos quatro acórdãos emitidos pelo Supremo Tribunal de Justiça (datados, respectivamente de 28 de Novembro de 1990, 13 de Novembro de 1991, 11 de Novembro de 1992 e 2 de Dezembro de 1992) e dois acórdãos da Relação de Lisboa (de 24 de Outubro de 1984 e de 15 de Janeiro de 1992), sem prejuízo da existência de outras decisões jurisprudenciais que, de passagem ou de modo superficial, sobrevoam o tema.

• É, portanto, na doutrina que se encontram as referências mais importantes, necessariamente breves nos manuais universitários que versam o tema e mais extensas em alguns artigos publicados em revistas da especialidade.

Grupos de Empresas e Relações Laborais 287

3. CONCEITOS DE EMPRESA E DE GRUPO DE EMPRESAS

Antes de alinharmos algumas propostas de soluções para os problemas práticos em causa, justificam-se duas prévias considerações metodológicas.

a.

Como é sabido, o fenómeno do trabalho subordinado não se esgota na sua concretização em ambiente empresarial. Porém, além de ser esse o quadro de perfeita adequação de boa parte dos seus dispositivos, na abordagem da temática dos grupos, o enquadramento empresarial é, naturalmente, o único relevante.

Ora, a perspectiva juslaboral da empresa não pode limitar-se à sua identificação como sujeito de direito, aliás impossibilitada pela falta de coincidência entre a noção de empresa e de empregador, ou à sua concepção como objecto de direito, de insuficiente valor explicativo para operar neste domínio.

A empresa, noção económica, constitui o quadro de realização da prestação laboral, ou seja, o quadro de celebração, execução e extinção da situação jurídica laboral; a empresa na qual existem trabalhadores, e apenas essa, apresenta relevância para o Direito do trabalho, na mesma medida em que a existência do trabalhador constitui o cerne de toda a regulamentação e da própria autonomia do Direito do trabalho.

É, pois, indispensável situarmos a categoria jurídica **empresa** nesse contexto, o que passa, em especial, pela sua delimitação em confronto com o conceito de *empregador.*

Enquadrada a empresa como categoria-cenário do desenvolvimento da relação laboral, o passo lógico seguinte consistirá na identificação de um conceito de grupo de empresas, operativo e actuante, em sede jurídico-laboral.

b.

Para além da societária, outras formas de organização empresarial podem aparecer como quadro de desenvolvimento da relação laboral. Contudo, o facto de a sociedade comercial constituir, indubitavelmente, a mais usada das técnicas de organização da empresa (a chamada empresa societária), acrescido da circunstância de o nosso Código das Sociedades Comerciais possuir regulamentação específica relativa à

288 *I Congresso Nacional de Direito do Trabalho*

disciplina dos grupos de sociedades, obriga a que qualquer análise da matéria se inicie por aí.

O regime legal dos grupos de sociedades, encontra-se, contudo, sujeito a várias limitações, especialmente quanto ao seu âmbito de aplicação pessoal e espacial. Ora, as finalidades materiais e os valores prosseguidos pelo Direito do trabalho são incompatíveis com tais limitações: a tutela do trabalhador deve ser prosseguida, com indiferença quanto à forma jurídica revestida pelo empregador.

Além disso, não pode ignorar-se o advento de formas de cooperação entre as empresas, em muitos casos mera cooperação horizontal sem perda de independência (por exemplo, através do recurso a técnicas contratuais de direito comum), em que, existindo um conjunto económico actuando sob uma direcção comum, os fenómenos em causa não são conciliáveis com os esquemas societários.

Em qualquer caso, incluindo nas formas mais intensas de integração societária, o reconhecimento da unidade económica do grupo não contende com a manutenção da autonomia jurídica das empresas que o compõem.

Vigora, pois, um princípio geral de independência jurídica e a existência de um traço comum às várias manifestações da associação empresarial, precisamente a manutenção da personalidade jurídica das empresas abrangidas, não esconde a multiplicidade das características e modos de manifestação exterior que podem apresentar os inúmeros tipos intermédios situados entre os dois extremos possíveis da organização interempresarial (a saber, integração societária com domínio total e associação de facto concretizada através da instituição de órgãos de decisão de natureza informal).

4. SOLUÇÕES

a.

Num plano mais prático, o primeiro problema originado pelo grupo é o da determinação do empregador.

Apoiado numa autonomização, ao menos sistemática, resultante da possibilidade de ordenar normas e princípios em função do trabalho subordinado, o Direito laboral caracteriza-se, entre outros elementos diferenciadores, pela classificação das pessoas intervenientes no contrato de trabalho com recurso a critérios técnicojurídicos: partes na relação de trabalho subordinado são o *trabalhador* e o *empregador.*

Grupos de Empresas e Relações Laborais 289

Constituindo o contrato de trabalho o facto gerador da situação jurídica laboral, e residindo o traço caracterizador desse tipo contratual na circunstância de a actividade do trabalhador ser prestada subordinadamente, o empregador é, precisamente, a entidade sob cujo poder de direcção o trabalhador presta a sua actividade hetero-determinada.

No caso dos grupos, a já apurada dissociação entre a realidade factual e a realidade normativa põe em causa a tutela do trabalhador perante a pessoa juslaboral sob cuja direcção e autoridade ele deve actuar.

Como determinar o empregador?

A anunciada falência do modelo clássico, ao nível das relações industriais, não significa, ao menos no médio prazo, a evolução para um modo distinto na forma de conceber o trabalho subordinado, ainda profundamente enraizada na cultura jurídica continental. A conhecida função caracterizadora da subordinação jurídica não está, para já, em causa, ainda que se antevejam desejáveis alterações no seu conteúdo, com o sucessivo alargamento a novas situações de dependência económica.

Assim, no estado actual do Direito do trabalho, e no plano da determinação do empregador, sempre que a lei não indique expressamente noutro sentido, a subordinação jurídica continua a constituir o único critério disponível de averiguação da existência da relação de trabalho para efeitos da aplicação da legislação laboral. Na própria perspectiva da actuação da empresa, para recordar um aspecto muitas vezes insuficientemente enfatizado, apenas a subordinação jurídica do trabalhador permite a hetero-determinação da sua prestação, não apenas em termos de resultado mas de actividade.

O grupo, não tendo personalidade jurídica, não pode ser parte no contrato de trabalho. As várias empresas do grupo, quando não tenham exercido, directa ou indirectamente, qualquer autoridade sobre o trabalhador em causa, não são empregadores. A empresa dominante, na medida em que entre ela e o trabalhador não exista vínculo de subordinação jurídica, não é a empregadora.

Entidades empregadoras são as empresas do grupo que, constituindo entidades juridicamente autónomas, exerçam um efectivo poder de direcção sobre o trabalhador, não relevando nesta matéria os laços económicos existentes entre as empresas do grupo pois estes não prevalecem sobre a situação jurídica laboral existente.

290   *I Congresso Nacional de Direito do Trabalho*

É certo que o grupo de empresas pode suscitar possíveis situações de confusão, nas quais não seja possível distinguir, de entre vários sujeitos possíveis, o empregador. Mas nada impede que se admita que o trabalhador preste a sua actividade a vários empregadores, autonomamente considerados: o trabalhador pode ser parte em tantas relações de trabalho quantos os contratos celebrados ou encontrar-se vinculado, por um único contrato, a uma pluralidade de entidades juridicamente autónomas. Em qualquer dos casos, o critério de determinação mantém-se: existirá empregador onde se identificar subordinação jurídica.

Quando for caso disso, e assim resultar da vontade das partes, a pluralidade dos vínculos jurídicos ou materiais estabelecidos pelo trabalhador originam situações de responsabilidade solidária; a aceitação desta, por sua vez, implica, naturalmente, a aceitação da diversidade jurídica das empresas envolvidas.

Em conclusão, rejeitam-se os critérios de natureza económica, exclusivamente baseados nas ligações que se estabeleçam entre empresas e não na relação material de hetero-determinação que sempre tem de existir entre empregador e trabalhador.

A questão não fica encerrada. O controlo exercido pela empresa dominante sobre a entidade empregadora imediata pode ser de tal modo intenso que retire a esta qualquer espaço de autonomia na direcção e gestão dos seus recursos humanos.

Este problema, acabámos de o referir, não pode resolver-se pela transformação do conjunto de entidades juridicamente independentes num novo sujeito de direito. Mas existem outras vias de solução. A boa-fé está sempre presente nos quadros de raciocínio do intérprete. Ela pode justificar a intervenção da figura do levantamento da personalidade jurídica, não como princípio de actuação automática mas como modo de repor a justiça quando as soluções anteriores não o tenham conseguido e exista efectiva frustração das expectativas ou da materialidade subjacente.

Na base do levantamento da personalidade jurídica encontra-se o exercício de uma faculdade ou a omissão de um acto destinados a provocar um resultado contrário ao pretendido pela lei. No limite, trata-se de um incumprimento do contrato de trabalho. O seu espaço natural é o espaço da lacuna de previsão: a situação patológica não foi prevista. Porém, esse comportamento, que prescinde da intenção do seu autor, não pode existir quando ele age nos exactos termos da previsão legal.

Grupos de Empresas e Relações Laborais 291

No que toca aos grupos de sociedades de direito, a maior parte das situações potencialmente abusivas correspondem a actuações da permissão legal, não permitindo o recurso à figura. No plano dos grupos de facto, mercê dos requisitos da aplicação da figura e da arquitectura da organização empresarial, o levantamento da personalidade jurídica revela-se pouco eficaz.

As possibilidades de aplicação do levantamento da personalidade jurídica apresentam-se muito limitadas. Porém, apesar das dificuldades pressentidas, o instituto do levantamento da personalidade jurídica, que exprime a reacção do sistema às situações de disfuncionalidade no exercício de posições jurídicas, contribuindo para a reconstituição dos seus vectores básicos, deve ser mantido como um mecanismo útil apto a reagir a situações de abuso especialmente intensas.

A necessária distinção entre as noções de entidade empregadora e empresa dará conteúdo operativo a ambas. Por sua vez, a rejeição das teses da identidade unitária do grupo não representam uma negação da unidade económica que a figura, de facto e na maior parte dos casos, representa.

Das premissas enunciadas decorre que existem determinadas situações cujos efeitos jurídicos são consequência de uma prévia análise de índole económica: é o caso, a título exemplificativo, da cessação do contrato na sequência de despedimento colectivo ou extinção de postos de trabalho. A análise dessas situações deve realizar-se com referência ao quadro empresarial correspondente à globalidade do grupo de empresas, unidade económica, tomando em consideração não apenas o momento da cessação do contrato de trabalho mas igualmente as posteriores alterações na estrutura e organização do grupo.

b.

A mobilidade dos trabalhadores é uma situação normal no interior dos grupos. De uma perspectiva jurídica, e em abstracto, a prestação de trabalho, de forma sucessiva, em várias empresas do grupo, pode corresponder a um desenvolvimento do próprio objecto do contrato de trabalho, significar uma suspensão da prestação laboral ou representar a sua novação.

No regime jurídico vigente, a situação de mobilidade no grupo de empresas, ou seja, a situação do trabalhador que, desempenhando a mesma actividade, no mesmo quadro juslaboral, passa a trabalhar sobre o poder de direcção de entidade diferente do seu empregador, ainda

292   *I Congresso Nacional de Direito do Trabalho*

que mantendo-se ligado pelo vínculo contratual anterior, cabe na previsão legal do regime da cedência ocasional.

A entidade empregadora e o trabalhador não ficam impedidos de recorrer aos mecanismos jurídicos de suspensão da prestação laboral ou à novação do contrato de trabalho; simplesmente, fora dessas situações, que hão-de ser objecto de diligências probatórias especialmente fortes, a mudança só pode realizar-se nos estritos termos do regime jurídico da cedência ocasional.

Por fim, o grupo constitui um ambiente propício ao desenvolvimento das relações colectivas de trabalho mas, simultaneamente, gerador de particulares dificuldades e significativos problemas em sede de tutela colectiva dos trabalhadores.

As questões suscitadas, extremamente diversificadas na sua casuística, podem reconduzir-se a dois pontos essenciais: a representação dos trabalhadores e a contratação colectiva das relações de trabalho no âmbito do grupo.

No domínio do primeiro, admite-se a possibilidade de criação de comissões coordenadoras ao nível do grupo, porém, insuficientemente dotadas para darem uma resposta eficaz à questão da ruptura do diálogo entre os trabalhadores e a instância central de decisão do grupo. Como alternativa, propõe-se a criação de uma nova estrutura, expressamente instituída com o objectivo de permitir a participação dos trabalhadores nos processos (económicos e sociais) que se desenvolvem no grupo, com um estatuto legal aproximado do das comissões de trabalhadores, acrescentando-se a possibilidade, que julgamos indispensável de participar na contratação colectiva.

Nessa matéria, precisamente, e sem prejuízo da possibilidade efectiva de se recorrer a algum dos instrumentos legalmente previstos, a forma mais simples e adequada de regulamentação colectiva no domínio dos grupos parece consistir na celebração de acordos colectivos.

5. CONCLUSÃO

Como facilmente se compreende, a importância da temática em apreciação ultrapassa o mero plano teórico.

DIA 21 DE NOVEMBRO DE 1997
14,30 horas

TEMA IV

"IGUALDADE, PRECARIEDADE E ESTABILIDADE NAS RELAÇÕES LABORAIS. O TRABALHO DAS MULHERES"

Presidência
Dr.ª Maria do Céu da Cunha Rêgo,
presidente da CITE.

Prelectores
Dr.ª Manuela Campino,
Advogada;
Prof. Doutor Júlio Gomes,
da Universidade Católica;
Prof.ª Dr.ª Maria Regina Redinha,
da Faculdade de Direito da Universidade do Porto;
Prof. Dr. Vitor Ferraz,
da Universidade Portucalense e Advogado.

IGUALDADE, PRECARIEDADE E ESTABILIDADE NAS RELAÇÕES LABORAIS. O TRABALHO DAS MULHERES

Maria do Céu da Cunha Rêgo

Presidente da Comissão para a Igualdade no Trabalho e no Emprego

IGUALDADE, PRECARIEDADE E ESTABILIDADE NAS RELAÇÕES LABORAIS. O TRABALHO DAS MULHERES

MARIA DO CÉU DA CUNHA RÊGO
Presidente da Comissão para a Igualdade no Trabalho e no Emprego

Felicito a organização pela inclusão do tema da igualdade de oportunidades entre homens e mulheres, num Congresso sobre Direito do Trabalho. É uma perspectiva que não tem sido objecto de particular aprofundamento por parte da doutrina nem da jurisprudência.

E no entanto, muito carece esta matéria do olhar atento e interessado dos juristas.

Não por falta de lei. Existe lei nacional, direito comunitário, convenções multilaterais, da ONU, da OIT, do Conselho da Europa. Normas que consagram direitos ou recomendam boas práticas, que muitos desconhecem ou conhecendo ignoram.

Mas normas que ainda não conseguiram evitar que os indicadores do modo como se exerce um dos direitos humanos, o direito ao trabalho, deixassem de ser persistentemente desfavoráveis às mulheres. As mulheres têm um grau de participação menor no mercado de trabalho, mais desemprego e durante mais tempo, mais precaridade, mais segregação – por vezes até patente nos instrumentos de contratação colectiva – ganhos médios sempre inferiores – tanto por categorias profissionais como por sectores – menos acesso à formação profissional, mais dificuldades na progressão na carreira, estão sub-representadas nos postos de chefia. Não falo já dos indicadores sobre o uso do tempo e a remuneração deste.

Muito de tudo isto, apesar da evolução que se tem verificado, e da demonstração frequente da eficácia e qualidade com que muitos homens e muitas mulheres desempenham tarefas quer na esfera privada, quer na esfera pública, radica nas persistentes concepções tradicionais de distribuição de trabalho entre os sexos. Dos homens se espera que sustentem; das mulheres se espera que cuidem.

Reconheceu o direito que não tinha sentido limitar a liberdade dos seres humanos e confiná-los em mundos herméticos. Os seres humanos, que são, ou homens ou mulheres, têm direito ao trabalho, e à família, e ao lazer, e à participação social, em igualdade. Qualquer entrave externo à concretização de um destes aspectos é limitador e é injusto.

Com homens e mulheres que participem activamente nas várias dimensões da vida, ganham eles próprios, as suas famílias e as sociedades. A qualidade global só pode melhorar com a utilização de todo o potencial humano, qualquer que seja o campo em que se expanda.

Mas a realidade ainda se sobrepõe ao que o direito reconheceu e parece uma evidência.

No acesso ao mercado de trabalho, os homens e as mulheres, só por que o são e independentemente das suas características profissionais ou pessoais, encontram-se com ideias feitas geradoras de obstáculos sérios à sã concorrência: se é homem, confia-se na disponibilidade; se é mulher, teme-se a maternidade. E em grande parte em função disto se contrata, se retribui e se valoriza ou desvaloriza, o trabalho de uns e de outras.

O facto de a larga maioria de processos que têm vindo a ser objecto de parecer da CITE decorrer de maternidade, só vem ilustrar quanto precede.

A Comissão para a Igualdade no Trabalho e no Emprego, conhecida por CITE, é uma entidade que reúne a Administração e os Parceiros Sociais no objectivo comum e ambicioso de divulgar e promover a aplicação do direito nacional e comunitário, de concretizar convenções e compromissos internacionais, de dar seguimento ao Acordo de Concertação Estratégica, e de propôr medidas de diversa natureza, para que a igualdade de oportunidades entre homens e mulheres relativamente a emprego, formação profissional e trabalho, seja um facto no quotidiano das empresas e na qualidade de vida das pessoas e das famílias.

Igualdade, Precariedade e Estabilidade nas Relações Laborais   299

Trata-se de combater a discriminação até que o senso comum a reconheça como injusta e objectivamente inibidora do pleno aproveitamento dos recursos, da sustentabilidade social e do desenvolvimento humano.

Neste combate, os Estados, e os cidadãos e cidadãs, bem como as suas organizações têm papéis a desempenhar.

Passos significativos têm vindo a ser dados nos últimos anos:

Os Estados-membros das Nações Unidas aprovaram em Pequim, em 1995, na IV Conferência Mundial sobre as Mulheres, uma Declaração e um Plano de Acção que reforçam compromissos anteriores e sublinham a importância do cumprimento dos direitos humanos no que respeita às mulheres.

Em finais de 1995, o Conselho da União Eropeia decidiu criar o IV Programa de Acção Comunitária a médio Prazo para a Igualdade de Oportunidades entre Mulheres e Homens (1996-2000), no qual se preconiza interacção e parceria a todos os níveis, nacional, regional e local, em todos os domínios, para integrar a dimensão da Igualdade de Oportunidades no processo de preparação, desenvolvimento e acompanhamento de todas as políticas relevantes, nacionais ou comunitárias, e no qual se defende que a maior presença das mulheres nos orgãos de decisão propiciará uma renovação de valores, ideias e estilos de comportamento, benéficos para a sociedade como um todo, e contribuirá para que se alcance a paridade na representação.

No mesmo ano, Ministras dos Estados-membros da União Europeia subscreveram a designada Carta de Roma, que considera necessária uma igual participação das mulheres na tomada de decisão nas estruturas económicas, sociais e culturais.

Em 1997, os Estados-membros da União Europeia reforçaram a dimensão da igualdade de oportunidades no Tratado de Amsterdão, e incluiram-na no debate da Cimeira do Emprego, que hoje tem lugar no Luxemburgo, como uma das quatro linhas directrizes para as políticas de emprego até 1998, visando combater a discriminação entre homens e mulheres, conciliar a vida profissional e familiar e facilitar a reintegração na vida activa.

No que respeita a Portugal, o Conselho de Ministros, através da Resolução n.º 49/97, publicada em 24 de Março último, aprovou um Plano Global para a Igualdade de Oportunidades, com forte incidência na área do emprego, da formação profissional e do trabalho.

300   *I Congresso Nacional de Direito do Trabalho*

O Ministério para a Qualificação e o Emprego, designadamente dando cumprimento àquele Plano, tem presente a dimensão da igualdade de oportunidades nas políticas que executa, e inclui acções positivas em diversas medidas de emprego e formação que promove [1].

Há uma lei nova sobre esta matéria, a Lei n.º 105/97, de 13 de Setembro, que, para além da generalização da inversão do ónus da

---

[1] As *medidas de política activa de emprego* destinam-se indistintamente a ambos os sexos, havendo medidas de acção positiva dirigidas a mulheres:

Criação de empregos

1.1 *Programas ILE – Iniciativas Locais de Emprego, CPC - Conservação do Património Cultural, ACPF – Apoio à Criação do Próprio Emprego e CPE – Criação do Próprio Emprego por Desempregados* – Subsídios majorados em 20%, quando o capital social seja pelo menos de 50% das promotoras, que também têm que participar directamente na gestão da empresa.

1.2 *Regime de incentivos às Microempresas –*

Programas das Iniciativas de Desenvolvimento Local – subsídio para a criação de emprego majorado em 20% quando os postos de trabalho são preenchidos por mulheres.

1.3 *Regime de incentivos à contratação* – prémio pecuniário suplementar de 20% a cada posto de trabalho preenchido por mulheres em profissões ou áreas onde estão subrepresentadas, nomeadamente, na área de novas tecnologias ou postos de chefia.

Formação/Emprego

As entidades enquadradoras dos programas de formação/emprego (DN n.º 52/ /93, de 8-4), que integrem mulheres em profissões onde estas estejam subrepresentadas, ficam isentas de qualquer compartição da bolsa de formação.

III – *Plano Global*

Obj. 1 - 3 – O tema "igualdade de oportunidades" foi considerado como critério de selecção dos projectos de formação profissional a co-financiar pelo FSE.

Obj. 1 - 4 – A maior parte da produção estatística e os estudos da responsabilidade do MQE procuram considerar a desagregação da variável sexo.

Plano Global

Obj. 1 - 3 – O tema "igualdade de oportunidades" foi considerado como critério de selecção dos projectos de formação profissional a co-financiar pelo FSE.

Obj. 1 - 4 – A maior parte da produção estatística e os estudos da responsabilidade do MQE procuram considerar a desagregação da variável sexo, nas três vertentes: "Emprego e Formação Profissional", "Rendimentos" e "Condições de Trabalho", sempre que possível e os dados se encontrem disponíveis.

Quanto ao FSE, a estrutura de relatórios de avaliação proposta aos gestores dos Programas Operacionais contempla um capítulo específico sobre igualdade de oportunidades.

Quanto ao FSE, a estrutura de relatórios de avaliação proposta aos gestores dos Programas Operacionais contempla um capítulo específico sobre igualdade de oportunidades.

Igualdade, Precariedade e Estabilidade nas Relações Laborais   301

prova e a fixação legal do conceito de discriminação indirecta, atribuiu à CITE novas funções que se espera possam contribuir para um maior diálogo entre esta e os tribunais.

Com efeito, embora art. 15.º n.º 1 do Decreto-Lei n.º 392/79, de 20 de Setembro, já conferisse ao juíz da causa a possibilidade de desencadear pareceres da CITE em matéria de igualdade no trabalho e no emprego – o que não tem sido concretizado, mas se considera do maior interesse que o possa vir a ser – o art. 14.º da lei nova prevê, por um lado, que todas as decisões sejam enviadas, para registo, à Comissão, e por outro lado, que, no decurso de qualquer processo baseado na violação do direito à igualdade de tratamento, o julgador solicite oficiosamente à CITE informação sobre o registo de qualquer decisão já transitada em julgado.

Este intercâmbio de perspectivas entre o poder judicial e o orgão de representação tripartida que é a Comissão, afigura-se um instrumento muito promissor para o tão necessário aprofundamento do direito na área da igualdade de oportunidades no trabalho e no emprego.

Permito-me ainda encorajar esta cooperação, que gostaria que constituísse um resultado concreto deste Congresso para a área da igualdade de oportunidades.

No que respeita às empresas, cada vez é maior o número dos que concordam que a adopção de políticas internas de igualdade de oportunidades na gestão dos recursos humanos, é factor de modernidade, de melhoria de ambiente, de prestígio e de progresso. Isso sim constitui vantagem comparativa susceptível de aumentar a competitividade. Os custos da publicidade negativa que a discriminação induz não poderão ser negligenciados pelos empresários nem pelos gestores das empresas.

Importa ter presente que nos termos do artigo 18.º da Constituição, os preceitos relativos a direitos, liberdades e garantias são directamente aplicáveis e vinculam as entidades públicas e privadas. A aplicação a todas as entidades públicas e privadas das normas que garantem o direito à igualdade de tratamento no trabalho e no emprego, é, aliás, reiterada pelo artigo 1.º da Lei n.º 105/97, de 13 de Setembro.

Ainda ontem, neste Congresso, nos foi recordado o papel dos juristas na defesa dos direitos fundamentais dos trabalhadores. E das trabalhadoras, presume-se. Mais nos foi dito, que haveríamos de estar atentos às tentativas de abuso de direito e à fraude à lei neste domínio.

No que me respeita, gostaria de sublinhar junto dos juristas, em geral, e em particular, dos magistrados, dos docentes de Direito de

302   *I Congresso Nacional de Direito do Trabalho*

Trabalho, dos advogados, e, juristas ou não, junto dos empresários, dos gestores, dos funcionários da Administração Pública, dos técnicos de recursos humanos, a importância de uma atenção redobrada quando sejam mulheres trabalhadoras as destinatárias das medidas. E de uma vigilância ainda acrescida sempre que se trate de estrangeiras, de imigrantes ou como tal percepcionadas. A universalidade dos direitos humanos é timbre das democracias, e é matéria de ordem pública em Portugal.

Mas igualdade de oportunidades é também visibilidade e presença actuante.

É a aplicação do direito que o torna vivo e útil, que melhora as práticas e os comportamentos.

Daí que o conhecimento, a reflexão e o estudo sobre o direito da igualdade de oportunidades no trabalho e no emprego, por parte dos interessados e de todos os agentes neste campo, se entenda fundamental.

Seria muito positivo para o aperfeiçoamento da cidadania, porque é disso que afinal se trata, que esta área pudesse ser abordada nos diversos Manuais de Direito do Trabalho, integrar a formação de base ou de especialização dos juristas e constar, com elaboração científica, das obras da especialidade.

A título de exemplo das especificidades que implica, agora no que se refere às consequências do reconhecimento de que a maternidade e a paternidade constituem valores sociais eminentes, sublinho o regime da cessação do contrato de trabalho das trabalhadoras grávidas ou nos primeiros tempos após o parto, que se presume feito sem justa causa, em conformidade com o artigo 18.º-A da Lei n.º 4 /84, de 5 de Abril, e em que o parecer favorável da CITE é sempre exigido para que a legalidade seja respeitada[2].

Espero que a partir do Congresso mais profissionais possam agir contra a discriminação directa ou indirecta, evidente ou subtil, primária ou elaborada, tanto no que respeita ao direito ao trabalho por parte das mulheres, como no que se refere ao direito à família por parte dos homens. Por que os dois aspectos são, como todos sabemos, indissociáveis e reciprocamente condicionadores.

Aguardemos pois o que, neste domínio, nos reservam as novas formas de organização do trabalho. Mas contemos primeiro connosco para promover a construção social da igualdade.

---

[2] Cfr. disposições conjugadas do art. 18.º-A n.º 1 da Lei n.º 4/84, de 5 de Abril, e do art. 12.º de DL n.º 64-A/89, de 27 de Fevereiro.

IGUALDADE, PRECARIEDADE E ESTABILIDADE NAS RELAÇÕES LABORAIS. O TRABALHO DAS MULHERES

Manuela Campino

Advogada

IGUALDADE, PRECARIEDADE E ESTABILIDADE NAS RELAÇÕES LABORAIS. O TRABALHO DAS MULHERES

Ex.ma Presidência da Mesa,
Ex.mos Prelectores
Ex.mos e Ex.mas Congressistas

I. INTRODUÇÃO

Agradeço à organizaçao deste Congresso e muito particularmente ao Senhor Prof. Dr. António Moreira, o facto de me ter convidado para participar neste Congresso.

Pretendo, também, realçar a importância que tem, abrir um "espaço" todo ele dedicado à igualdade de oportunidades entre Mulheres e Homens, relacionando-o com a precariedade e com a estabilidade das relaçoes laborais e por fim dar uma atenção especial ao trabalho das mulheres.

É um tema presente na preocupaçao dos governos, dos parceiros sociais, dos "media" e da opinião pública, quer a nível nacional, comunitário e internacional.

A nível nacional, tem-se ultrapassado, nestes últimos anos, muitas barreiras, existindo actualmente a nível do ensino, da investigação, da prática jus laboral e em muitas outras áreas, um verdadeiro empenhamento em promover as questões da igualdade de oportunidades.

A nível comunitário pretende-se, no futuro próximo, criar iniciativas conjuntas, devidamente coordenadas, no sentido de recomendar aos estados membros a adopção de medidas comuns de forma a integrarem a igualdade de oportunidades nas políticas de emprego, tendo como finalidade principal combater o desemprego feminino.

II. AS QUESTÕES DA IGUALDADE DE OPORTUNIDADES NUMA PERSPECTIVA COMUNITÁRIA E IMPORTÂNCIA FUTURA

A igualdade de oportunidades constitui indiscutivelmente, um princípio de democracia e respeito pela pessoa humana.

A União Europeia, no Conselho Europeu de Essen, em Dezembro de 1994, sublinhou que a promoção da igualdade de oportunidades entre mulheres e homens, constitui, a par da luta contra o desemprego, uma tarefa prioritária, não só no seio da União Europeia, como nos Estados Membros.

Actualmente, três anos após o Conselho de Essen, continuam a existir razões quer sociais, quer económicas para que os Estados Membros reforcem as suas políticas de promoção da igualdade.

Assim sendo, continua a existir uma maior taxa de desemprego feminino (12,6% contra 9,7%) e a taxa de actividade masculina continua a ser mais elevada (70,4% contra 50,2%).

Por outro lado, existem sectores de actividade em que as mulheres estão sub representadas e outros em que elas estão sobre representadas.

Na Europa, nos últimos 20 anos, a populacão em idade laboral tem crescido muito lentamente e começará a diminuir na próxima década. Segundo afirmam os especialistas, para sustentar as nossas condicões de vida, torna-se necessário aumentar a proporcão das mulheres europeias na vida activa.

Assim sendo, nas propostas de orientacões para as políticas de emprego dos Estados Membros para 1998, deve-se:

1 – Anular a distância entre os sexos, devendo-se, para tal aumentar as taxas de emprego feminino e eliminar as segregações em razão do sexo.

2 – Conciliar o trabalho e a família, procurando melhorar os serviços de apoio, quer para as crianças, quer para outras pessoas dependentes, nivelando estas medidas pelos sistemas existentes nos países com melhores resultados.

3 – Facilitar o retorno ao trabalho, dando-se atenção específica às mulheres que pensam retomar uma actividade remunerada, após um período sem trabalhar, dando-se especial atenção à formação profissional e aos aspectos fiscais.

4 – Bem assim como criar estratégias específicas para que mais mulheres se tornem empresárias.

Igualdade, Precariedade e Estabilidade nas Relações Laborais 307

A partir de 1998, os Estados Membros deverão apresentar relatórios sobre a aplicação destas orientações, destacando as suas melhores práticas e o respectivo impacto sobre o emprego, para exame da Comissão e do Conselho.

A Comissão apresentará uma proposta no sentido de assegurar o estabelecimento, por comum acordo, de indicadores comparáveis e de uma base de dados no seio dos Estados Membros, a fim de controlar a aplicação destas orientações.

Para o ano de 1999, a Comissão examinará em que medida cada estado membro tomou em consideração as actuais directrizes na aplicação das suas políticas de emprego e apresentará a sua avaliação ao Conselho Europeu para adopção, no Outono de 1998.

Por decisão do Conselho de 22.12.95 foi aprovado o Quarto Programa de Acção para a Igualdade de Oportunidades entre Homens e Mulheres (1996-2000), publicado no J.O. L 335 de 30.12.95.

A estratégia adoptada neste 4.º Programa de Acção assentou fundamentalmente no *mainstreaming,* que é uma óptica mais global da igualdade e, pressupõe o desenvolvimento em todas as políticas, programas e acções, de uma análise em termos de diferenças socio-culturais entre homens e mulheres e respectivas implicações políticas (*GENDER ANALYSIS e GENDER PERSPECTIVE*).

A implementação do mainstreaming é um processo complexo e longo e que exige abordagens diversas.

Pressupõe uma análise da situação actual com o objectivo de definir o impacto diferenciado das políticas nos homens e nas mulheres, níveis adequados de desagregação de dados, meios financeiros e um equilíbrio entre os sexos ao nível dos centros de decisão.

Trata-se de um processo que implica a mobilização de todas as políticas, o reforço da consulta e coordenação de todas as partes intervenientes.

Para tal a Comissão criou, sob a tutela do seu Presidente um grupo de Comissários incumbido de estudar a problemática da igualdade de oportunidades entre mulheres e homens na União Europeia e ao nível da Comissão.

Apesar de todos estes esforços, o objectivo da igualdade de oportunidades entre mulheres e homens ainda está longe de ser conseguido e que as medidas específicas adoptadas e as iniciativas nacionais muitas vezes isoladas e dispersas, não têm sido nem suficientes nem eficazes no que respeita à igualdade salarial, no acesso ao mercado de trabalho, nas condições de trabalho e na formação profissional.

308   *I Congresso Nacional de Direito do Trabalho*

Os parceiros sociais são elemento fundamental.

O Protocolo Social da Tratado da União Europeia de 1992, já consubstanciava a crescente influência dos parceiros sociais.

A inclusão do acordo sobre a política social no tratado de Amsterdão confirma que os parceiros sociais têm um papel importantíssimo no reforço da política social comunitária e no processo da construção europeia.

III. A IGUALDADE DE OPORTUNIDADES NO SISTEMA JURÍDICO PORTUGUÊS

Em Portugal, a Constituição da República Portuguesa estabelece, no seu Art. 13.° o princípio da igualdade em funcão do sexo, que está depois transposto no Dec-Lei n.° 392/79 de 20 de Setembro, alterado pelo Dec-Lei n.° 426/88 de 18 de Novembro, que cria a Comissão para a Igualdade no Trabalho e no Emprego e estabelece as suas competências e o seu funcionamento.

Relativamente à fiscalizacão do cumprimento das normas da igualdade, aplicam-se as disposições do Dec-Lei n.° 491/85 de 26 de Novembro, competindo à Inspeccão Geral do Trabalho o eficaz cumprimento das mesmas.

Em 13 de Setembro de 1997 foi aprovada na Assembleia da República, a Lei n.° 105/97 que "garante o direito à igualdade de tratamento no trabalho e no emprego".

Muitos outros normativos legais têm vindo a ser adoptados, relativamente à proteccão da maternidade e da paternidade, designadamente a Lei n.° 4/84 de 5 de Abril e suas regulamentações e alteracões.

Pretendo realçar as disposições legais contidas na Lei n.° 17/95 de 9 de Junho que no seu art. 18.°-A estabelece a presunção relativamente à ilicitude do despedimento das trabalhadoras grávidas, puérperas ou lactantes, competindo à Comissão para a Igualdade no Trabalho e no Emprego emitir parecer prévio sobre esses despedimentos, conforme vem estabelecido no art° 30° do Dec-Lei n° 332/95, de 23 de Dezembro.

Não vou alongar-me mais sobre a legislação, mas sim falar-vos um pouco sobre as discriminações existentes e a forma como as mesmas têm vindo a ser tratadas.

Em Portugal, apesar de termos normativos legais que têm concretizado a transposição das Directivas Comunitárias e as Convenções internacionais, a realidade portuguesa continua a apresentar muitas

Igualdade, Precariedade e Estabilidade nas Relações Laborais   309

discriminações salariais, discriminações em função da maternidade, discriminações no acesso ao emprego, discriminações na contratação a termo, todas elas em prejuízo do trabalho das mulheres e da sua condição social.

Esta realidade vem retratada nas publicações da CITE, nos seus pareceres, bem como nos dados estatísticos nacionais, publicados pelo INE e pelo I.E.F.P.

Há, realmente, uma falta de visibilidade relativamente à forma como as questões da igualdade são tratadas a nível inspectivo, pois estas questões colocam-se ao nível da mudança de mentalidades e a coacção ou coerção nem sempre é o caminho ou a medida mais adequada para mudar estas realidades.

Contudo, considero que seria muito positivo prosseguir com medidas concretas em certas áreas, como nos anúncios de ofertas de emprego, em que se verifica uma média de 60% a 70% de anúncios discriminatórios, a nível da violação da lei contratual, nas admissões a termo e na denúncia desses contratos por razões da maternidade e também na perca dos prémios e de outros subsídios pelas mesmas razões, atendendo a que são questões que não têm evoluído positivamente ao longo dos anos.

Perante esta problemática, há que reflectir, avaliar e decidir, em colaboração com os parceiros sociais e os organismos com responsabilidades nestas matérias a forma para que a nível nacional se invertam os resultados, caminhando-se para uma sociedade mais justa e mais equilibrada e que a igualdade de oportunidades entre homens e mulheres, seja, indiscutivelmente, um princípio de democracia e respeito pela pessoa humana.

Muito obrigado.

ALGUMAS REFLEXÕES SOBRE O ÓNUS DA PROVA EM MATÉRIA DE PARIDADE DE TRATAMENTO RETRIBUTIVO
("a trabalho igual salário igual')

Júlio Gomes

Professor da Universidade Católica

ALGUMAS REFLEXÕES SOBRE O ÓNUS DA PROVA EM MATÉRIA DE PARIDADE DE TRATAMENTO RETRIBUTIVO ("A TRABALHO IGUAL SALÁRIO IGUAL") *

JÚLIO GOMES

Professor da Universidade Católica

O princípio da igualdade ou paridade de tratamento retributivo — a trabalho igual salário igual — sempre foi, no seu fundamento e no seu alcance prático, extremamente polémico. Para além da circunstância de a igualdade de tratamento ser sobretudo invocada para excluir determinadas discriminações nomeadamente em função do sexo, da raça e da religião, suscitando-se, desde logo, a questão da relação entre igualdade e proibição de condutas discriminatórias, contribuem para este carácter polémico vários factores: não só a concepção de igualdade (formal ou material) que se perfilhe [1] e a posição adoptada perante a chamada discriminação positiva, como também o papel mais ou menos intenso que se atribui à autonomia privada no campo das relações de

---

* O presente texto corresponde à comunicação proferida pelo autor no I Congresso Nacional de Direito do Trabalho a que apenas se acrescentaram as necessárias referências bibliográficas. Aproveitamos o ensejo para agradecer ao Dr. António José Moreira e à Editora Almedina o honroso convite que nos foi endereçado e saudá-los por esta notável iniciativa.

[1] Sobre o tema cfr., por todos, MARIA VITTORIA BALLESTRERO, *A proposito di eguaglianza e diritto del lavoro*, Lavoro e Diritto 1992, págs. 577 e segs. A autora refere-se a um princípio de igualdade formal (igualdade perante a lei independentemente por exemplo da raça, do sexo, da religião) e um outro princípio de igualdade substancial que, de certa forma, se contrapõe. Se o princípio da igualdade formal assume os indivíduos como neutros, ou abstrai de algumas diferenças, o outro funda-se na atribuição de relevância às diferenças entre várias categorias de indivíduos e implica ter em consideração as desvantagens que oneram certos grupos (ob. cit., pág. 578).

314 I Congresso Nacional de Direito do Trabalho

trabalho individuais [2]. No âmbito desta pequena comunicação procuraremos evitar "meter a foice em seara alheia" e, por isso, só aludiremos ao problema da igualdade de tratamento entre os sexos incidentalmente e quando tal se revelar útil como suporte daquela que é a nossa tese central: a de que a distribuição do ónus da prova que a nossa jurisprudência consagrou nesta matéria esvazia, em grande medida, o princípio da paridade de tratamento e não constitui, no nosso entender, a solução mais correcta. No contexto deste trabalho optamos por invocar a situação que se vive em Itália como caso paralelo de grande interesse porquanto o princípio da paridade de tratamento ainda que não expressamente consagrado na Constituição italiana, foi afirmado pelo Tribunal Constitucional deste país, mas deparou com acentuada resistência, tendo sido mesmo repudiado pela Cassazione. No entanto, como veremos, os argumentos aduzidos num e noutro sentido, isto é, a favor e contra a existência do princípio, revelam-se de grande interesse e podem ser facilmente transpostos para o nosso sistema. Acresce que a posição aparentemente negativa da Cassazione acabou por traduzir-se numa afirmação de que a boa fé impõe a justificação por parte do empregador do exercício dos seus poderes mormente em matéria de fixação da retribuição o que, a nosso entender, é precisamente o cerne do chamado princípio da igualdade.

Importa começar por referir as objecções que têm vindo a ser colocadas ao princípio da paridade de tratamento retributivo. Em primeiro lugar, tem-se afirmado que tal violaria a autonomia privada. O poder do empregador é um poder privado e seria excessivo consagrar uma espécie de necessidade de motivação do exercício dos poderes patronais. Como SALVATORE HERNANDEZ observou "os actos de autonomia privada não carecem, obviamente, de motivação"[3]. A autonomia

---

[2] A tensão entre vários valores ou princípios constitucionalmente consagrados é patente neste domínio como destacou PATRIZIA TULLINI, *A proposito di parità di trattamento e rapporto di lavoro*, Rivista Trimestrale di Diritto e Procedura Civile 1990, ano XLIV, págs. 1225 e segs. Nas palavras da autora, ob. cit., págs. 1236-1237,"com a afirmação do princípio da paridade de tratamento na relação de trabalho atinge-se provavelmente o ponto de contraposição máxima teórica e jurídica entre valores e princípios tutelados pelo ordenamento pois que também a autonomia negocial realiza uma forma de igualdade através da possibilidade reconhecida a todos de proporcionar a auto-regulamentação dos seus próprios interesses".

[3] SALVATORE HERNANDEZ, *Buona fede e corettezza come strumenti di integrazione del potere discrezionale. Giudizi di meritevolezza ed accesso alle qualifiche. Introduzione al convegno*, Il Diritto del Lavoro 1990, parte I, págs. 91 e

Algumas Reflexões 315

privada traduz, precisamente, a existência de um espaço legítimo de irracionalidade: numa célebre expressão, em vez da razão está a vontade. No domínio do direito civil, para dar apenas um exemplo, é sabido que um particular pode recusar-se a contratar com outro sem necessidade de invocar um motivo razoável ou, mesmo, praticar um tratamento diferenciado desta ou daquela contraparte, sem carecer, para tanto, de justificação. No limite, não está excluído que uma pessoa possa dizer a outra "não lhe vendo este bem a si, mas sim a um terceiro, porque não gosto da sua cara" [4]. Em suma, a razoabilidade a que certamente o legislador e os poderes públicos devem obedecer não é de exigir aos particulares na explicitação da sua autonomia privada. Invoca-se também, a este respeito, o espectro da funcionalização da iniciativa privada e da empresa [5].

Além disso, invocar a paridade de tratamento implica, inelutavelmente, estabelecer comparações com a situação de outros trabalhadores [6]. Se a realidade das relações de trabalho for decomposta numa pluralidade de átomos, tantos quantos os contratos de trabalho conside-

---

segs., pág. 94. O autor reafirma esta tese num outro estudo mais recente, *Principi costituzionali in tema di retribuzione*, Il Diritto del Lavoro 1997, parte I, págs. 153 e segs., pág. 164, em que, além de rejeitar a aplicação directa da Constituição na relação entre particulares, considera mesmo que o apelo a comportamentos transparentes e razoáveis não se justifica. O autor considera, ainda, que é "incorrecto invocar os princípios da boa fé e da correcção que operam no interior de cada contrato e não podem introduzir na relação direitos e obrigações patrimoniais que o contrato não quis prever".

[4] Como é sabido, têm-se multiplicado, mesmo no domínio do Direito Civil, restrições a esta irracionalidade, surgindo obrigações de contratar e de manter um comportamento coerente. Cfr. GIULIO PASETTI, *Parità di Trattamento I) Diritto Civile*, Enciclopedia Giuridica Treccani, 1990.

[5] Por vezes a denúncia do referido perigo é feita com tal histeria que justifica as palavras de JOSÉ JOAQUIM GOMES CANOTILHO, *Direito Constitucional*, 6ª ed. revista, Coimbra 1993, quando o autor, a propósito da vinculação das entidades privadas ao princípio da igualdade refere que "é o peso ideológico do proprietarismo individualista que ainda hoje intervém quando (...) se reage emocionalmente denunciando as metástases "cancerígenas" do Direito Constitucional no âmbito do ordenamento civil" (ob. cit., pág. 592).

[6] Como GIOVANNI AMOROSO, *Retribuzione e Mancioni del Lavoratore: l'Obbligo di Parità di Trattamento come Specificazione del Dovere di Correttezza e Buona Fede*, Il Foro Italiano 1995, Parte I, cols. 188 e segs., coluna 194, refere, o princípio da paridade de tratamento que se concretiza na necessidade de uma razão justificativa idónea e reconhecível para o tratamento diferenciado implica necessariamente uma comparação dirigida ao exterior do vínculo contratual.

rados como contratos isolados de intercâmbio, esta comparação parecerá impossível já que em relação a cada trabalhador o contrato entre o empregador e cada um dos outros trabalhadores é uma *res inter alios acta*[7]. Como observou LUCIA SILVAGNA[8], a incomunicabilidade entre estes contratos tornaria injustificável a interacção entre várias situações retributivas singulares.

Com maior ou menor exagero, denunciam-se também, amiúde, os perigos a que uma concepção redutora da igualdade conduziria, designadamente impedindo que se tivesse na devida conta, por exemplo, o mérito de cada um. Não faltou até quem tenha observado, e com alguma razão, que o direito do trabalho em vez de criar a igualdade fomenta a desigualdade[9]: a desigualdade entre os trabalhadores con-

---

[7] Daí que os autores que sustentaram a igualdade de tratamento tenham tido a preocupação de denunciar tal concepção. Assim, por exemplo, LUIGI ANGIELLO, *La Parità di Trattamento nei Rapporti di Lavoro*, Milano, 1979, págs. 97 e segs., sustentou ser necessário ter em conta a integração da prestação laboral no complexo organizatório da empresa. Sublinhe-se que esta visão do contrato de trabalho como contrato de integração da actividade, embora destaque a necessária combinação das prestações dos vários trabalhadores, não se confunde de todo em todo com uma tese associativa e não implica a aceitação de um interesse comum aos trabalhadores e ao empregador. Não se pretende negar o carácter antagónico dos interesses do empregador e do trabalhador, mas tão só realçar que, na realidade, as prestações dos trabalhadores não são independentes entre si porquanto se destinam a integrar-se e a completar-se no seio da empresa.

[8] LUCIA SILVAGNA, *Parità di trattamento nell'impresa e struttura del rapporto di lavoro*, Rivista italiana di diritto del lavoro 1983, Parte II, págs. 918 e segs., pág. 922.

[9] Cfr. ANTOINE LYON-CAEN, *L'égalité et la loi en droit du travail*, Droit Social 1990, págs. 68 e segs., nomeadamente pág. 68: nas palavras do autor, a primeira impressão que se tem quando se contempla o direito do trabalho é que a igualdade nunca está presente, muito embora o autor reconheça que o direito do trabalho visa reduzir o arbítrio e nele estão presentes preocupações de não discriminação (ob. cit., pág. 73). Diversa e porventura mais optimista é a visão de MARIA VITTORIA BALLESTRERO, ob. cit., pág. 580, para quem sendo certo que se assiste a uma progressiva desigualdade com o desenvolvimento de trabalhos atípicos, a dualidade do mercado de trabalho, a presença de formas de trabalho cada vez mais precárias e que se acentuam as diferenças em função, por exemplo, da dimensão da empresa em que os trabalhadores se acham inseridos, dever-se-ia ter presente que mau grado o acentuado processo de diversificação dos tratamentos o direito do trabalho mantém no seu núcleo essencial uma função correctiva das disparidades, a qual se exprime através da inderrogabilidade das normas (ob. cit., pág. 583). Esta inderrogabilidade delimita externamente a área da liberdade contratual do empregador e surge também como limite interno aos seus poderes e, simultaneamente surge como protecção dos trabalhadores.

Algumas Reflexões

soante sejam considerados trabalhadores autónomos ou trabalhadores subordinados, a desigualdade entre trabalhadores segundo a posição hierárquica que ocupam, a sua diferente categoria, antiguidade, a maior ou menor dimensão da empresa. Mas a principal crítica ao princípio da paridade de tratamento retributiva é a de que assim se sacrifica ilegítima e excessivamente a liberdade económica do empregador, encorajando-se o intervencionismo dos tribunais. Como observou, ironicamente, SCOGNAMIGLIO [10], parafraseando ANDRÉ GIDE, se com bons sentimentos se faz má literatura, não parece que se possa fazer melhor direito.

Na nossa opinião, estes receios são, ao menos parcialmente, infundados. A Constituição ao estabelecer no seu artigo 59.º que se deve observar o princípio de que a trabalho igual, salário igual, não proscreve ou impede as diferenças retributivas. Tais diferenças são legítimas e podem ser praticadas pelo empregador desde que justificadas por razões conexas com a diferente qualidade, quantidade e natureza do trabalho prestado. Não se desemboca assim numa concepção opressiva da igualdade, sendo inteiramente válidas as diferenças relacionadas com o mérito. A nosso ver, o princípio constitucionalmente consagrado [11] é o

---

[10] RENATO SCOGNAMIGLIO, *Parità e libertà di trattamento economico e inquadramento dei lavoratori (a proposito di due recenti sentenze del Supremo Collegio)*, Massimario di Giurisprudenza del Lavoro 1990, págs. 158 e segs., pág. 159.

[11] Numa intervenção sobre o mesmo tema no âmbito deste Congresso, ABÍLIO NETO sugeriu que o artigo 16.º n.º 2 da Constituição ao consagrar que a interpretação e a integração da Constituição deve realizar-se de harmonia com a Declaração Universal dos Direitos do Homem proporcionaria um argumento para a rejeição do princípio "a trabalho igual, salário igual" ao menos como princípio vinculante para as entidades privadas. Na nossa opinião, todavia, a remissão para a Declaração Universal dos Direitos do Homem não tem nem pode ter um alcance restritivo e não visa reduzir o elenco dos direitos fundamentais constitucionalmente consagrados o qual, aliás, não é sequer, como ensina JORGE MIRANDA, *Manual de Direito Constitucional*, Tomo IV, *Direitos Fundamentais*, 2.ª ed. revista e actualizada, Coimbra 1993, pág. 152, um elenco taxativo. Nas palavras de JORGE MIRANDA, "a ratio do artigo 16.º, n.º 2, vem a ser dupla. Por um lado, este dispositivo situa os direitos fundamentais em Portugal num contexto mais vasto e mais sólido que o da Constituição em sentido instrumental (...) por outro lado, vai impregnar a Constituição dos princípios e valores da Declaração como parte essencial da ideia de Direito à luz da qual todas as normas constitucionais (...) têm de ser pensadas e postas em prática. Aliás, constituindo a Declaração um mínimo denominador comum, representado por princípios gerais de direito internacional, não faria sentido interpretar a referência à Declaração como base de uma interpretação restritiva dos direitos constitucionalmente consagrados. E mesmo os autores que, diferentemente de Jorge Miranda atribuem natureza supra constitucional

318   *I Congresso Nacional de Direito do Trabalho*

de que a funções idênticas [12] deve corresponder idêntica retribuição, a não ser que haja uma justificação razoável para a diferença. Este princípio acha-se estreitamente ligado com a proibição de discriminações em função de certos factores (tais como o sexo, a raça, a nacionalidade, a religião) os quais nunca podem justificar uma diferença de tratamento. Em suma, quanto a nós, há diferenças legítimas e diferenças ilegítimas, traduzindo-se o princípio da paridade na necessidade de um fundamento material para a diferença [13]. Não faltaram, de resto, em Itália, os autores

---

à Declaração, entendem que se deve dar primazia a esta última "pelo menos se e quando esta seja mais aberta, generosa e liberal que a nossa Constituição" (JORGE MIRANDA, *Manual de Direito Constitucional*, tomo II, *Constituição e Inconstitucionalidade*, 3.ª ed., reimpressão, Coimbra 1996, pág. 318). Em suma, e como lapidarmente referiu JORGE MIRANDA "muito menos se vê como poderia invocar-se a Declaração Universal para impedir a aplicação da norma constitucional que fosse mais favorável aos direitos fundamentais. O artigo 16.º, n.º 2, serve para reforçar a consistência e alargar o âmbito dos direitos, não para os diminuir ou restringir" (*Direito Constitucional*, tomo II, pág. 39; o sublinhado é nosso). A circunstância de o artigo 59.º da Lei Fundamental conter algumas alíneas de natureza programática não impede que, no mesmo artigo, exista uma norma de carácter imperativo noutra das suas alíneas; neste sentido pronunciou-se MANUEL AFONSO VAZ, *Lei e Reserva da Lei, A Causa da Lei na Constituição Portuguesa de 1976*, Porto, 1992, pág. 379, "pode (...) acontecer que essa determinidade constitucional exista mesmo em preceitos constitucionais inseridos em normas que globalmente se tipificam pelo seu carácter promocional-programático".

[12] Parece-nos que decisiva é a identidade de funções e não apenas a identidade de categoria. Neste mesmo sentido se pronunciaram entre nós P. FURTADO MARTINS e A. NUNES DE CARVALHO, *Trabalho Igual, Salário Igual*, RDES 1992, ano XXXIV, págs. 357 e segs. Os autores consideram que compreendendo a categoria uma pluralidade de funções é pelas funções concretamente executadas que se deve aferir a igualdade de tratamento: "(a) função primordial das categorias profissionais fixadas nas convenções colectivas (aquilo que se usa denominar por categorias em sentido normativo) é a de estabelecer a conexão com um certo tratamento retributivo a partir do conjunto de funções que corresponde à situação do trabalhador na empresa. Trata-se, então, de fazer corresponder a certo padrão de tarefas, determinado padrão retributivo" (ob. cit., págs. 358-359). Poder-se-ia, é certo, contra-argumentar alegando que a diversidade de tarefas é aqui consequência de uma opção do próprio empregador (como os autores reconhecem de "um juízo de oportunidade") e não traduz um diverso mérito do trabalhador susceptível de justificar uma diferença retributiva. Recorde-se, ainda, que, em matéria de igualdade de tratamento retributivo entre os sexos a Directiva 75/117/CEE não utiliza apenas o conceito de "trabalho igual" (como fazia o art. 119 do Tratado de Roma), mas o de "trabalho de igual valor".

[13] Nos mesmos termos se pronuncia ANTONIO DE LEMOS MONTEIRO FERNANDES, *Direito do Trabalho*, Vol. I, *Introdução. Relações Individuais*, Coimbra, 9.ª ed., 1994, pág. 392: "O princípio a trabalho igual, salário igual, implica, em primeiro lugar, a

Algumas Reflexões 319

que consideraram que esta necessidade de justificação resultaria já do princípio da boa fé na execução dos contratos. Como observou PERA [14] o empregador deve poder demonstrar que um tratamento diferente é razoável e justificável, eliminando a dúvida de favoritismo e arbitrariedade. Não é incompatível com a liberdade empresarial, a imposição de um ónus de motivação [15] (não necessariamente contextual ou contemporâneo) ou de transparência nos seus critérios de gestão. A paridade de tratamento surge assim como uma redução da discricionaridade, a qual nunca pode ser totalmente eliminada até porque a opção pelos critérios com que se compara o trabalho dos diferentes trabalhadores é em grande medida uma opção do empregador. Correndo o risco de ser redundante, compete sublinhar que a paridade absoluta de tratamento não é, de modo algum, defensável: há diferenças lícitas e possíveis porque justificadas. Assim, permite-se uma política retributiva baseada no mérito; simplesmente a diferenciação deve corresponder a critérios pré-determinados e antecipadamente conhecidos, portanto transparentes, ou, pelo menos, resultar de uma utilização razoável dos poderes empresariais [16].

---

inadmissibilidade de regras de tratamento salarial diferenciado pelo sexo ou por outros factores discriminatórios; mas comporta, em segundo lugar, a individualização dos salários com base no mérito ou no rendimento, apurados mediante critérios e métodos objectivos e explícitos". Já BERNARDO DA GAMA LOBO XAVIER, *Curso de Direito do Trabalho*, 2.ª ed., Lisboa, 1993, pág. 372, parece negar a aplicabilidade directa da norma do artigo 59.º, n.º 1, al. *a)* da Constituição.

[14] GIUSEPPE PERA, *Sulla Parità di Trattamento tra i Lavoratori*, Rivista italiana di diritto del lavoro 1989, Parte II, págs. 396 e segs., pág. 398: o empregador deve poder fornecer a prova de que se afastou do princípio em razão do particular mérito do trabalhador favorecido.

[15] Neste sentido cfr., por exemplo, RICCARDO DEL PUNTA, *Parità di trattamento e rapporto di lavoro*, Giustizia Civile 1993, págs. 2362 e segs., págs. 2372-2373, e PATRIZIA TOLLINI, *Clausole Generali e Rapporto di Lavoro*, Rimini, 1990, pág. 271: "O princípio da boa fé impõe ao empregador o dever de justificar com base em razões objectivas as próprias valorações ou as escolhas diferenciadas e as eventuais disparidades de tratamento introduzidas entre os trabalhadores". Cfr., ainda, ADALBERTO PERULLI, *Il Potere Direttivo dell'Imprenditore*, Milano 1992, pág. 223: O exercício dos poderes do empregador deve seguir uma lógica inspirada em critérios objectivos e pré-determinados.

[16] Cfr., a este propósito, GIUSEPPE FERRARO, *Poteri Imprenditoriali e Clausole Generali*, in *Diritto del Lavoro e Categorie Civilistiche*, organizado por Giuseppe Santoro Passarelli, Torino, 1992, págs. 161 e segs., pág. 173: "O parâmetro da razoabilidade (...) pode constituir um padrão aceitável para avaliar as acções empresariais que sem comprometer a sua discricionaridade destrua as manifestações claramente anómalas e irrazoáveis".

320   *I Congresso Nacional de Direito do Trabalho*

A obrigação de pagar o mesmo salário a quem realiza o mesmo trabalho é, evidentemente, uma obrigação que impende sobre a entidade patronal. Em princípio, trabalhadores com as mesmas funções devem auferir a mesma retribuição; como já dissemos, é possível pagar diferentemente a quem exerce as mesmas funções, mas, para tanto, é necessário que exista uma razão objectiva [17]. Assim sendo, o mais natural é que caiba à entidade patronal demonstrar as razões e as causas da diferenciação que ela própria introduziu o que, a nosso ver, se deve traduzir na introdução de um regime probatório privilegiado em favor do trabalhador. Na esteira, por exemplo, de PATRIZIA TULLINI [18], defendemos uma obrigação do empregador de motivar as suas decisões (ao menos quando tal lhe for solicitado), exteriorizando os critérios das opções tomadas, não só para consentir aos trabalhadores invocar a violação do princípio da igualdade, mas tornando possível um eventual

---

[17] Referente à quantidade, qualidade ou natureza do trabalho; assim, a nossa jurisprudência (cfr. Acórdão do STJ n.º 16/94 de 4 de Dezembro de 1996 in Trabalho e Segurança Social 1997, págs. 10 e segs.) já se pronunciou no sentido de o absentismo justificado não poder representar uma razão para a diferença retributiva. O tribunal sublinhou que o princípio a trabalho igual salário igual "não impede a diferenciação salarial que premeie o mérito e estimule a produtividade desde que tenha por base a consideração daqueles critérios — o que se impõe é que a diversidade de tratamento seja materialmente fundada do ponto de vista da segurança jurídica, da justiça e da solidariedade" (pág. 13). O Supremo Tribunal de Justiça rejeitou que o absentismo justificado possa penalizar o salário do trabalhador nos períodos de efectividade de serviço preste um trabalho igual ao de outros colegas quanto à natureza, qualidade e produtividade do mesmo. Mais delicada é a questão de saber se as diferentes qualificações académicas podem representar uma justificação válida para a diferente retribuição; o Acordão do Tribunal Constitucional n.º 313/89 de 9 de Março de 1989, publicado no BMJ 385 (1989), págs. 188 e segs., parece sugerir a resposta afirmativa, nele se afirmando que "o *princípio "para trabalho igual salário igual"* não proíbe, naturalmente, que o *mesmo tipo de trabalho* seja remunerado em termos quantitativamente diferentes, conforme seja feito por pessoas com mais ou menos habilitações e com mais ou menos tempo de serviço, pagando-se mais, naturalmente, aos que maiores habilitações possuem e mais tempo de serviço têm" (ob. cit., pág. 195, itálico no original). Já o Supremo Tribunal de Justiça no seu Acordão de 1 de Março de 1990, BMJ 395 (1990), págs. 396 e segs., decidiu que "para ser constitucionalmente legal uma diferenciação, necessário se torna uma justificação conforme os princípios ali [no artigo 60.º da Constituição) objectivamente fixados" e "não entre em todos estes princípios qualquer consideração sobre o diferente grau académico" posição que se nos afigura correcta já que pensamos que a diferente qualificação académica só deve relevar se se traduzir, por exemplo, na diversa qualidade do trabalho prestado.

[18] Ob. cit., pág. 1244.

Algumas Reflexões 321

controle judicial. A distribuição do ónus da prova deveria fazer-se competindo ao trabalhador mostrar a existência da obrigação de igualdade de tratamento por estarem em causa idênticas funções, mas sendo suficiente uma demonstração mínima, porquanto cabe ao empregador demonstrar a razoabilidade das diferenças praticadas e a conformidade das suas decisões com o princípio da boa fé.

Não parece ser esse, como é sabido, o entendimento da nossa jurisprudência; para referir apenas uma decisão, o Supremo Tribunal de Justiça afirmou já que "tendo-se provado apenas que as tarefas desempenhadas pelo autor eram iguais, quanto à natureza e tempo de duração diária, às dos trabalhadores da sua categoria e classe, não se tendo provado que a quantidade e qualidade desse trabalho fosse igual à dos trabalhadores beneficiados com um maior aumento de retribuição, improcede o pedido formulado por aquele no sentido do pagamento das respectivas diferenças salariais, por não se poder concluir que houve diferenciação injustificada de tratamento"[19]. Esta distribuição

---

[19] Acórdão do Supremo Tribunal de Justiça de 24 de Abril de 1991, Processo n.º 2372, BMJ 406 (1991), págs. 457 e segs. A citação do texto corresponde ao ponto IV do sumário. Também no Acórdão do Supremo Tribunal de Justiça de 23 de Novembro de 1994, publicado na Colectânea de Jurisprudência (Supremo Tribunal de Justiça) 1994, vol. III, págs. 292 e segs., se afirmou que "para que se verifique violação do referenciado princípio da igualdade é indispensável provar que existe diferenciação injustificada e isso porque o trabalho de pessoa alvo de discriminação é igual ao dos demais trabalhadores no tocante à natureza, qualidade e quantidade", acrescentando-se que "estes factos — porque constitutivos do direito do trabalhador alvo da discriminação à retribuição mais elevada que outros trabalhadores auferem na mesma categoria e na mesma empresa — devem ser alegados e provados pelo mesmo trabalhador e isso por força da regra do ónus da prova previstas no artigo 342º, n°s 1 e 2 do Código Civil". Pela nossa parte, parece-nos que ao trabalhador cabe apenas alegar e provar a identidade de tarefas e não que a diferença de retribuição auferida por quem desempenha tarefas idênticas é injustificada já que o ónus de justificar cabe à pessoa obrigada a respeitar o princípio "a trabalho igual, salário igual", ou seja, ao empregador. É certo que por detrás de uma aparente uniformidade jurisprudencial se escondem teses mais mitigadas: assim, o Acórdão da Relação de Évora de 21 de Janeiro de 1992 (publicado na Colectânea de Jurisprudência de 1992, vol. I, págs. 295 e segs.) muito embora afirme no seu sumário que "o princípio constitucional de que a trabalho igual deve corresponder salário igual só deve aplicar-se quando o trabalho for igual em termos de natureza, quantidade e qualidade, cabendo ao trabalhador a prova de tal condicionalismo" parece, no fim de contas, acabar por contentar-se com a alegação e prova da identidade de funções ou tarefas já que no texto do Acórdão se pode ler que "o autor alegou (...) embora menos claramente do que deveria ter feito que exercia funções idênticas às de outros funcionários (...) tal identidade de funções

322   *I Congresso Nacional de Direito do Trabalho*

do ónus da prova assenta na ideia de que o trabalhador vem invocar um direito seu, o direito à igualdade de tratamento e à diferença retributiva relativamente a outro trabalhador com idênticas funções. Não é, contudo, forçoso este entendimento, o qual, aliás, mostra como o direito adjectivo pode servir para esvaziar de sentido útil opções tomadas no plano do direito substantivo. Na realidade, do que se trata, em primeira linha, é de uma obrigação do empregador que deve observar o princípio "a trabalho igual, salário igual" e deve por isso justificar as diferenças que introduziu. Se tais diferenças não forem justificadas, então a fixação da retribuição realizada pelo empregador deve considerar-se nula porque contrária a um princípio de ordem pública. Nesta hipótese, estar-se-á na presença de uma lacuna, a qual suscitará a questão da integração do contrato pelo juíz, sendo certo que esta integração está mesmo prevista na LCT. Esta via, a da integração do contrato, foi precisamente a invocada pela Cassazione [20]: nas palavras deste tribunal o princípio da paridade do tratamento explicita-se numa obrigação alternativa, a de tratar em medida igual situações iguais e em medida desigual situações desiguais. Isto sempre que não seja deduzida e demonstrada uma causa coerente com os princípios fundamentais do ordenamento para justificar a racionalidade da opção do empresário. Nesta perspectiva a intervenção do tribunal não é do tipo ressarcitório, resultante de um incumprimento, mas do tipo declarativo, ou melhor constitutivo, sendo similar a um mecanismo de integração do contrato. Do que se trata, por outras palavras, em primeira linha, é da obrigação do empregador de tratar igualmente as situações iguais.

Efectivamente, a distribuição do ónus da prova feita pelos tribunais portugueses torna extremamente remota a possibilidade de invocar com sucesso o princípio da igualdade. A não ser que o próprio empregador reconheça que o trabalho prestado por dois ou mais trabalhadores tem a mesma quantidade, natureza e qualidade, como pode um trabalhador demonstrar que o seu trabalho é igual, nestas três dimensões, ao trabalho dos demais trabalhadores que exercem idênticas funções. Não só o trabalhador não dispõe — apesar da intensificação das obrigações de informação a cargo do empregador — de informações

---

continha a ideia implícita da sua igualdade em termos de natureza, quantidade e qualidade de trabalho, fazendo o autor referência ao princípio do salário igual para trabalho igual" (pág. 296).

[20] Sentença da Cassazione de 8 de Março de 1990, n.º 1988, in Il Diritto del Lavoro 1990, parte II, págs. 121 e segs.

Algumas Reflexões 323

a respeito da qualidade do trabalho alheio, como também toda a comparação pressupõe critérios cuja fixação cabe ao empregador e, na ausência de transparência de tais critérios, não se vê como é que o trabalhador pode vir alegar e provar que o seu trabalho é qualitativamente igual ao de outro(s). A consagração do princípio da paridade de tratamento devia ter, como de resto a jurisprudência [21] e a doutrina italianas já afirmaram, consequências ao nível probatório, devendo o trabalhador alegar apenas que exerce as mesma funções e aufere retribuição inferior a um outro trabalhador da mesma empresa e cabendo ao empregador explicar a diferença [22].

Curiosamente, o direito comunitário [23] poderá constituir um forte incentivo neste sentido. O Tribunal de Justiça na sentença de 17 de Outubro de 1989, processo nº 109/88, Handels-Kontorfunktiono-naerernes Forbund I Danmark contra Dansk Arbejdgsiverforening pronunciou-se no sentido de que a directiva 10 de Fevereiro de 1975, n.º 75/117 deve ser interpretada de tal modo que sempre que uma trabalhadora demonstre, com referência a um número relevante de trabalhadores dessa empresa, que a retribuição média dos trabalhadores de sexo feminino é inferior à dos trabalhadores de sexo masculino, cabe ao empregador o ónus de provar que o regime retributivo aplicado não é discriminatório [24]. É interessante sublinhar que o tribunal considerou

---

[21] Sirva de exemplo, a sentença do Tribunal de Génova de 22 de Janeiro de 1990, in Il Diritto del Lavoro 1990, parte II, págs. 127 e segs. O tribunal considerou que as diferenças de tratamento têm de ser justificadas e razoáveis e que tal não pode deixar de repercutir-se sobre o ónus da prova da justificação da diferença que cabe a quem a criou e pretende defendê-la e mantê-la.

[22] RAFFAELE FOGLIA, *Parità di trattamento, discriminazioni indirette ed onere della prova nella giurisprudenza della Corte di Giustizia CEE*, Il Diritto del Lavoro 1990, Parte II, págs. 286 e segs., pág. 293, observou, precisamente, que "tal princípio reflecte-se também no plano probatório, no sentido de que o dever de conformar o exercício dos próprios poderes discricionários aos cânones mínimos de razoabilidade (os quais se condicionam o poder legislativo não se vê razão por que não possam condicionar também a actividade negocial privada que incide directamente sobre a esfera alheia) traduz-se no ónus, para o sujeito que exerce tais poderes, de fornecer as razões justificativas dos tratamentos diversificados".

[23] Sobre o princípio da igualdade entre os sexos em direito comunitário a bibliografia é já extremamente abundante; cfr., por todos, CATHERINE BARNARD, *EC Employment Law*, Chichester, New York, Brisbane, Toronto, Singapore, 1995, págs. 172 e segs. e M.ª CARMEN SALCEDO BELTRAN, *La Igualdad de Retribucion entre Trabajadores*, Revista de Trabajo y Seguridad Social 1996, págs. 63 e segs.

[24] Quando resulte que a aplicação de aumentos salariais fundados na flexibilidade, na formação profissional ou na antiguidade de serviço prejudica sistematicamente o

que o sistema de remunerações deveria ser tanto quanto possível transparente e que, quando não for esse o caso, cabe ao empregador provar que a sua prática salarial não é discriminatória. Este entendimento transparece também na nova lei portuguesa sobre igualdade dos sexos: com efeito, o artigo 5.º da Lei 105/97 de 13 de Setembro, afirma que "nas acções previstas no artigo anterior, cabe ao empregador o ónus de provar a inexistência de qualquer prática, critério ou medida discriminatória em função do sexo", referindo-se o artigo anterior às acções propostas pelas associações sindicais representativas dos trabalhadores ao serviço da entidade que desrespeite o direito à igualdade de tratamento. Refira-se, desde já, que a jurisprudência do Tribunal de Justiça parece-nos ir já no sentido de ser essa a distribuição do ónus da prova mesmo quando a acção é proposta por um trabalhador ou candidato, desde que haja uma aparência de discriminação. Pensamos, que esta distribuição do ónus da prova se insere no que atrás dissemos a propósito do ónus de motivação e deverá ser vista como o afloramento de um princípio geral: caso contrário, chegar-se-á à conclusão de que caso a Maria se queixe de um diferente tratamento retributivo relativamente ao Manuel, ou vice-versa, bastar-lhe-á fazer uma prova *prima facie*, cabendo ao empregador justificar objectivamente a diferença, ao passo que se a Maria se queixar de uma diferença retributiva relativamente à Luisa ou o Manuel relativamente ao António, terá já o trabalhador, não apenas que alegar a identidade de funções, mas também que demonstrar que o seu trabalho é igual em quantidade, qualidade e natureza, ao trabalho do outro. Estaríamos, assim, face à situação paradoxal de o sexo continuar a ser um factor de discriminação — agora já não por se ser de sexo diferente, mas por se ser do mesmo sexo.

---

pessoal feminino, o empregador pode fornecer a justificação com referência à diversa adaptabilidade aos horários e locais de trabalho. Nenhuma prova é necessária para justificar o critério da antiguidade.

A PRECARIEDADE DO EMPREGO – UMA INTERPELAÇÃO AO DIREITO DO TRABALHO

Maria Regina Gomes Redinha

*Professora da Faculdade de Direito
da Universidade do Porto
Mestre em Direito*

A PRECARIEDADE DO EMPREGO — UMA INTERPELAÇÃO AO DIREITO DO TRABALHO

MARIA REGINA GOMES REDINHA

Assistente da Faculdade de Direito da U. Porto
Professora Auxiliar Convidada da U. Internacional (Lisboa)

Após duas décadas de insistente debate, a precariedade do emprego convoca ainda as preocupações do discurso jurídico, embora a convivência do fenómeno com o Direito do Trabalho nem sempre se desenhe com muita clareza.

Na verdade, o trabalho precário tem sido, sobretudo, objecto da malquerença do movimento sindical, se bem que, nem sempre a sua significação seja devidamente ponderada: com frequência, o tratamento emotivo da questão tende a sobrepôr-se à descolorida e aquietada observação científica, obscurecendo até a real dimensão do problema.

Deste modo, a reflexão que agora se ensaia propõe-se, precisamente, contribuir para o discernimento da sensibilidade do ordenamento jurídico-laboral para com a precariedade do emprego.

Ora, numa primeira aproximação, a precariedade surge-nos como a propriedade antitética da estabilidade ou da segurança.

Todavia, a estabilidade é uma noção difusa e até certo ponto inverificável, característica que condivide, naturalmente, com o seu reverso. Não obstante, enquanto atributo da relação laboral, a segurança é, indiscutivelmente, um valor, um dever-ser reconhecido constitucio-

328   *I Congresso Nacional de Direito do Trabalho*

nalmente no quadro dos direitos, liberdades e garantias dos trabalhadores — art. 53.º da Constituição da República [1].

Assim sendo, um impulso simplificador poderia conduzir-nos à rejeição, pura e simples, de qualquer relação laboral desprovida de estabilidade, isto é, que não correspondesse ao emprego paradigmático dos anos de ouro da idade industrial: uma actividade dependente, prestada ao abrigo de um vínculo jurídico de duração indeterminada, a um único empregador, num horário completo e num local bem determinado, oferecendo ainda a possibilidade de progressão numa carreira profissional [2].

No entanto, uma tal atitude defrontaria a resistência da realidade e dos tempos, pois a organização do trabalho reclama hoje uma crescente polimorfia e complexidade que o Direito do Trabalho não pode, inexoravelmente, enjeitar, sob pena de se transfigurar numa ordem inerte.

De resto, formas de actividade que se afastam em maior ou menor medida do cânone da segurança sempre existiram [3]. Na verdade, a precariedade só se tornou um fenómeno impressivo quando perdeu o carácter esporádico ou marginal para invadir os contrafortes do emprego considerado estável ou permanente [4].

Mau grado a importância social e económica de que hoje se reveste a diminuição da segurança no acesso e na manutenção do emprego, o certo é que a precariedade não constitui uma categoria jurídica prestável. Com efeito, à semelhança do que acontece com a estabilidade, também aqui não deparamos com um predicado da relação de trabalho imediatamente reconhecível e significante.

---

[1] No sentido da consideração da estabilidade como dever-ser, cfr. J. GOMES CANOTILHO, JORGE LEITE, *A inconstitucionalidade da lei dos despedimentos*, sep. do nº especial do Boletim da Faculdade de Direito — Estudos em homenagem ao Prof. Doutor A. Ferrer Correia, Coimbra, 1988, p. 9.

[2] Para a caracterização do paradigma da relação laboral dominante até ao início dos anos setenta, cfr., nosso, *A relação laboral fragmentada — estudo sobre o trabalho temporário*, col. *Studia Iuridica*, n.º 12, Coimbra, 1995, p. 33, ss.

[3] Basta pensarmos em realidades como o trabalho eventual ou sazonal — cfr. o revogado art. 11.º da LCT.

[4] A precariedade tornou-se um problema apenas devido à sua progressão estatística, quando de uma cifra negligenciável, atribuível a ajustamentos pontuais do mercado de trabalho, passou a representar uma característica estrutural do emprego. Se, inicialmente, se acreditou tratar-se de uma consequência episódica da crise económica, cedo foi possível concluir que uma nova organização do trabalho se desenhava.

A Precariedade do Emprego – uma interpelação ao Direito do Trabalho   329

A precariedade é, tão só, numa leitura desapaixonada, uma síndrome de insegurança, de transitoriedade, que pode estender-se a qualquer forma de emprego: público ou privado [5], típico ou atípico, de duração indeterminada ou determinada, a tempo completo ou parcial.

Depois, nem sempre é possível discernir ou avaliar, aprioristicamente, a fragilidade do vínculo laboral. Qual será, de facto, a situação mais precária: aquela em que se encontra o trabalhador vinculado por um contrato de trabalho a tempo parcial sem termo, ou aquela em que, no âmbito do contrato de duração indeterminada, o trabalhador se vê com salários em atraso ou na eminência de despedimento colectivo? [6]

Mas se assim é, então torna-se inviável qualquer catalogação ou identificação abstracta do trabalho precário. Claro está que, de modo mais ou menos atrabiliário, sempre poderemos aglutinar figuras que denotam uma fragilização do estatuto do trabalhador, utilizando, por exemplo, o critério da pré-determinação temporal do contrato de trabalho [7]. Simplesmente, com isso a noção de precariedade revela-se supérflua e juridicamente neutra.

Esta neutralidade não significa, contudo, que o ordenamento jurídico-laboral não esteja desperto para o constante alastramento da

---

[5] Mesmo a relação de emprego público, tradicionalmente associada à estabilidade e segurança, sofre hoje o desgaste da precarização. Atente-se, nomeadamente, no contrato de trabalho a termo e na disseminação de relações sem o suporte de um vínculo jurídico adequado. Cfr., a este respeito, o Dec.-Lei n.º 81-A/96, de 21 de Junho, e o Dec.-Lei n.º 195/97, de 31 de Julho. Diploma que tem por objectivo confesso "contribuir decisiva e definitivamente para pôr termo às situações de precariedade na Administração Pública", nomeadamente através da "regularização da situação jurídica daqueles que ao longo dos últimos anos foram sendo admitidos irregularmente, através dos chamados "recibos verdes" para satisfação de necessidades permanentes dos serviços públicos" e da "proibição de recurso a formas de vinculação precária para satisfação de necessidades permanentes".

Para o contrato de trabalho a termo na Administração Pública, cfr., Dec.-Lei n.º 427/89, de 7 de Dezembro, alterado pelo Dec.-Lei n.º 407/91, de 17 de Outubro, e pela Lei n.º 19/92, de 13 de Agosto.

[6] A comparação não tem, do ponto de vista jurídico, qualquer outra utilidade que não seja a de evidenciar a impossibilidade de uma avaliação quantitativa ou gradativa da precariedade.

[7] A definição da precariedade com base na duração determinada do contrato de trabalho, além de redundante, é ainda redutora, pois aliena todas as situações em que a vulnerabilidade da posição do trabalhador advém, exclusivamente, de um rendimento contingente, de uma prestação correspondente a um subemprego ou da deterioração das condições de trabalho, por exemplo.

330   *I Congresso Nacional de Direito do Trabalho*

instabilidade nas relações de trabalho e para os efeitos devastadores que se lhe associam.

As consequências do emprego precário não se ressentem apenas a nível individual, o que por si só já seria preocupante, como se projectam também no plano social. A par da incerteza remuneratória e da quebra de um estatuto profissional contínuo, a precariedade acarreta custos sociais de monta, alguns de diminuta visibilidade, mas nem por isso de menor gravidade: entre eles inscrevem-se, sem dúvida, a segmentação hermética do mercado de trabalho, a sobrecarga do sistema de segurança social, o aumento do risco de exclusão, a menor propensão para o investimento com a formação e qualificação profissional ou a dissimulação do desemprego real [8].

Neste quadro, não é de estranhar que o Direito do Trabalho seja cada vez mais influído pelo problema do emprego. Dir-se-ia mesmo que o emprego tem um efeito metamórfico sobre a razão normativa deste ordenamento, levando alguns autores a temer, inclusive, o esgotamento do seu sentido [9].

Quando revisitamos o percurso do Direito do Trabalho verificamos que, apesar de dividido entre uma função tuitiva e uma função de estabilizador social, a dimensão que marca decisivamente o seu modo de ser é a protecção da parte contratual mais vulnerável, é a correcção do desequilíbrio relativo entre as partes [10].

Ora, esta perspectiva, que nos parecia inabalável, começou no início dos anos setenta a perder nitidez, a ponto de hoje justificar que

---

[8] Sobre os bens conhecidos custos da precariedade, cfr., entre outros, D. GAMBIER, M. VERNIÈRES, *Le marché du travail*, 2.ª ed., Paris, 1985, p. 34, ss., EFRÉN CÓRDOVA, "De l'emploi total au travail atypique: vers un virage dans l'évolution des rélations de travail?", *Revue Internationale du Travail*, vol. 125, 1986, n.º 6, p. 726, ss., "L'emploi dans le monde" (Relatório do BIT), *Problèmes Économiques*, n.º 2436, 1995, p. 9, ss.

[9] ANTOINE LYON-CAEN, "Le maintien de l'emploi", *Droit Social*, 1996, n.º 7--8, p. 655, ss., SPIROS SIMITIS, "Le droit du travail a-t-il encore un avenir?", Droit Social, 1997, n.º 7-8, p. 655, ss, CRISTÓBAL MOLINA NAVARRETE, "El *status* científico "post-positivista" del jurista del trabajo y el interrogante sobre la condición de "positividad" de su "nuevo" derecho", *Revista Española de Derecho del Trabajo*, n.º 83, 1997, p. 349, ss.

[10] Sobre o modo-de-ser do Direito do Trabalho, cfr, entre outros, BERNARDO LOBO XAVIER, *Curso de Direito do Trabalho*, Lisboa, 1992, p. 86, ss., MONTEIRO FERNANDES, *Direito do Trabalho*, I, Coimbra, 1993, p. 15, s., e no sentido do texto, nosso, *A relação laboral fragmentada*, cit., p. 28, n.º 33.

A Precaridade do Emprego – uma interpelação ao Direito do Trabalho

o fim último do Direito do Trabalho se situe na articulação com o dado económico, em geral, e com a política de emprego, em particular.

Se antes os institutos jurídico-laborais se contentavam com a regulamentação do trabalho entre o momento da celebração e o da extinção do contrato, agora exige-se que o Direito do Trabalho estrategicamente se reinvente para atenuar o custo económico que representa [11] ou para acomodar novas configurações da relação de trabalho, como o trabalho temporário, o trabalho intermitente ou o *job-sharing*, configurações essas que possibilitam a adaptação do volume de mão-de-obra presente na empresa às solicitações da procura. À *lean production* alia-se o *lean job*. [12]

Quer isto dizer que o Direito do Trabalho deixou uma fase de certa passividade para passar a desempenhar um papel promocional do emprego. Hoje, espera-se que a normatividade laboral não constitua um entrave a uma gestão puramente financeira da mão-de-obra, mas, mais do que isso, que favoreça a manutenção ou a criação de novos postos de trabalho, numa orientação que fez já nascer o receio de transformação do Direito do Trabalho num Direito do Emprego [13].

Entre nós não há, por ora, motivo para tanto, mas a tendência para o surgimento de um "direito económico do emprego" [14] começa a ter alguma consistência legislativa com a atribuição de vantagens financeiras ou fiscais à criação ou manutenção de postos de trabalho, como sucede, por exemplo, com os diplomas que instituem incentivos ao emprego — Dec.-Lei n.º 89/95, de 6 de Maio; Dec.-Lei n.º 34/96, de 18 de Abril — ou à mobilidade geográfica e sectorial dos trabalhadores — Dec.-Lei n.º 206/79, de 4 de Julho; Dec.-Lei n.º 225/87, de 5 de Junho. A par destas medidas, que ostensivamente se inscrevem

---

[11] A propósito do custo da segurança no emprego, cfr., OCDE, *Labour market flexibility. Report by a High Level Group of Experts to the Secretary General*, 1986, p. 5, ss.

[12] Sobre a reestruturação da empresa de que a *lean production* é apenas um dos factores, cfr., nomeadamente, "Refléxions sur le concept de travail, *Problèmes Économiques*, n.º 2436, 1995, p. 6, ss.

[13] Acerca da instrumentalização do Direito do Trabalho à política de emprego, cfr., A. Montoya Melgar, "Las respuestas del Derecho del Trabajo a la crisis económica", *Revista Española de Derecho del Trabajo*, 1983, n.º 14, p. 202, ss., Alain Supiot, "Du bon usage des lois en matière d'emploi", Droit Social, 1997, n.º 3, p. 230, ss.

[14] Sobre a emergência de um "direito económico para o emprego", cfr. F. Gaudu, "La notion juridique d'emploi en droit privé", *Droit Social*, 1987, n.º 5, p. 414.

332   *I Congresso Nacional de Direito do Trabalho*

naquilo que, comummente, se designa por política activa de emprego, outras há que, prosseguindo a mesma finalidade, não abdicam de moldar, igualmente, a própria relação de trabalho: é o exemplo que podemos retirar do regime do contrato a termo — Dec.-Lei n.º 64-A/89, de 27 de Fevereiro [15] — ou da redução do período normal de trabalho — Lei n.º 21/96, de 23 de Julho [16].

Todavia, a evolução da taxa de desemprego e a degradação da qualidade do emprego não permitem um excessivo optimismo quanto à eficácia da abertura do Direito do Trabalho às questões do emprego. Na realidade, a máxima potencialidade do ordenamento laboral não está no fomento do emprego, mas, tão só, no não impedimento à criação de novos postos de trabalho. E, mesmo assim, esta influência negativa não logra uma demonstração irrefutável: bem vistas as coisas, o peso da regulamentação proteccionista nem sempre se relaciona directa e imediatamente com a incidência do desemprego. A resposta final para o emprego virá sempre, em última análise, da instância económica [17].

A precariedade do emprego não pode, por conseguinte, ser imputada à chamada "liberalização" da legislação laboral. Mesmo os sistemas de pendor mais proteccionista não lograram contrariar o crescimento

---

[15] Para uma análise fisiológica do regime do contrato a termo e, especialmente, para delimitação do seu âmbito de aplicação, cfr., nosso, *A relação laboral fragmentada*, cit., p. 136., ss.

[16] A Lei n.º 21/96, de 23 de Julho, denominada por alguns "lei da flexibilidade e polivalência", não só reduziu o período normal de trabalho, como estabeleceu novas coordenadas para a prestação de trabalho, nomeadamente no que se refere à organização do tempo de trabalho e à redefinição das actividades exigíveis ao trabalhador. Para o tratamento das principais questões suscitadas na lei, cfr. *Questões Laborais*, ano IV, 1997, n.º 9-10: JORGE LEITE, "Flexibilidade funcional", AMADEU DIAS, "Polivalência funcional", MARIA MANUELA MAIA DA SILVA, "Mobilidade funcional", JOSÉ JOÃO ABRANTES, "A redução do período normal de trabalho, a Lei n.º 21/96 em questão", JOAQUIM A. DOMINGUES DAMAS, "A redução da duração do trabalho e a adaptação dos horários", FRANCISCO LIBERAL FERNANDES, "A organização do tempo de trabalho à luz da Lei n.º 21/96"; sobre o tema, cfr. ainda, BERNARDO LOBO XAVIER, "A mobilidade funcional e a nova redacção do art. 22.º da LCT", *Revista de Direito e de Estudos Sociais*, ano XXXIX, 1997, n.º 1-2-3, p. 51, ss.

[17] GIORGIO GHEZZI, ENRICO PUGLIESE, MICHELE SALVATI, "Tre commenti a 'Il lavoro e il mercato' di Pietro Ichino", Giornale di Diritto del Lavoro e di relazioni Industriali, ano XIX, n.º 73, 1997, 1, p. 163, ss., ULRICH MÜCKENBERGER, "La crisi del welfare state e i mutamenti del diritto del lavoro in Germania", *Rivista Giuridica del Lavoro e della Previdenza Sociale*, ano XLVII, 1996, n.º 1, p. 31.

A Precaridade do Emprego – uma interpelação ao Direito do Trabalho   333

e muito menos erradicar as relações de trabalho precárias [18]. É um dado adquirido que a rigidez estrénua desencadeia efeitos preversos e aumenta o grau de inefectividade da regulamentação legal e convencional [19].

Porém, isso não nos pode fazer esquecer que a protecção da relação de trabalho tem, igualmente, benefícios individuais e sociais e não apenas custos:

A estabilidade do emprego é importante não só para o trabalhador, mas também para e empresa, dado que permite uma redução dos encargos com o recrutamento, com a formação, com o *turn-over.*, etc Além do mais, as empresas são incitadas a uma planificação mais cuidadosa e a defrontar a concorrência sobretudo no mercado de produtos, o que estimula a inovação e conduz a uma eficácia acrescida da produção [20].

Mas, a etiologia de precariedade não pode, tão pouco, reconduzir-se apenas à flexibilidade da organização do trabalho, embora possa existir entre os dois fenómenos uma estreita associação. Aliás, é corrente, sobretudo na retórica sindical, a identificação dos efeitos de precarização e da flexibilização.

Ora, como já referimos, no que à análise jurídica respeita, a precariedade traduz-se numa debilidade de vínculo jurídico-laboral, relativamente aos parâmetros que definem o trabalho estável ou permanente.

Já por flexibilidade entendemos o processo multiforme através do qual as empresas intentam habilitar-se com a competitividade requerida por um mercado global ávido de inovação [21].

---

[18] ALAIN SUPIOT, ob. cit., p. 231, ANDRIES DE GRIP, JEROEN HOEVENBERG, ED WILLEMS, "L'emploi atypique dans l'Union Européenne", *Revue Internationale du Travail*, vol. 136, 1997, n.º 1, p. 56, ss.

[19] A inefectividade da legislação laboral assume hoje proporções preocupantes, como é notório. Todavia, raramente a inefectividade é tida em conta como um dos factores decisivos para a precarização do estatuto dos trabalhadores dependentes. Contudo, com frequência, a degradação da situação laboral está mais ostensivamente relacionada com a paralisia da normatividade existente do que com o grau de protecção dispensado pelo ordenamento jurídico. Sobre este ponto, cfr. GÜNTHER TEUBNER, "Juridificação — noções, características, limites, soluções", *Revista de Direito e Economia*, ano XIV, 1980, p. 63, ss.; BOAVENTURA S. SANTOS, J. REIS, MARIA M. L. MARQUES, "O Estado e as transformações recentes da relação salarial", *Temas de Direito do Trabalho*, Coimbra, 1990, p. 163.

[20] BIT, "L'emploi dans le monde", cit., p. 10, ss.

[21] ROBERT BOYER, *La flexibilité du travail en Europe*, Paris, 11986, p. 240.

334 *I Congresso Nacional de Direito do Trabalho*

Não obstante a multiplicidade de práticas que podem conduzir à redução dos custos de produção ou à maior agilidade concorrencial, as empresas têm, no essencial, duas vias preferenciais de organização: através do recurso a meios e expedientes internos — privilegiando, nomeadamente, a polivalência funcional dos trabalhadores ou o trabalho suplementar — ou, então, através de soluções externas, como a subcontratação ou o aproveitamento dos modelos contratuais que possibilitam, a cada momento, a perfeita indexação da mão-de-obra às necessidades produtivas [22].

Descontando as situações em que a plasticidade da empresa se obtém à custa da fuga ao Direito do Trabalho ou da "deslaborização" [23] do vínculo contratual, verdadeiramente é no âmbito da vertente externa que a flexibilidade mais frequentemente se cruza com a precariedade.

A subprotecção do emprego é, com efeito, um traço característico do "trabalho atípico" — designação comum às modalidades de trabalho que se desviam do arquétipo da relação laboral [24]. No entanto, nem todas as manifestações deste desvio se podem considerar precárias, na valência negativa que evidencia esta qualificação: basta exceptuarmos as hipóteses em que não há qualquer patologia na procura da flexibilidade, em que o recurso a figuras atípicas corresponde a uma opção livremente determinada dos sujeitos envolvidos.

Pela sua própria natureza movente, a polimorfia que hoje serve a flexibilização não é ainda passível de um inventário sistemático, até porque ela cobre um largo espectro que vai do trabalho clandestino à actividade independente, passando, obviamente, pelas diversas espécies contratuais da prestação de trabalho subordinado [25].

---

[22] BERNARD BRUNHES, "La flexibilité du travail. Réflexions sur les modèles européens", *Droit Social*, 1989, n.º 3, p. 253; GIORGIO GHEZZI, ENRICO PUGLIESE, MICHELE SALVATI, *ob. cit.*, p.183; TIZIANO TREU, "La flexibilité du travail en Europe", *Revue Internationale du Travail*, vol. 131, 1992, nº 4-5, p. 534, ss.

[23] Por "deslaborização" entende-se a transformação de potenciais relações de trabalho em relações de serviço autónomo — cfr. JORGE LEITE, "Direito do Trabalho na crise", *Temas de Direito do Trabalho*, Coimbra, 1990, p. 41.

[24] A expressão "trabalho típico" é, numa perspectiva estritamente jurídica, dotada de alguma impropriedade, porque é uma designação compreensiva que abrange verdadeiros contratos típicos, como o contrato a termo ou o contrato de trabalho temporário. Sobre as limitações qualificatórias da expressão, cfr. ROBERTO PESSI, "I rapporti di lavoro c. d. atipici tra autonomia e subordinazione nella prospettive dell'integrazione europea", *Rivista Italiana di Diritto del Lavoro*, 1992, I, p, 135, s.

[25] EFRÉN CÓRDOVA, *ob. cit.*, p. 717, ss.

A *Precariedade do Emprego – uma interpelação ao Direito do Trabalho* 335

Claro está que o Direito do Trabalho só se vê realmente questionado nos seus fundamentos perante estas últimas modalidades.

O trabalho clandestino — categoria que abrange todas as actividades profissionais remuneradas exercidas à margem da cobertura legal, regulamentar ou convencional [26] — só pode merecer da ordem jurídica laboral a reacção repressora, como, de resto sempre sucedeu.

Já o trabalho independente ou autónomo, que tende hoje a extravasar os seus limites tradicionais [27], apenas estará sujeito à interferência correctora do Direito do Trabalho quando se verificar ser o resultado de fraude à lei, isto é, quando a "deslaborização" do vínculo contratual não seja substantiva, tendo exclusivamente por objectivo a desresponsabilização do empregador ou a subtracção à tutela laboral.

Todavia, se nada há de novo nos problemas levantados pelo trabalho clandestino ou pela requalificação do contrato que suporta a prestação de trabalho, isso não significa que nestas situações a precariedade não se agudize, pois é aqui que mais se rarefazem a expectativa de continuidade e a consistência da relação contratual.

Ora, são as variantes de trabalho consideradas "atípicas", todas elas mais ou menos precárias, que desafiam o Direito do Trabalho, ao minarem a uniformidade do estatuto dependente, pondo em causa a legitimidade modelar da relação de trabalho dotada de estabilidade e permanência. Além disso, o emprego "atípico" constitui ainda um factor adicional de perturbação, pois as relações colectivas de trabalho sofrem também elas um forte sobressalto: diminui a taxa de sindicalização, alteram-se as relações de poder na empresa e reequacionam-se as funções da contratação colectiva [28].

---

[26] Para a noção de trabalho clandestino, cfr. RAFAELLE DE GRAZIA, "Le travail noir: un problème d'actualité", *Revue Internationale du Travail*, vol. 119, 1980, n.º 5, p. 595. Para uma descrição da sua tipologia, cfr., MARIA JOÃO RODRIGUES, *A economia subterrânea e o exercício da política económica e social em Portugal — contributo para um debate necessário*, Lisboa, 1985, p. 75, ss.

[27] SPIROS SIMITIS, *ob. cit.*, p. 659, s.; ALAIN SUPIOT, "La crisi del welfare state e i mutamenti del diritto del lavoro in Francia", *Rivista Giuridica del Lavoro e della Previdenza Sociale*, ano XLVII, 1996, n.º 1, p. 54, s., GIORGIO GHEZZI, ENRICO PUGLIESE, MICHELE SALVATI, *ob. cit.*, p. 177.

[28] Acerca deste ponto, cfr. ULRICH MÜCKENBERGER, "Réflexions pour une redéfinition des relations de travail", *Revue Internationale de Travail*, vol. 135, 1996, n.º 6, p. 746; SPIROS SIMITIS, *ob. cit.*, p. 660, ss.

336   *I Congresso Nacional de Direito do Trabalho*

O abalo mais crítico, no entanto, afectou o movimento sindical que se vê compelido a repensar as suas funções tradicionais e a reestruturar o seu modo de actuação.

Com a exteriorização do emprego [29] e o alastramento da precariedade, o sindicato experimenta graves obstáculos para a sua organização e implantação, sem que, em contrapartida, se prefigurem alternativas que contrariem a ausência de identidade e de solidariedade entre os diversos estatutos em que hoje se decompõe o trabalho dependente e assegurem a coesão indispensável à prossecução de interesses colectivos comuns. Remetido a uma posição defensiva, o movimento sindical encontra-se num dilema estratégico face à precarização do emprego: ou a sua rejeição sistemática, que conduz a um abaixamento do nível de filiação e de penetração, ou a transigência pragmática e legitimadora que acaba por reduzir a eficácia da acção colectiva [30]. O resultado de qualquer uma destas duas vias traduz-se sempre num estiolamento da representatividade e, consequentemente, numa diminuição do peso social e institucional reveladora, em suma, da crise que atinge o sindicalismo contemporâneo.

Como se mencionou, é inviável uma enumeração definitiva das modalidades de trabalho ditas "atípicas", embora sejam discerníveis duas linhas aglutinadoras fundamentais: o aparecimento de relações tripolares, como o trabalho temporário, a cedência de trabalhadores ou a *pool* de trabalho, e, por outro lado, verifica-se a recuperação de velhos esquemas contratuais caídos em desuso, afeiçoados agora, eventualmente, à moderna utensilagem tecnológica — é o que acontece com o trabalho ao domicílio e, particularmente, com a sua subespécie designada por "teletrabalho" — actividade que tem por marca distintiva o facto de o trabalhador efectuar a sua prestação no domicílio ou num "telelocal" através de meios informáticos e de telecomunicações [31].

---

[29] Por exteriorização designa-se em síntese a "transferência para o exterior da empresa de certos segmentos de produção ou de certas actividades anexas à principal, a fim de poderem ser geridas ou produzidas em condições de custos e rendabilidade tanto mais vantajosas quanto permitam uma redução dos encargos fixos ou uma atenuação dos riscos conjunturais" — cfr., nosso, *A relação laboral fragmentada*, cit., p. 48.

[30] Sobre a crise do movimento sindical, cfr. A. CARLOS SANTOS, "Neoliberalismo e crise das realções laborais: análise de uma estratégia patronal", *Temas de Direito do Trabalho*, cit., *maxime*, p. 265, ss.; e ainda ÉFREN CÓRDOVA, *ob. cit.*, p. 722; ULRICH MÜCKENBERGER, *ob. cit.*, p. 745, ss.; SPIROS SIMITIS, *ob. cit.*, p. 660, ss.

[31] Segundo dados extraídos de publicação de índole publicitária, o "teletrabalho" envolveria em Portugal entre 65 000 a 90 000 trabalhadores — cfr. JORGE NASCIMENTO

A este respeito refira-se que o progresso tecnológico também não deixa de desempenhar um papel relevante na compressão de custos com o factor trabalho: assim, o aparecimento do *telebaking* ou das seguradoras que funcionam vinte e quatro horas por dia não é alheia a uma política de economia de pessoal e de aumento da produtividade, através da atribuição aos trabalhadores de tarefas diversificadas a cumprir a um ritmo mais intenso do que o habitual [32].

Na impossibilidade de passar em revista a qualidade do emprego subjacente à prestação de trabalho em moldes que se afastam da relação laboral dita "típica", escolhemos para ilustração das questões que ao Direito do Trabalho se colocam, nomeadamente quanto à incidência da precariedade, duas figuras especialmente em foco, sobretudo porque em torno delas se concitam grandes expectativas, demasiadas talvez: o trabalho a tempo parcial e a partilha do emprego.

Na letra do Acordo de Concertação Estratégica (1996-1999), o trabalho a tempo parcial surge-nos como um instrumento da política activa do emprego, devendo ser incentivado, "desde que voluntário e reversível e quando daí resulte a contratação de novos trabalhadores" [33].

Como é sabido, só recentemente o trabalho a tempo parcial deixou de ser considerado como modalidade de aproveitamento de

---

RODRIGUES, JOÃO RAMOS, "Teletrabalho — a nova vaga no emprego", *Expresso — XXI*, 7 de Setembro de 1996, p. 10, ss. Contudo, mesmo descontando a natureza da fonte, há que proceder a uma leitura prudente destes números, uma vez que não se discrima entre os trabalhadores subordinados e aqueles que desempenham a sua actividade autonomamente.

Sobre o "teletrabalho", cfr. BOAVENTURA S. SANTOS, *ob. cit.*, p. 161; ÉFREN CÓRDOVA, *ob. cit.*, p. 19; "Réflexions sur le concept d'emploi", cit., 6; JO CARBY--HALL, "La crisi del welfare state e i mutamenti del diritto del lavoro in Gran-Bretagna", *Rivista Giuridica del Lavoro e della Previdenza Sociale*, ano XLVII, 1996, n.º 1, p. 5

[32] SPIROS SIMITIS, *ob. cit.*, p. 659.

[33] Cfr. *Acordo de Concertação Estratégica — 1996/1999*, ed. Conselho Económico e Social, Lisboa, 1996, p. 122. estes incentivos ao trabalho a tempo parcial, que "podem revestir, nomeadamente, a forma de redução da taxa a aplicar nas contribuições para a Segurança Social", incluem-se, expressamente, entre as medidas de um política activa de emprego, denotando, claramente, a influência do problema do emprego na normatividade laboral. Igualmente, a Lei n.º 52-B/96, de 27 de Dezembro — Grandes Opções do Plano para 1997 — considera como uma das intervenções fundamentais para conter o agravamento do desemprego no curto prazo o estímulo "ao recurso a trabalho a tempo parcial voluntário e outras formas de partilha de emprego, como as bolsas de emprego-formação e as reformas parciais".

338 *I Congresso Nacional de Direito do Trabalho*

uma força de trabalho periférica, sem grande expressão quantitativa ou qualitativa. A viragem deu-se quando ganhou consistência a ideia de que era necessário redistribuir o tempo de trabalho, passando, então, o trabalho a tempo parcial a ser encarado como uma alternativa ou um sucedâneo do emprego a tempo completo [34].

A alternativa foi tão bem sucedida que ocupa hoje nalguns países europeus cerca de um terço dos trabalhadores, por certo que também devido à circunstância de permitir conciliar o tempo de trabalho com uma maior disponibilidade do trabalhador [35].

A justificação para este desenvolvimento exponencial reside, contudo, na possibilidade de manter os empregos existentes sem impedir a criação de outros. Convertendo um emprego a tempo completo num emprego a tempo parcial, é possível proceder a novas admissões a tempo reduzido, mesmo sendo invariável o volume de trabalho. Com isto há um emprego que se modifica, é verdade, mas há também um desempregado que encontra ocupação [36].

Entre nós esta redistribuição do emprego, que pode ser conseguida através do trabalho a tempo parcial, correntemente designada por *job-splitting* ou "contrato de solidariedade" [37], está esboçada na Portaria n.º 247/95, de 29 de Março: assim, os trabalhadores empregados que se encontrem a quatro anos da idade da reforma por velhice podem reduzir gradualmente o seu tempo de duração do trabalho, sendo o posto de trabalho ocupado, simultaneamente, por um trabalhador desempregado, no decurso de uma acção de formação — art. 14.º.

---

[34] BRUNO VENEZIANI, "La flessibilità del lavoro ed i suoi antidoti. Un'analisi comparata", *Giornale di Diritto del Lavoro e di Relazioni Industriali*, nº 58, 1993, 2, p. 240, ss.; SPIROS SIMITIS, *ob. cit.*, p. 659.

[35] Estima-se que na Holanda 32,4% dos trabalhadores exerçam a sua actividade a tempo parcial, enquanto que a média da União Europeia se situa nos 15%. Segundo a mesma fonte, em Portugal a percentagem de trabalhadores a tempo parcial será de 5,8% — cfr. ANDRIES DE GRIP, JEROEN HOEVENBERG, ED WILLEMS, *ob. cit.*, p. 61. Na Grã-Bretanha, em 1991, 23, 3% dos trabalhadores exerciam a sua actividade nesta modalidade de emprego — cfr. JO CARBY-HALL, *ob. cit.*, p. 7.

[36] BRUNO VENEZIANI, *ob. cit.*, p. 240, ss.

[37] O *job-splitting* é um estímulo ao trabalho a tempo parcial adoptado na Grã-Bretanha — cfr. B. A. HEPPLE, *Legal and contractual limitations to working-time in the European Community Member States*, Deventer, 1988, p. 440. O "contrato de solidariedade" encontra-se previsto no art. 2.º da lei italiana n.º 863, de 19/12/84 — cfr. BRUNO VENEZIANI, *ob. cit.*, p. 246,s. Para o *contrat emploi solidarité*, cfr. JEAN SAVATIER, "Les contrats emploi-solidarité, contrats à durée déterminée et à temps partiel", *Droit Social*, 1996, n.º 11, p. 920, s.

A Precariedade do Emprego – uma interpelação ao Direito do Trabalho   339

O balanço desta operação corre, porém, o risco de ser negativo se desaparecer a voluntariedade e a adesão dos intervenientes e convém não esquecer que em tempo de crise a voluntariedade é muitas vezes sinónimo de necessidade [38]. Mais, o carácter precário destes empregos, que é, sobretudo, derivado de uma quebra no rendimento salarial, agrava-se consideravelmente quando o contrato a tempo parcial é, como por via de regra acontece, um contrato a termo, pois então passa também a ter uma sobrevida limitada.

Numa perspectiva puramente morfológica, a relação de trabalho a tempo parcial apenas apresenta como nota discrepante o facto de ter uma duração inferior à normal. Todavia, são várias as dificuldades que se levantam e que devem ser ponderadas na regulamentação da figura. A começar, naturalmente, pelo critério de definição do tempo parcial que determina um estatuto diferenciado [39]. Depois vêm os obstáculos

---

[38] Assim, é possível discernir três categorias distintas no trabalho a tempo parcial: a) Provisório — quando se trata de uma medida alternativa ao despedimento por motivos económicos ou conjunturais; b) Secundário — quando o trabalho a tempo parcial é involuntário e corresponde, geralmente, a uma actividade indiferenciada e a uma remuneração inferior à média; c) Atractivo — quando se trata de um emprego criado com a finalidade de aliciar ou manter trabalhadores altamente qualificados que preferem esta modalidade de prestação de trabalho. — cfr.CHRIS TILLY, "Reasons for the continuing growth of part-time employment", *Monthly Labor Review*, vol. 114, n.º 3, 1991, p. 11, ss.

[39] Neste sentido, cfr., igualmente, para a situação inglesa, JO CARBY-HALL, *ob. cit.*, p. 5: entende-se, geralmente, a tempo parcial o trabalhador que presta um número de horas inferior ao dos trabalhadores a tempo completo, embora não haja uma clara definição do trabalho a tempo parcial. A lei espanhola — art. 4.º da lei n.º 10/1994 — dispõe que o trabalhador será havido a tempo parcial quando trabalhe durante um número de horas, por dia, por semana, por mês ou por ano, inferior ao considerado habitual, relativamente à actividade desempenhada. A Convenção da OIT n.º 175 (1994), por seu turno, estabelece que a expressão trabalhador a tempo parcial designa qualquer trabalhador cuja prestação tenha uma duração inferior à duração normal da actividade dos trabalhadores a tempo completo numa situação comparável. Por outro lado, não se consideram a tempo parcial os trabalhadores admitidos a tempo completo, mas que estejam numa situação de desocupação parcial, resultante de uma redução colectiva e temporária da duração normal do trabalho por motivos económicos, tecnológicos ou estruturais. Com a adopção deste critério fica, pois, ultrapassado o parecer do BIT (1963) que apenas relevava como caracterizador do contrato a tempo parcial "o contrato efectuado de forma regular e voluntária, por um número de horas diário ou semanal sensivelmente inferior ao normal" — cfr. PASQUALINO ALBI, "Flessibilità e libertà negoziale nell'ordinamento spagnolo dopo la riforma del 1994", *Rivista Italiana di Diritto del Lavoro*, 1997, n.º 2, p. 182, ss.

340   *I Congresso Nacional de Direito do Trabalho*

a uma efectiva parificação de tratamento com os trabalhadores a tempo completo, nomeadamente, no que respeita a promoções ou ao exercício dos direitos colectivos. E por fim há que prevenir que o trabalho a tempo parcial não seja desvirtuado através da sua adjunção sistemática ao trabalho suplementar, resultando, assim, no encobrimento de um verdadeiro e próprio contrato de trabalho a tempo completo [40].

Uma outra fórmula de reorganização do tempo de trabalho, que alguns sectores da doutrina privilegiam como instrumento de repartição do bem escasso em que se converteu a ocupação, é a partilha do emprego ou *job-sharing*, embora o seu préstimo social não pareça justificar tamanho entusiasmo.

Trata-se de um arranjo complexo cuja particularidade se encontra na falta de correspondência entre o emprego e o posto de trabalho. Deste modo, dois trabalhadores dividem entre si o salário, as funções e as responsabilidades inerentes a um posto de trabalho a tempo completo. Não há aqui uma mera justaposição de dois contratos a tempo parcial, como sucede com o *job-splitting*, mas sim uma obrigação de trabalho solidária. Com efeito, aos trabalhadores apenas é pedida a ocupação permanente e conjunta de determinado posto, sem que as tarefas que, em concreto, cabem a cada um deles estejam rigidamente pre-estabelecidas. Daí que a partilha possa incidir apenas sobre a duração do tempo de trabalho ou estender-se, igualmente, ao próprio conteúdo funcional do emprego [41].

Ora, além dos inconvenientes derivados do encurtamento da duração do trabalho, a divisão do posto nestes termos, dificilmente se compatibiliza com a infungibilidade da prestação laboral e com um quadro subordinativo que tem por referência o comportamento pessoal do trabalhador. Basta antever as dificuldades da *job-evaluation* ou do exercício do poder disciplinar. Por outro lado, a contitularidade da mesma posição jurídica não apaga interesses contrastantes e deixa adivinhar uma conflitualidade acrescida, o que representa um custo social não negligenciável. Além disso, a divisão aritmética de um posto de trabalho por dois trabalhadores comporta o risco de transformar um

---

[40] Para uma enunciação das principais questões levantadas pelo trabalho a tempo parcial, cfr., nosso, *A relação laboral fragmentada*, cit., p. 62, ss.

[41] Sobre o *job-sharing*, cfr. EDOARDO GHERA, "La flessibilità: variazioni sul tema", Rivista Giuridica del Lavoro e della Previdenza sociale, ano XLVII, 1996, n.º 2, p. 130,; BRUNO VENEZIANI, *ob. cit.*, p. 247; JO CARBY-HALL, *ob. cit.*, p. 5, s.

A Precariedade do Emprego – uma interpelação ao Direito do Trabalho

emprego em dois subempregos, pouco mais alcançando do que uma redução estatística do número de desocupados [42].

De todo o modo, não parecem despontar sinais alarmantes quanto à difusão do emprego partilhado que, na prática, tem sido circunscrito a experiências muito localizadas e específicas de que não encontramos, sequer, registo no âmbito nacional. Por uma vez, a atenção científica parece ter suplantado a dimensão real do problema.

A enunciação, forçosamente sumária, das questões suscitadas tanto pelo trabalho a tempo parcial como pela partilha do emprego tem desde logo o mérito de evidenciar, perante a crise do emprego, a urgência de o Direito do Trabalho assumir uma função normalizadora das novas formas de flexibilização da prestação laboral que, frequentemente, induzem a precariedade, sob pena de relegar para a anomia uma faixa de relações de trabalho cada vez mais vasta.

O preço da normalização é, porém, elevado: um Direito do Trabalho a duas velocidades ou com uma dualidade de estatutos, mas é o preço da sobrevivência de uma ordem jurídico-laboral actuante [43].

Voltando agora a atenção para o panorama nacional podemos verificar que a organização do trabalho tem acompanhado nas suas linhas de força a evolução registada nos restantes países europeus.

Não é, portanto, de estranhar que se comecem a desenrolar dois níveis de protecção, à medida que o princípio da estabilidade vai perdendo parte da sua energia paradigmática. Assim, são autonomizáveis dois planos distintos de análise: a intervenção legislativa e a normatividade convencional.

Paradoxalmente, os esforços tendentes à flexibilização das relações de trabalho têm sido operados, sobretudo, por via legislativa e a desregulação do mercado de trabalho tem sido o fio condutor das principais reformas do nosso direito positivo.

Não há motivo para, exaustivamente, percorrer todas as manifestações desta tendência, até porque se trata de matéria sobejamente conhecida. No entanto, a título ilustrativo, não deixaremos de recordar alguns marcos fundamentais:

---

[42] Acerca das dificuldades suscitadas pela partilha do emprego, cfr., nosso, *A relação laboral fragmentada*, cit., p. 65, ss.

[43] Neste sentido, cfr, entre outros, DANIELLE KAISERGRUBER, "Vers de nouvelles frontières de l'emploi et de l'entreprise", *Problèmes Économiques*, n.° 2423, 10/5/199, p. 26; ALAIN SUPIOT, "La crisi del welfare state e i mutamenti del diritto del lavoro in Francia", *Rivista Giuridica del Lavoro e della Previdenza Sociale*, cit., p. 60, ss.

342   *I Congresso Nacional de Direito do Trabalho*

E o primeiro de entre eles foi, sem dúvida, o Regime Jurídico da Cessação do Contrato Individual de Trabalho — Dec.-Lei nº 64-A/ /89, de 27 de Fevereiro — que abriu algumas brechas num sistema de "quase propriedade" do posto de trabalho, nomeadamente, ao alargar o direito de resolução do contrato pelo empregador a causas objectivas não subsumíveis no conceito de justa causa.

Posteriormente, na esteira desta orientação, é admitido o despedimento por inadaptação do trabalhador, desde que revelada pelas circunstâncias taxativamente previstas na lei — Dec.-Lei n.º 400/91, de 16 de Outubro.

Mais recentemente, temos a lei da redução do período normal de trabalho e da chamada polivalência — Lei n.º 21/96, de 23 de Julho [44].

A assimilação regeneradora das variantes "atípicas" da prestação de trabalho subordinado também se tornou inevitável, tendo sido já regulamentados dois modelos contratuais particularmente complexos: o trabalho temporário — Dec.-Lei n.º 358/89, de 17 de Novembro — e o trabalho no domicílio — Dec.-Lei n.º 440/91, de 14 de Novembro.

No que respeita ao trabalho temporário é de referir que o vínculo laboral é conformado como uma submodalidade do contrato a termo [45]. Ora, não deixa de ser sintomático relevar a actual posição do contrato de duração determinada no quadro normativo vigente: depois de representar a última fronteira consentida do desvio ao padrão, tende hoje a ser encarado como estatuto-tipo da precariedade, ou na visão desencantada de um autor francês um "estatuto dos sem-estatuto" [46].

Por seu turno, o regime do trabalho no domicílio — aplicável à prestação de trabalho sem subordinação jurídica, mas em estado de dependência económica do trabalhador [47] — não deixa de traduzir um rompimento com a clássica dicotomia da prestação de serviços a outrem, ao contemplar um *tertium genus* entre o trabalho dependente e autónomo.

Independentemente do juízo que possam merecer as opções legislativas neste domínio, há, no entanto, uma questão subjacente que

---

[44] Cfr., supra, nota 16.

[45] Para o regime do contrato de trabalho temporário, cfr., nosso, *A relação laboral fragmentada*, cit., p. 210, ss.

[46] M. GUILLAUME, *Partager le travail — une autre civilisation industrielle*, Paris, 1983, p. 113.

[47] Cfr. art. 1º, do Dec.-Lei nº 440/91, de 14 de Novembro.

A Precariedade do Emprego – uma interpelação ao Direito do Trabalho 343

não tem sido objecto de grande debate e que julgamos crucial para a coerência estrutural do sistema:

Até agora, a relação de trabalho dita "atípica" tem sido disciplinada parcelar e excepcionalmente. No entanto, esse é, por certo, um caminho arriscado, pois abandona no "limbo de uma pura existência factual"[48] as situações com maior índice de precariedade que se desenvolvem nos hiatos da cobertura legal.

Ao invés, a opção inversa — proceder a uma regulamentação unitária e sistemática —, apesar da vantagem da congruência, pode ser encarada como uma ratificação incondicional de qualquer desvio ao trabalho "comum", favorecendo, portanto, o seu desenvolvimento infrene.

Este dilema não é facilmente resolúvel e, como em tudo na vida, a procura de um equilíbrio não deixa de ser um ponto de partida avisado, pois a amplitude da questão não transige com a ligeireza de uma mera opção política por um dos termos disjuntivos.

No segundo plano de observação verificamos que, no que toca às alterações no universo do trabalho e do emprego, a evolução da normatividade convencional portuguesa não tem acompanhado a vitalidade europeia.

Na realidade, a contratação colectiva tem vindo a ser crescentemente permeável ao problema da flexibilização da relação de trabalho e para a mobilidade de pessoal, enquanto instrumento de manutenção do emprego. Todavia, tal não acontece no quadro nacional, uma vez que a nossa autonomia colectiva continua atavicamente arreigada às questões de índole salarial. Não obstante, despontam ténues sinais de empenhamento numa nova organização do trabalho, especialmente, na adopção de mecanismos que acautelem a conservação do emprego.

Dos raros exemplos possíveis[49], permito-me ressaltar a cláusula do contrato colectivo para o sector das cantinas e refeitórios[50] que prevê a cessão da posição contratual do empregador na hipótese de terminar

---

[48] ÉFREN CÓRDOVA, *ob. cit.*, p. 725.

[49] A contratação colectiva também começa a despertar, timidamente, para o fenómeno do trabalho a tempo parcial, cfr., por exemplo a cláusula 8.ª do ACT entre Empresas e Agências de Navegação Aérea e o SITAVA — Sindicato dos Trabalhadores da Aviação e Transportes (BTE, 1.ª série, n.º 35, 22/9/96), ou cláusula 17.ª do CCT entre a ANO — Associação Nacional de Osteopatas e o SIMAC — Sindicato Nacional de Massagistas de Recuperação e Cinesioterapeutas (BTE, 1.ª série, n.º 26, 15/7/1996).

[50] Cláusula. 56.º, n.º 1, BTE, 1.ª série, n.º 3, 22/01/95.

344   *I Congresso Nacional de Direito do Trabalho*

o contrato de concessão. Uma segunda previsão, de certo modo inovadora, é também a cedência definitiva de trabalhadores regulada em cláusula do contrato colectivo para a construção civil e obras públicas [51], que permite a mobilidade interempresarial num sector particularmente marcado pelas oscilações conjunturais [52] [53].

Percorridas que estão, transversalmente, as coordenadas axiais que forjam a nova organização da produção e do trabalho, uma conclusão impõe-se com clareza:

Não obstante constituir uma categoria jurídica desprovida de utilidade metodológica, a precariedade do emprego não deixa indiferente um Direito do Trabalho numa fase crítica do seu desenvolvimento, mas que não enjeitou a razão da sua emancipação — a protecção do contraente mais débil.

Na verdade se a retracção reguladora é um imperativo dos tempos, certo é que o critério economicista não é suficiente para sopesar os custos sociais derivados do obscurecimento do trabalho pelo emprego.

No entanto, não cremos que se devam depositar demasiadas esperanças na resolução deste problema em sede jurídica. Afinal, parafraseando um reputado juslaborista [54], ao Direito do Trabalho não pode ser pedida a eliminação da precariedade, apenas que a torne mais aceitável.

---

[51] Cláusula 22.ª, BTE, 1.ª série, n.º 8, 28/02/95.

[52] O CCT entre a ANEFA — Associação Nacional de Empreiteiros Florestais e Agrícolas — e o SETAA — Sindicato de Agricultura, Alimentação e Florestas — (BTE, 1.ª série, n.º 21, 8/6/1996), embora não contemple expressamente qualquer figura de mobilidade interempresarial não deixa de prever a obrigação de a empresa utilizadora pelo cumprimento das normas de protecção da segurança e saúde no trabalho — cláusula 111.ª, n.º 4, al. *a)* —, tal como sucede com a cláusula 102.ª, n.º 4, al *a)* do CCT entre a Associação de Agricultores ao Sul do Tejo e o SETAA (BTE, 1.ª série, n.º 16, 29/4/96).

[53] Sobre a mobilidade interempresarial, cfr., nosso, "A mobilidade interempresarial na contratação colectiva", *Questões Laborais*, ano III, 1996, n.º 8, p. 152, ss.

[54] U. ROMAGNOLI, Il lavoro in Italia, Bolonha, 1995, p.196.

A ESTABILIDADE DA RELAÇÃO LABORAL

Vitor Ferraz

Professor da Universidade Portucalense
Advogado

A ESTABILIDADE DA RELAÇÃO LABORAL

VITOR FERRAZ
Professor da Universidade Portucalense
Advogado

A. DELIMITAÇÃO DO CONCEITO

I. A relação de trabalho é uma relação duradoura, que não se esgota na realização de um determinado acto mas que se prolonga no tempo. Não é, portanto, uma relação transitória, pressupondo, antes, um vínculo contínuo e permanente.

O empregador, geralmente, não necessita da colaboração do trabalhador durante um período temporalmente limitado mas, sim, durante um período indeterminado, já que a prestação de trabalho de cada trabalhador se insere numa actividade produtiva organizada para perdurar no tempo.

A continuidade da prestação de trabalho corresponde, portanto, a necessidades e interesses do próprio empregador na medida em que desenvolve as aptidões técnico-profissionais do trabalhador, aumentando a produtividade e qualidade do trabalho, para além de criar e reforçar os laços pessoais não só com o empregador mas com os outros colaboradores da empresa, reforçando a identificação do trabalhador com os objectivos e fins visados. Daqui resultará também um maior empenho na execução do trabalho, um melhor ambiente de trabalho e, consequentemente, um reforço da produtividade.

Mas a continuidade da prestação de trabalho corresponde, sobretudo, a interesses do trabalhador, derivados da necessidade de manutenção do emprego, como única ou principal fonte de rendimento, com reflexos na sua vida familiar e social.

Dir-se-á ainda que esta continuidade e permanência da relação de trabalho corresponde também a interesses públicos ligados à necessidade de evitar as situações de desemprego com todas as consequências inerentes.

É natural, por isso, que a legislação laboral da generalidade dos países consagre hoje normas e mecanismos jurídicos que garantam a estabilidade do emprego.

Neste sentido, e no plano jurídico, a questão da estabilidade relaciona-se, fundamentalmente, com a questão da cessação do contrato de trabalho e dos mecanismos restritivos que a lei coloca à liberdade de desvinculação unilateral das partes, sobretudo da entidade patronal.

II. A expressão "estabilidade da relação laboral" é utilizada, por alguns autores,

com um significado mais amplo, abrangendo também a estabilidade ou inalterabilidade do conteúdo do contrato de trabalho.

O princípio da estabilidade, neste sentido, abrangeria a estabilidade no emprego, na categoria profissional, no nível retributivo e no local de trabalho. Assim, a estabilidade no emprego restringiria os despedimentos, a estabilidade na categoria proibiria a descida de categoria profissional, a estabilidade no local proibiría a transferência de local de trabalho e a estabilidade no nível retributivo proibiría a diminuição da retribuição.

No dizer de Bernardo Xavier[1] estaria aqui em causa «o especial empenho do direito do trabalho em que os contratos sejam pontualmente cumpridos e considerados estáveis desde a sua outorga, não sendo admitida a sua novação "in pejus"».

Este princípio abrangeria, pois, a generalidade das garantias do trabalhador, consagradas na LCT, especialmente a proibição de diminuição da retribuição, de baixa de categoria, de transferência de local de trabalho.

A estabilidade confundir-se-ia, assim, com o princípio civilístico de que "os contratos devem ser pontualmente cumpridos".

---

[1] "A estabilidade no direito do trabalho português", BERNARDO DA GAMA LOBO XAVIER, in Est. Soc. Corp, 1970, n.º 31".

A Estabilidade da Relação Laboral   349

É verdade que o princípio "pacta sunt servanda" encontra várias aplicações no direito do trabalho, estando plasmado em várias normas que têm como escopo evitar que os direitos dos trabalhadores possam ser lesados através da alteração das cláusulas contratuais por decisão unilateral do empregador.

Este princípio poderá sempre ser invocado, em defesa da posição do trabalhador, quando surjam alterações contratuais impostas pelo empregador que não encontrem a sua fundamentação em disposições normativas especiais .

Dar, contudo, este significado ao princípio da estabilidade seria atribuir-lhe um alcance demasiado amplo e impreciso.

Não é neste sentido que normalmente se fala de estabilidade.

A estabilidade está ligada ao conjunto de mecanismos e providências jurídicas destinadas a permitir que o contrato de trabalho se mantenha e se prolongue no tempo.

Nesse sentido a estabilidade está intimamente relacionada com o regime da cessação do contrato de trabalho e, muito especialmente, com as restrições e obstáculos colocados à liberdade de desvinculação do contrato por decisão unilateral do empregador, isto é, ao despedimento. Também o regime jurídico da suspensão do contrato de trabalho traduz uma protecção à estabilidade, questão que, contudo, não pretendemos aqui tratar.

III. A estabilidade, concebida como direito do trabalhador a conservar o seu emprego, parte do pressuposto que o empregador só tem direito a rescindir o contrato desde que exista uma justa causa.

Tradicionalmente costuma classificar-se a estabilidade em própria e imprópria [2].

A primeira existiria quando a violação do direito à conservação do emprego tem como sanção a nulidade do acto de despedimento e, consequentemente, a manutenção do contrato de trabalho com todos os direitos e deveres das partes, nomeadamente o direito de o trabalhador receber o seu salário.

A segunda existiria quando a violação do direito a conservar o emprego não provoca a nulidade ou ineficácia do despedimento e acarreta apenas uma sanção pecuniária de natureza indemnizatória ou compensatória.

---

[2] Américo Plá Rodriguez, in "Los principios del derecho del trabajo", Ediciones Depalma Buenos Aires, 1990.

B – BREVE VISÃO HISTÓRICA DA ESTABILIDADE NO DIREITO PORTUGUÊS

I. A estabilidade é uma garantia dos trabalhadores portugueses que merece consagração constitucional.

O artigo 53.º da CRP, ao estabelecer a proibição dos despedimentos sem justa causa, confere um verdadeiro direito à estabilidade no emprego que se reflete directamente no regime jurídico do despedimento consagrado na lei ordinária.

Pode dizer-se, contudo, que, nas outras formas de cessação do contrato de trabalho, também encontramos mecanismos jurídicos que traduzem a preocupação do legislador português em proteger a estabilidade no emprego.

Esta preocupação, hoje comum à generalidade dos sistemas legislativos, só em passado muito recente obteve consagração legal.

No início, correspondente ao período liberal, o contrato de trabalho, ou melhor, os seus antecedentes históricos, eram, por vontade das partes ou imposição legal, necessariamente sujeitos a um prazo.

Ultrapassada esta fase, passou a impor-se, como regra geral na contratação laboral, o contrato por tempo indeterminado, mantendo-se o contrato de trabalho a prazo como excepção, mas, tal só foi possível, porque se veio a consagrar concomitantemente a possibilidade, praticamente ilimitada, de qualquer das partes pôr termo ao contrato por decisão unilateral.

Surgiu, por isso, o chamado despedimento "ad nutum", como forma normal de extinção do contrato de trabalho por iniciativa do empregador.

Posteriormente, começa a tomar-se consciência de que o acto de desvinculação do contrato por iniciativa de cada uma das partes corresponde a interesses e tem consequências substancialmente diferentes: para o empregador representa o interesse em actuar sobre a organização e recursos humanos da empresa; para o trabalhador o interesse na recuperação da liberdade pessoal; por outro lado, quanto às consequências, para o trabalhador a perda do emprego, com a inerente perda de um estatuto económico e social; para o empregador, simplesmente a perda de um colaborador, sempre substituível por outro.

A assunção desta realidade leva, no plano jurídico, à criação de limitações ao despedimento, traduzidas em diferentes mecanismos legislativos. Começa-se pela criação da obrigação de aviso prévio no exercício do direito de denúncia do contrato, segue-se a exigência de

A Estabilidade da Relação Laboral 351

motivação do despedimento, normalmente ligada à necessidade de elaboração de um processo, e termina-se com a consagração da invalidade do despedimento como sanção aplicável à inobservância das condições de forma e de fundo exigidas pela Lei.

Esta mesma caminhada se constata através da análise da evolução histórica do regime jurídico da cessação do contrato de trabalho, no direito português, a qual traduz uma progressiva e crescente protecção à estabilidade.

II. No regime do Código Civil de 1867, o designado "contrato de serviço salariado", considerado antecedente do actual contrato de trabalho, podia ser livremente rescindido por qualquer das partes, com a restrição de que a entidade patronal, sendo o trabalhador contratado "ao dia", não podia despedi-lo "antes que finde o dito dia" (Art. 1394.º). Caso tal acontecesse, e não havendo justa causa, o empregador ficava obrigado a pagar o salário por inteiro.De acordo com a Lei n.º 1952, de 10 de Março de 1937, o empregador podia denunciar o contrato, independentemente de justa causa, ficando, contudo, obrigado a um aviso prévio, que varia com a antiguidade do trabalhador e com a qualificação deste como empregado ou assalariado.

O D.L. n.º 47 032, de 27.05.66, que veio substituir a Lei 1952, manteve a possibilidade de o empregador denunciar o contrato de trabalho com aviso prévio.

Este varia com a antiguidade do trabalhador, devendo ser de meio mês por cada ano completo de antiguidade, caso esta não seja superior a quinze anos, e de um mês por cada ano completo de antiguidade, caso esta seja superior a 15 anos.

Criou-se, contudo, a obrigação de a entidade patronal pagar ao trabalhador uma compensação igual à remuneração correspondente a metade do tempo de aviso prévio.

Deu-se, assim, um passo importante na concretização do valor da estabilidade no emprego, já que, anteriormente, a denúncia do contrato não acarretava para o empregador qualquer ónus patrimonial, sendo, por isso, mais fácil a sua utilização.

A cessação ilícita do contrato, que ocorria quando não houvesse justa causa e não fosse respeitado o aviso prévio, obrigava ao pagamento de uma indemnização igual ao valor da retribuição correspondente ao tempo de aviso prévio a que houvesse lugar.

Considerando que a compensação por denúncia do contrato é igual a metade da retribuição do período de aviso prévio, afinal, a indemnização devida pela falta de aviso prévio acaba por se traduzir também em metade da retribuição devida durante tal período.

Este diploma legal esteve em vigor pouco mais de três anos, vindo a ser substituído pelo regime jurídico do contrato individual de trabalho (R.J.C.I.T.), habitualmente designado por LCT, aprovado pelo D.L. 49 408, de 24.11.69.

O regime jurídico consagrado na LCT, no que diz respeito à cessação do contrato por iniciativa do empregador, corresponde, no essencial, ao do D.L. 47 032, mantendo-se a possibilidade de denúncia do contrato com pré-aviso.A antecedência da denúncia devia ser igualmente de meio mês ou um mês por cada ano completo de antiguidade do trabalhador, conforme este tenha menos ou mais de quinze anos de serviço; o trabalhador tem direito à compensação pecuniária igual à retribuição de metade do período de aviso prévio e o não cumprimento deste obriga ao pagamento de uma indemnização igual ao valor da retribuição correspondente ao tempo de aviso prévio em falta.

Não estamos, contudo, ainda perante uma autêntica e real protecção à estabilidade, já que esta exige a proibição do despedimento imotivado.

Ora, embora se previsse a possibilidade de o contrato cessar com base em justa causa, esta não constituía a via normal para a cessação do contrato. Era uma forma residual, que apenas se utilizava em situações mais graves.

O sistema normal de cessação do contrato era a denúncia com pré-aviso que não exigia qualquer fundamentação ou justa causa, antes assentando apenas numa decisão livre e imotivada da entidade empregadora.

Depois da revolução de 25 de Abril de 1974, assiste-se a uma tendência no sentido de limitar a faculdade de denúncia por iniciativa do empregador e de eliminar o despedimento "ad nutum".

A partir desta altura, a evolução legislativa operou-se no sentido de estabelecer mecanismos de ordem formal e substancial de controlo do despedimento. Na realidade, por um dado, passou a exigir-se a elaboração de um processo disciplinar escrito, onde a defesa do trabalhador desempenhava um papel fundamental, e, por outro lado, proibiu-se a denúncia unilateral do empregador sem que esta se fundamentasse em "justa causa", entendida como um comportamento culposo do trabalhador que provocasse a impossibilidade de subsistência da relação de trabalho.

A Estabilidade da Relação Laboral 353

É o que acontece logo com o D.L. 292/75, de 16 de Junho, que suspendeu, por um período de 30 dias, a possibilidade de denúncia com aviso prévio e passou a admitir apenas o despedimento com justa causa, a qual deve ser apurada através de um processo prévio escrito, "composto, pelo menos, de nota de culpa enviada ao trabalhador e da audiência deste" [3].

Pouco depois, surge o D.L. 372-A/75, de 16.07, que foi, desde o início, designado por Lei dos Despedimentos.

Este diploma veio revogar todo o capítulo VI da LCT sobre o regime da cessação do contrato de trabalho e fixou como únicas formas de cessação do contrato de trabalho por decisão unilateral da entidade patronal o despedimento com justa causa e o despedimento por motivo atendível.

O "motivo atendível", que tanto podia resultar de fundamentos objectivos, ligados à empresa ou ao trabalhador, como subjectivos, ligados à pessoa do trabalhador, mas não culposos — como a inaptidão ou inadaptação a novos métodos de trabalho resultantes de alterações tecnológicas — permitia o despedimento com aviso prévio e com pagamento de indemnizações.

Este diploma legislativo pôs termo à faculdade de denúncia não motivada do contrato de trabalho, passando a exigir a necessidade de motivação de todo o despedimento.

As possibilidades de desvinculação unilateral do contrato, por decisão do empregador, ficaram assim reduzidas ao despedimento com justa causa e ao despedimento por motivo atendível.

Este sistema veio a ser modificado pelo D.L. 84/76, de 28/01, que, nas alterações que introduziu à Lei dos Despedimentos, eliminou a faculdade de despedimento com motivo atendível, reduzindo, assim, a possibilidade de despedimento individual à existência de justa causa, apurada em processo disciplinar.

A denominada Lei dos Despedimentos veio ainda a ser alterada pelo D.L. 841-C/76, de 7.12, e Lei 48/77, de 10.07, que, àparte alguns acertos de pormenor, introduzidos

com a intenção declarada de criar "uma maior flexibilidade na resolução dos contratos de trabalho" [4], manteve o sistema consagrado pelo D.L. 84/76.

---

[3] – Ver, a este propósito, MESSIAS DE CARVALHO E VÍTOR NUNES de Almeida, "Direito do Trabalho e Nulidade do Despedimento" Ed. Almedina, Coimbra 1984.

[4] Ver preâmbulo do D.L. 841-C/76

354 *I Congresso Nacional de Direito do Trabalho*

De acordo com tal sistema, a justa causa passou a ser uma condição de licitude do despedimento e não apenas um meio de o legitimar e dispensar a entidade patronal das obrigações do aviso prévio e do pagamento de uma compensação.

Por outro lado, a ilicitude do despedimento, motivada por irregularidades no processo disciplinar ou por ausência de justa causa, passou a ser sancionada com a reintegração do trabalhador na empresa ou, conforme opção sua, com uma indemnização calculada em função da antiguidade.

A estabilidade passou, assim, a ter consagração no nosso ordenamento jurídico com o significado de estabilidade própria ou real, que só existe quando se considera nulo o acto do despedimento sem justa causa, mantendo-se o trabalhador vinculado à empresa e com direito a receber a retribuição.

Finalmente, e depois de algumas tentativas legislativas para alterar o regime dos despedimentos num sentido mais flexível e liberal, veio a ser publicado o D.L. 64-A/89, de 27.02, actualmente em vigor (LCCT).

Este diploma tem a novidade de passar a tratar em conjunto todos os meios extintivos do contrato de trabalho, incluindo o termo, e introduziu uma nova forma de cessação do contrato baseada na extinção de postos de trabalho" por forma a não se pressionar o recurso ao despedimento colectivo" [5].

Passaram, assim, a existir duas formas de despedimento baseadas em fundamentos idênticos: extinção de postos de trabalho por causas objectivas de ordem estrutural, tecnológica ou conjuntural relativas à empresa.

O que verdadeiramente se pretendeu com esta nova forma foi possibilitar o despedimento individual fundado em razões objectivas, já que o recurso a esta forma de despedimento depende, entre outras condições, de não ser possível recorrer ao despedimento colectivo (art. 27.º, n.º 1, al. *d*)).

Mais recentemente, o D.L. 400/91, de 16/10, veio introduzir uma nova forma de despedimento baseado na inadaptação do trabalhador ao posto de trabalho.

Possibilita-se, agora, a cessação do contrato com fundamento em razões de natureza objectiva mas ligadas à pessoa do trabalhador.

---

[5] Ver parte preambular do diploma.

A *Estabilidade da Relação Laboral*										355

O regime jurídico desta nova forma de despedimento é bastante semelhante ao previsto na LCCT para o despedimento por extinção de postos de trabalho.

Dir-se-á, em jeito de conclusão, que as alterações legislativas subsequentes ao D.L. 84/76, de 28/01, foram motivadas pela preocupação de criar uma maior flexibilidade no regime de extinção do contrato de trabalho e, por isso, traduzem um decréscimo da protecção da estabilidade.

C – A ESTABILIDADE NO REGIME ACTUAL DA CESSAÇÃO DO CONTRATO DE TRABALHO

Como já se referiu, o regime jurídico da cessação do contrato de trabalho consta do D.L. 64-A/89, de 27.02, e do D.L. 400/91, de 16.10, que veio introduzir o despedimento por inadaptação do trabalhador ao posto de trabalho, a que acresce, mais recentemente, a Lei 38/96, de 31.08.

Propomo-nos, de seguida, fazer uma análise dos mecanismos que neste regime protegem a estabilidade, dando prevalência ao despedimento, mas referindo também as outras formas de cessação do contrato.

Entendemos aqui a estabilidade não apenas no sentido mais correcto e preciso – estabilidade própria ou real – mas com um significado mais amplo que abrange todos os mecanismos legislativos tendentes a reforçar a vocação de perdurabilidade da relação laboral.

1 – O despedimento

O despedimento, entendido como acto decisório e extintivo da relação de trabalho por iniciativa do empregador, assume, no regime jurídico actual, duas formas com fundamento diferentes:

- o despedimento disciplinar, baseado em causas subjectivas e culposas do trabalhador;
- o despedimento por causas objectivas, baseado em situações objectivas ligadas à empresa – despedimento colectivo e despedimento tendencialmente individual – ou em situações objectivas ligadas à pesssoa do trabalhador – inadaptação ao posto de trabalho.

Em todas estas formas de despedimento há traços comuns, quer no respeitante às condições da licitude do despedimento, quer no respeitante aos efeitos da ilicitude.

356   *I Congresso Nacional de Direito do Trabalho*

São condições de licitude do despedimento a existência de justa causa – condição material – e a elaboração de um processo válido – condição formal ou processual.

A ilicitude do despedimento é, em todas as situações, sancionada com a possibilidade de reintegração do trabalhador.

1.1 – A Motivação

O nosso ordenamento jurídico-laboral não admite o despedimento não motivado ou não fundamentado.

Os fundamentos possíveis são vários e de diferente tipo e natureza.

No despedimento disciplinar será a justa causa que a lei define como "o comportamento culposo do trabalhador que, pela sua gravidade e consequências, torne

imediata e praticamente impossível a subsistência da relação de trabalho" (art. 9.º, n.º 1 da LCCT).

No despedimento por causas objectivas serão motivos tecnológicos, estruturais, económicos ou de mercado, relativos à empresa, ou ainda a inadaptação do trabalhador ao posto de trabalho provocada por modificações resultantes da introdução de novos processos de fabrico, de novas tecnologias ou de equipamento baseado em diferente ou mais complexa tecnologia.

Pondo de parte o despedimento colectivo, que tradicionalmente merece um tratamento e justificação própria, poder-se-á dizer, com Monteiro Fernandes, que o despedimento deverá fundar-se em justa causa, entendida esta, à luz duma correcta interpretação do conceito constitucional, como "toda e qualquer situação (de natureza disciplinar ou outra) capaz de, em concreto, suscitar a impossibilidade prática da subsistência das relações que o contrato de trabalho supõe"[6].

1.2 – O processo de despedimento

Para além de motivado, o despedimento tem de ser precedido de um processo escrito de onde constem as razões e fundamentos invocados, a posição do trabalhador e, por vezes, das estruturas representativas dos trabalhadores e a decisão final do empregador.

No caso do despedimento baseado em justa causa subjectiva, este processo, designado por processo disciplinar, tem como fases fundamentais a nota de culpa (descrição circunstanciada dos factos imputados

---

[6] Direito do Trabalho, I Vol., 9.ª Edição, Almedina, pág. 505.

A Estabilidade da Relação Laboral 357

ao trabalhador), a possibilidade de defesa deste, a intervenção da Comissão de Trabalhadores, quando exista, a instrução e a decisão final do empregador (Art. 10.º da LCCT);

Este modelo pode ser simplificado para as empresas que ocupem até vinte trabalhadores (Art. 15.º).

Se o despedimento se funda em razões objectivas, terá de ser igualmente elaborado um processo, de tipo administrativo, com a finalidade de permitir um controlo dos fundamentos invocados e, eventualmente, evitar ou reduzir o âmbito do despedimento.

Tal processo tem como pontos essenciais:

– a comunicação da intenção do despedimento, acompanhada da descrição dos motivos invocados, dirigida à estrutura representativa dos trabalhadores na empresa ou/e a cada um dos trabalhadores a despedir;

– a possibilidade de intervenção dos serviços competentes do Ministério do Emprego;

– possibilidade de o trabalhador se manifestar sobre as razões e oportunidade do despedimento.

– Decisão da entidade empregadora e sua comunicação aos trabalhadores com uma antecedência mínima de 60 dias em relação à data do despedimento.

1.3 – Obrigação de compensação nos despedimentos por causas objectivas

Sempre que o despedimento se fundamenta em factos objectivos, ligados à empresa ou derivados do seu funcionamento com reflexos na capacidade e aptidão do trabalhador, este tem o direito de perceber uma indemnização pecuniária que é igual a um mês de retribuição de base por cada ano de antiguidade ou fracção.

O pagamento desta indemnização, no momento em que a declaração de despedimento se torna eficaz, foi mesmo arvorado em condição de validade do despedimento, salvo nos caos de insolvência e falência da entidade empregadora e outros regulados em legislação especial sobre recuperação e reestruturação de sectores económicos.

1.4 – Os efeitos da ilicitude do despedimento

A ausência ou insuficiência do fundamento, subjectivo ou objectivo, bem como a falta do processo ou dos seus elementos essenciais provocam a ilicitude do despedimento.

358   *I Congresso Nacional de Direito do Trabalho*

Esta terá de ser declarada judicialmente em acção intentada pelo trabalhador e tem os efeitos indicados no artigo 13.º da LCCT.

Por um lado, o trabalhador tem o direito de receber o valor das retribuições que deixou de auferir desde o momento do despedimento até à sentença e, por outro, tem o direito de ser reintegrado na empresa no respectivo cargo ou posto de trabalho e com a antiguidade que lhe pertencia.

Em substituição da reintegração pode optar pela indemnização de antiguidade.

Tudo se passa, portanto, como se o despedimento não se tivesse verificado e o contrato de trabalho se mantivesse em vigor. Na realidade, a declaração de despedimento, caso este venha a ser declarado ilícito, não se repercute sobre a validade do contrato, que se mantém na plenitude dos seus efeitos.

Com o sistema actual, em que ao montante das retribuições vencidas entre o despedimento e a sentença se permite a dedução dos rendimentos de trabalho auferidos pelo trabalhador em resultado da disponibilidade obtida com o despedimento, pretendeu-se fazer coincidir estas prestações com os prejuízos patrimoniais sofridos pelo trabalhador.

Com esta medida, por um lado, libertou-se a entidade empregadora de uma obrigação cuja quantificação ficava dependente da maior ou menor morosidade do processo judicial mas, por outro lado, passaram a "penalizar-se" os trabalhadores mais diligentes e mais céleres na procura de novo emprego. Também se poderá dizer, na expressão acertada de António José Moreira, que se criou um verdadeiro "convite à preguiça"[7].

A estas retribuições se deduzem ainda aquelas que se venceram entre a data do despedimento e os trinta dias anteriores à data da proposição da acção, se esta não for proposta nos trinta dias subsequentes ao despedimento.

Tal significa que, caso a acção judicial não seja proposta dentro dos trinta dias subsequentes ao despedimento, o trabalhador só terá direito a receber as retribuições que se vencerem a partir dos trinta dias anteriores à data da proposição da acção.

Sabido que o prazo para proposição da acção é de um ano (reduzido para noventa dias no despedimento colectivo), deixa de se repercutir no empregador a negligência do trabalhador no recurso ao tribunal.

---

[7] Compêndio de Leis do Trabalho, 2.ª Ed., Almedina, 1997, pág. 425, nota 2.

A Estabilidade da Relação Laboral

2 – Caducidade do contrato de trabalho

Também nesta forma de cessação do contrato se encontram manifestações de protecção da estabilidade, quer no caso da caducidade derivada da morte ou extinção da entidade empregadora, quer no caso da caducidade derivada do decurso do termo do contrato.

2.1 – Caducidade provocada pela morte ou extinção da entidade empregadora

A morte do empregador em nome individual ou a extinção da entidade colectiva empregadora provocam, como regra, a caducidade do contrato de trabalho.

No entanto, ao contrário do regime comum em outros casos de caducidade, o trabalhador tem direito a uma compensação pecuniária correspondente a um mês de retribuição de base por cada ano de antiguidade ou fracção.

Acresce ainda que o contrato não caducará, mantendo o trabalhador todos os seus direitos e garantias, no caso de o estabelecimento ser objecto de transmissão ou, apenas na situação de morte do empregador individual, se os sucessores do "de cujus" continuarem a sua exploração

O encargo resultante da obrigação do pagamento da compensação pode influenciar a opção por soluções que permitam a continuação do contrato de trabalho e a manutenção do emprego.

2.2 – Caducidade nos contratos a termo

Se bem que tradicionalmente a questão da protecção da estabilidade esteja ligada ao contrato de trabalho com duração indeterminada, excluindo, assim, o contrato de trabalho a termo, que, pela sua própria natureza, traduz uma situação de trabalho precário, a verdade é que o regime jurídico do contrato a termo apresenta vários aspectos que refletem manifestações deste princípio.

Em primeiro lugar, a justificação exigida para a aposição do termo ao contrato.

A LCCT enumera, de forma taxativa, as situações justificativas da celebração do contrato de trabalho a termo e exige, ainda, que tal justificação conste expressamente do texto do contrato. Acolhendo a posição doutrinal e jurisprudencial dominante, a Lei 38/96, de 31 de Agosto, no seu artigo 3.º, veio determinar que "a indicação do motivo

360 *I Congresso Nacional de Direito do Trabalho*

justificativo... só é atendível se mencionar concretamente os factos e circunstâncias que integram esse motivo", ou seja, "dos factos e circunstâncias que individualizam ou identificam o motivo ou a situação" [8].

A inexistência de motivo justificativo ou a sua não inclusão no texto do contrato é sancionada com a nulidade da estipulação do termo e, consequentemente, com a conversão em contrato sem termo.

Em segundo lugar, a obrigação imposta ao empregador de pagar ao trabalhador uma compensação pecuniária correspondente a dois dias de remuneração de base por cada mês completo de duração do contrato.

Esta obrigação – que só se verifica quando a caducidade do contrato for imputável ao empregador – na medida em que representa um encargo económico, influenciará a manutenção do contrato, com a sua eventual conversão em contrato sem termo, sobretudo naqueles casos em que a caducidade resulte apenas da intenção de impedir a conversão.

Refira-se, por último, a proibição imposta ao empregador de, quando o contrato caduca por sua iniciativa e tenha durado mais de doze meses, efectuar uma nova admissão, a termo certo ou incerto, para o mesmo posto de trabalho, antes de decorridos três meses.

A violação desta norma é sancionada apenas com uma multa mas já se defendeu que tal teria como consequência a nulidade da aposição do termo no contrato subsequente [9].

Comparando o regime jurídico actual do contrato a termo com o consagrado no anterior D.L. 781/76, de 28 de Outubro, conclui-se que se restringiu significativamente a sua celebração, procurando incentivar a contratação sem termo, e, nessa medida, saiu reforçada a protecção da estabilidade.

3 – A revogação e a rescisão pelo trabalhador

A lei 38/96 veio conferir ao trabalhador a faculdade de, até ao 2.º dia útil [10] seguinte à data de produção de efeitos do acordo revogatório

---

[8] JORGE LEITE, Novas Leis do Trabalho, Revista *"Questões Laborais"*, Ano III, 1996, nº 8, p. 218

[9] LIBERAL FERNANDES, em artigo publicado no *"Prontuário da Legislação do Trabalho"*, nº 39, págs. 14-18.

[10] – Se não for possível assegurar a recepção da comunicação pela entidade patronal dentro do prazo de 2 dias, poderá tal comunicação ser feita no dia útil subsequente à Inspecção-Geral do Trabalho, que notificará o empregador (Art. 1.º n.º 2 e Art. 2.º, n.º 2, da Lei 38/96).

A Estabilidade da Relação Laboral 361

ou da declaração de rescisão, proceder à revogação de tal acordo ou declaração, salvo se estas contiverem o reconhecimento notarial da assinatura ou esta tiver sido feita na presença de um inspector de trabalho.

A consagração de tal faculdade, que representa uma inovação quanto à rescisão pelo trabalhador, corresponde, relativamente à revogação, à reintrodução de uma medida

que havia sido criada pela anterior Lei dos Despedimentos (art. 7.º do D.L. 372-A/75, de 16 de Julho).

Conferiu-se, assim, ao trabalhador, no dizer de alguns, um verdadeiro "direito ao arrependimento" [11] mas, sobretudo, teve-se como objectivo criar medidas de controlo sobre a regularidade da cessação do contrato e prevenir e evitar a fraude do empregador ou decisões do trabalhador resultantes de uma vontade condicionada, coagida ou até inexistente.

É o que acontece nos casos em que a declaração de vontade do trabalhador, expressa no documento, resulta de coacção, física ou moral, ou de artifícios fraudulentos ligados à assinatura, em simultâneo com a celebração do contrato, de folhas em branco, ou preenchidas com um acordo revogatório ou com uma declaração de rescisão, onde, oportunamente, seria colocada a data conveniente.

De qualquer forma, no que ao caso interessa, estas medidas traduzem também um reforço da estabilidade na medida em que permitem a continuação de relações laborais que, de outro modo, se extinguiriam.

D – OBSTÁCULOS À REINTEGRAÇÃO

I. A reintegração ou readmissão do trabalhador como consequência de um despedimento ilícito constitui a essência de um verdadeiro e real direito à estabilidade.

No entanto, a efectivação deste direito enfrenta vários obstáculos, quer de ordem prática, quer de ordem jurídica.

Não podemos esquecer que estamos perante uma obrigação de facto que é insusceptível de execução específica.

Como é possível fazer readmitir forçadamente um trabalhador numa empresa contra a vontade do seu proprietário?

---

[11] JORGE LEITE, ob. cit., p. 217.

362 — *I Congresso Nacional de Direito do Trabalho*

Esta dificuldade é acrescida quando se entende, como parece dever entender-se, que a reintegração obriga o empregador não só ao pagamento do salário mas a uma real ocupação efectiva do trabalhador.

Daí que, geralmente, se propõem como medidas destinadas a obter uma reintegração efectiva do trabalhador as seguintes: [12]

a) Sanção compulsória – esta traduz-se na aplicação de sanções económicas crescentes com o objectivo de exercer uma pressão cominatória de carácter pecuniário.

Embora esta medida possa ser utilizada como forma de fazer cumprir um dever imposto por uma sentença, tenha ou não conteúdo económico, e qualquer que seja a natureza da prestação, seja uma prestação de dar, de fazer ou de não fazer, ela é particularmente adequada quando se pretende fazer cumprir uma obrigação de facto.

b) Acção indemnizatória – A acção de indemnização de perdas e danos parte do pressuposto que a não prestação efectiva de trabalho causa prejuízos ao trabalhador.

Se tal acontece, e na medida em que tais prejuízos, patrimoniais ou não patrimoniais, sejam demonstráveis, sobre o empregador recairia a responsabilidade pelo seu ressarcimento.

A paralização forçada de um trabalhador provoca sempre danos. O âmbito destes danos é, no entanto, variável, sendo maior nas profissões em que a evolução na valorização, qualificação e aptidão técnica depende do exercício efectivo do trabalho, mas sempre existiram na medida em que se impede o trabalhador de se realizar pessoalmente e de dar um contributo positivo à sociedade.

c) Despedimento indirecto – A oposição à reintegração confere ao trabalhador o direito de considerar que se verificou uma rescisão unilateral do contrato e, consequentemente, poderia reclamar a indemnização por despedimento.

III. No direito português a questão não tem uma resposta directa no plano normativo, mas tem sido tratada na doutrina e na jurisprudência.

Vejamos, em síntese, o seu estado.

---

[12] ver AMÉRICO PLÁ RODRIGUEZ, ob. Cit., pág. 182 e 183.

A Estabilidade da Relação Laboral   363

A condenação judicial na reintegração do trabalhador envolve dois deveres de diferente natureza: o dever de retribuir e o dever de ocupação efectiva.

A execução destas obrigações exige medidas distintas.

A sentença judicial que condenou na reintegração é título executivo bastante "não apenas para as prestações salariais vencidas no período anterior à anulação do despedimento, mas também relativamente às demais obrigações do empregador que se vencem após aquela anulação" [13].

Significa isto que não se torna necessário propôr uma nova acção declarativa a pedir a condenação do empregador no pagamento das remunerações vencidas após a sentença que declara a ilicitude do despedimento. Tem sido esta a solução seguida pela jurisprudência.

A existência da obrigação de ocupação do trabalhador não tem recebido uma resposta unânime e clara na doutrina, embora, na jurisprudência, a posição maioritária seja neste sentido – o dever de ocupação efectiva está incluído na condenação judicial de reintegração.O incumprimento deste dever legitima a adopção de duas medidas: por um lado, constitui justa causa de rescisão do contrato pelo trabalhador e, por outro lado, é fundamento para requerer a condenação da entidade patronal numa sanção pecuniária compulsória ao abrigo do art. 829.º--A do Código Civil [14].

Já se tem admitido também uma acção de indemnização por danos não patrimoniais, nos casos em que tais danos são indemnizáveis à luz da responsabilidade civil.

IV. Ademais destas dificuldades jurídicas, outras surgem no plano prático, sobretudo nas pequenas e médias empresas em que a personalização da relação de trabalho é particularmente intensa.

Os traumas e danos psicológicos sofridos pelo trabalhador alvo de um despedimento injusto e o receio de enfrentar um ambiente hostil e persecutório impedem-no, com frequência, de optar pela reintegração. Por outro lado, a necessidade de sobrevivência e a morosidade do processo judicial obrigam-no à procura de um novo emprego e tornam muitas vezes inútil o direito à reintegração.

---

[13] – Pedro Furtado Martins, "Despedimento Ilícito, Reintegração na Empresa e Dever de Ocupação", Suplemento de "Direito e Justiça", Revista da Fac. de Direito da Un. Católica", Lisboa, 1992, pág. 169, onde também é indicada jurisprudência.

[14] – Pedro Furtado Martins, ob. Cit., pág. 192.

A experiência da nossa actuação forense revela-nos que são grandemente minoritários os casos em que o processo termina com uma reintegração forçada do trabalhador.

Interrogamo-nos, por isso, se a estabilidade e segurança no emprego não seria melhor assegurada através de outras formas que, embora menos defensáveis a nível de certos valores político-ideológicos, se traduziriam numa melhor defesa concreta dos trabalhadores. Para a maioria destes, o que acaba por contar é o valor da indemnização recebida em consequência do despedimento ilícito.

Além do mais, uma demasiada rigidez na política legislativa dos despedimentos pode provocar um recesso na criação de novos postos de trabalho.

E poder-se-ia dizer, com algum exagero embora, que o emprego de uns é causa de desemprego de outros ou, para nos situarmos no tema, que a "estabilidade actual" impede a "estabilidade futura".

DIA 21 DE NOVEMBRO DE 1997
17,30 horas

SESSÃO SOLENE DE ENCERRAMENTO

Presidência
Conselheiro Armando Leandro,
Director do Centro de Estudos Judiciários,
em representação do Senhor Ministro da Justiça

Mesa de Honra
Prof. Doutor Inocêncio Galvão Telles;
Prof. Dr. Bernardo da Gama Lobo Xavier;
Dr. Abílio Neto;
Prof. Dr. António Moreira.

CONFERÊNCIA DE ENCERRAMENTO

Conteúdo e alcance do princípio constitucional
"para trabalho igual salário igual"

Abilio Neto

Advogado

CONTEÚDO E ALCANCE DO PRINCÍPIO CONSTITUCIONAL "PARA TRABALHO IGUAL SALÁRIO IGUAL"

ABILIO NETO
Advogado

1. O n.º 1 e respectiva al. *a*) do art. 59.º da CRP, numa formulação que se mantem inalterada desde a revisão de 1989, e que, no essencial, coincide quer com a versão originária (1976 – art. 53.º) quer com a de 1982 (art. 60.º, n.º 1, al. *a*), proclama que "todos os trabalhadores, sem distinção de idade, sexo, raça, cidadania, território de origem, religião, convicções políticas ou ideológicas, têm direito" '–à retribuição do trabalho, segundo a quantidade, natureza e qualidade, observando-se o princípio de que para trabalho igual salário igual, de forma a garantir uma existência condigna".

Não obstante o enunciado da norma constitucional em apreço se revestir de uma aparente simplicidade e clareza, o certo é que, como advertem pertinentemente MÁRIO PINTO, FURTADO MARTINS e NUNES DE CARVALHO, *Comentário às Leis do Trabalho,* I vol., 1994, pág. 249, "a aplicação destes princípios às relações de trabalho suscita dúvidas de monta, desde logo, quanto à qualificação destas regras como *preceptivas ou programáticas* e, em directa conexão com este problema, quanto à *possibilidade de aplicação directa destes princípios às relações entre particulares"*, acrescentando os mesmos AA. (pág. 250) que "particularmente árdua é a determinação do alcance do princípio a trabalho igual, salário igual".

Esta última questão — salientam FURTADO MARTINS e NUNES DE CARVALHO, *Trabalho igual, Salário igual,* em *Rev. Dir. Est. Sociais,* ano XXXIV, n.º 4, 1992, pág. 357 — "carece de urgente aprofundamento doutrinal, isto não apenas pela relevância intrínseca desta matéria no desenvolvimento da relação laboral, como pelas dúvidas que a este

370   *I Congresso Nacional de Direito do Trabalho*

propósito se suscitam relativamente às tendências maioritárias da jurisprudência".

2. Parte da mais prestigiada e influente doutrina constitucionalista, secundada por alguns juslaboralistas com crédito firmado, não só qualificam as regras em apreço como *preceptivas,* sem necessidade de prévia intermediação legislativa concretizadora, como, em decorrência, sustentam a vinculação directa das entidades privadas à sua observância, abrindo deste modo o caminho para a sua utilização como verdadeiras regras de decisão jurisdicional na resolução de conflitos individuais de trabalho.

Assim, para GOMES CANOTILHO/VITAL MOREIRA, *Constituição da República Portuguesa Anotada,* 3.ª ed., 1993, pág. 319, o citado preceito da al. *a*) do n.º 1 do art. 59.º "estabelece os princípios fundamentais a que deve obedecer a **retribuição do trabalho:** (*a*) ela deve ser conforme à quantidade de trabalho (i. é, à sua duração e intensidade), à natureza do trabalho (i. é, tendo em conta a sua dificuldade, penosidade ou perigosidade) e à qualidade do trabalho (i. é, de acordo com as exigências em conhecimentos, prática e capacidade); (*b*) a trabalho igual em quantidade, natureza e qualidade deve corresponder salário igual, proibindo-se desde logo as discriminações entre trabalhadores; (*c*) a retribuição deve garantir uma existência condigna, ou seja, deve assegurar não apenas o mínimo vital mas condições de vida, individuais e familiares, compatíveis com o nível de vida exigível em cada etapa do desenvolvimento económico e social. É uma expressão deste princípio o estabelecimento de um salário mínimo, bem como a sua actualização (n.º 2/a)".

Por seu turno, JORGE MIRANDA, *Manual de Direito Constitucional,* tomo IV, 2.ª ed., 1993, pág. 224, entende que "as regras específicas de igualdade e diferenciação constantes da Constituição impõem-se às relações entre particulares, nos actos e contratos que nelas directamente se subsumam" e dá como exemplo as do n.º 1 do art. 59.º.

Também MONTEIRO FERNANDES, *Direito do Trabalho,* vol. I, 9.ª ed., 1994, pág. 385, de forma clara e peremptória, não hesita em afirmar que "o *principio de equidade retributiva* que se traduz na fórmula "para trabalho igual salário igual" assume projecção normativa directa e efectiva no plano das relações de trabalho. Ele significa, imediatamente, que não pode, por nenhuma das vias possíveis (contrato individual, convenção colectiva, regulamentação administrativa, legisla-

Conteúdo e Alcance do Princípio Constitucional 371

ção ordinária) atingir-se o resultado de, numa concreta relação de trabalho, ser prestada retribuição desigual da que seja paga, no âmbito da mesma organização, como contrapartida de "trabalho igual" (...). Trata-se, pois, de uma directriz imediatamente operatória, não apenas enquanto critério de validade da regulamentação legal e convencional, mas, sobretudo, como critério de licitude da prática contratual concreta.

Sob a declarada influência de algum ou alguns dos Autores citados, os nossos Tribunais, ao nível de todas as instâncias, têm declarado o princípio "a trabalho igual salário igual" como vinculante das entidades públicas e particulares, como, sobretudo, têm feito dele um *uso que reputamos imoderado,* ora subvalorando a assiduidade efectiva e colocando-a no mesmo plano da assiduidade formal (v.g. Ac. do STJ, uniformizador de jurisprudência, n.º 16/96, de 22-10: *DR,* I-A, de 4. -12. 1996), ora desrespeitando o princípio legal da filiação enquanto critério de aplicação das convenções colectivas de trabalho (Acs. do STJ, de 26.5.1988, de 14.11.1990, de 17.2.1993 e de 25.9.1996, em, respectivamente, CJ, 88/3.º-15, *BMJ,* 401.º-368, *AD,* 378.º-709 e *AD,* 420.º-1485), ora como justificativo de uma equiparação salarial desrespeitadora da autonomia privada e da liberdade contratual (Ac. STJ, de 19.1.1989: *AD,* 328.º-558, entre outros).

3. O art. 16.º da CRP, subordinado à epígrafe "âmbito e sentido dos direitos ftmdamentais", prescreve, no seu n.º 2, que "os preceitos constitucionais e legais relativos aos direitos fundamentais devem ser interpretados e integrados de harmonia com a Declaração Universal dos Direitos do Homem", a qual, por seu turno, dispõe, no n.º 2 do art. 23.º, que "todos têm direito, sem discriminação alguma, a salário igual por trabalho igual", acrescentando o n.º 3 do mesmo normativo que "quem trabalha tem direito a uma remuneração equitativa e satisfatória, que lhe permita e à sua família uma existência conforme com a dignidade humana (...)".

Os n.ᵒˢ 2 e 3 do transcrito art. 23.º da DUDH enunciam três princípios autónomos, mas reciprocamente complementares: (*a*) o da *proibição da discriminação salarial* (n.º 2), (*b*) o do direito a uma *remuneração equitativa* (1.ª parte do n.º 3), e (*c*) o da *suficiência da remuneração* (2.ª parte do n.º 3).

Cotejando esses textos com o enunciado no corpo do n.º 1 e na al. *a)* do art. 59.º da CRP, verifica-se que tanto aqueles como estes estabelecem os mesmos princípios fundamentais a que deve obedecer a retribuição do trabalho, divergindo entre si apenas quanto ao grau de pormenorização ou exemplificação utilizados. Assim, a DUDH limita-se a proclamar que "todos têm direito, sem discriminação alguma, a salário igual por trabalho igual", ao passo que o texto constitucional português expressa o mesmo princípio quando refere que "todos os trabalhadores, sem distinção de idade, sexo, raça, cidadania, território de origem, religião, convicções políticas ou ideológicas, têm direito à retribuição do trabalho (...) observando-se o princípio de que para trabalho igual salário igual (...)".

Por outro lado, a DUDH diz que "quem trabalha tem direito a uma remuneração equitativa"; a al. *a*) do n.º 1 do alt. 59.º da CRP refere que "todos os trabalhadores (...) têm direito á retribuição do trabalho segundo a quantidade, natureza e qualidade", ou seja, pormenoriza o que deve entender-se por remuneração equitativa, ao mandar atender quer à natureza do trabalho, quer aos seus aspectos quantitativos e qualitativos.

Finalmente, de harmonia com a DUDH "quem trabalha tem direito a uma remuneração (...) satisfatória, que lhe permita e à sua família uma existência conforme com a dignidade humana"; paralelamente, o nosso texto constitucional adopta o mesmo princípio ao consagrar que "todos os trabalhadores (...) têm direito à retribuição do trabalho (...) de forma a garantir uma existência condigna".

Em suma: enquanto que a jurisprudência nacional, inspirada na doutrina acima referenciada, *unifica ou funde num só os* princípios da *não discriminação* salarial ("para trabalho igual salário igual") e o da remuneração equitativa, também designado por princípio de *equidade retributiva* ("segundo a quantidade, natureza e qualidade"), e, a partir dessa unificação, concluiu que se vários trabalhadores produzirem, no âmbito da mesma empresa, trabalho que possa ter-se por igual, segundo os parâmetros da quantidade, natureza e qualidade, não pode a entidade patronal pagar-lhes salários de diferente valor, nós entendemos que a interpretação do preceituado na al. *a*) do n.º 1 do art. 59.º da CRP, feita à luz dos n.os 2 e 3 do art. 23.º da DUDH, consoante é imposto pelo n.º 2 do art. 16.º da Constituição, não permite essa fusão de princípios, antes impõe o seu tratamento diferenciado, o que retira, a tal doutrina e jurisprudência induzida, suporte técnico-normativo.

Haja em vista que a diferenciação ou autonomização de ambos os princípios assume, na DUDH, um cunho tão marcado, que lhes correspondem números distintos no art. 23.º, sendo certo que a proibição

Conteúdo e Alcance do Princípio Constitucional 373

de discriminação salarial, fixada no n.º 2 — "todos têm direito, sem discriminação alguma, a salário igual por trabalho igual" — faz apelo à proscrição de distinções enunciadas no art. 2.º, ou seja, "nomeadamente de raça, de cor, de sexo, de língua, de religião, de opinião política ou outra, de origem nacional ou social, de fortuna, de nascimento ou de qualquer outra situação", ou "distinção fundada no estatuto político, jurídico ou internacional do país ou do território da naturalidade da pessoa, seja esse país ou território independente, sob tutela, autónomo ou sujeito a alguma limitação de soberania".

Paralelamente, o art. 7.º do Pacto Internacional sobre os Direitos Económicos, Sociais e Culturais, aprovado para ratificação pela Lei n.º 45/78, de 11-7, assegura que os Estados Partes "reconhecem o direito de todas as pessoas de gozar de condições de trabalho justas e favoráveis, que assegurem em especial:

> *a)* Uma remuneração que proporcione, no mínimo, a todos os trabalhadores:
>> i) Um salário equitativo e uma remuneração igual para um trabalho de valor igual, sem nenhuma distinção, devendo, em particular, às mulheres ser garantidas condições de trabalho não inferiores àquelas de que beneficiam os homens, com remuneração igual para trabalho igual;
>> ii) Uma existência decente para eles próprios e para suas famílias, em conformidade com as disposições do presente Pacto (...)

Temos, pois, que a trilogia "princípio da remuneração equitativa", "princípio da não discriminação salarial" e "princípio da suficiência remuneratória", a exemplo do que sucede em relação à al. *a)* do n.º 1 do art. 59.º da CRP e do art. 23.º da DUDH, obteve consagração expressa no mencionado Pacto, também ele aplicável como direito vigente, *ex vi* do n.º 1 do art. 16.º da CRP.

Em suma, a interpretação redutora da al. *a)* do n.º 1 do art. 59.º da CRP, reconduzindo apenas a dois os princípios nela enunciados, através da unificação da proibição da discriminação com o da equidade retributiva, ambos sob o denominador comum de "a trabalho igual salário igual", como se de uma mesma e única realidade se tratasse, é desconforme ao critério interpretativo consignado remissivamente no n.º 2 do art. 16.º, e, como tal, desconforme à própria Constituição.

4. Por outro lado, os denominados "direitos dos trabalhadores", enunciados no art. 59.º, tal como o "direito ao trabalho" e as formas de o assegurar, descritas no art. 58.º, não têm assento sistemático no capítulo dedicado aos "direitos, liberdades e garantias dos trabalhadores" (arts. 53.º a 57.º) — caso em que, por força do n.º 1 do art. 18.º, gozariam de força jurídica directa e vinculariam as entidades públicas e privadas —, mas figuram, antes, no Título que se ocupa dos "direitos e deveres económicos, sociais e culturais", e, no âmbito destes, abrem o capítulo dos "direitos e deveres económicos".

Não estando, pois, a coberto de qualquer norma de aplicabilidade imediata, expressamente estabelecida no texto constitucional, os preceitos relativos aos "direitos dos trabalhadores", designadamente os enunciados na al. *a*) do n.º 1 do art. 59.º, são meramente programáticos ou proclamatórios, e constituem normas que, enquanto tais, face à indeterminação relativa do seu conteúdo, não conferem aos seus destinatários, pessoas singulares, quaisquer direitos subjectivos, embora imponham ao legislador a obrigação de agir para tornar exequíveis as correspondentes normas constitucionais, sob pena de inconstitucionalidade por omissão (art. 283.º-1 da CRP).

Haja em vista que o legislador, embora vinculado a directivas ali fixadas, dispõe de uma certa margem de liberdade e conformação, "já que lhe compete a determinação dos elementos comparativos para operar a diferenciação, exigindo-se apenas que tais elementos possam servir de base à finalidade proposta" (Ac. n.º 44/84 do TC), porquanto, "como resulta da jurisprudência reiterada do Tribunal Constitucional, o princípio da igualdade obriga a que se trate como igual o que for essencialmente igual e como diferente o que for essencialmem diferente, não impedindo a diferenciação de tratamento, mas apenas discriminação arbitrária e irrazoável" (Ac. n.º 393/97 do TC).

Além disso, porque o conteúdo de tais preceitos se condensa em regras meramente enunciativas de uma dada orientação cujo destinatário privilegiado é o legislador, embora também abarquem as organizações profissionais detentoras do poder de regulação das relações colectivas de trabalho — organizações sindicais e patronais —, não cabe aos Tribunais, substituindo-se àquele e/ou a estas, fixar-lhes o alcane concreto: esse conteúdo depende, no essencial, da vontade do legislador ordinário, ao qual se deve entender que foi delegado, por razões *técnicas ou políticas,* um poder de conformação autónoma, que não cai no âmbito da função dos órgãos aplicadores do direito.

Conteúdo e Alcance do Princípio Constitucional 375

Ninguém de bom senso — ao que julgamos — ousará accionar um empregador concreto exigindo-lhe uma majoração da retribuição que aufere, com fundamento no facto desta última não lhe "garantir uma existência condigna", à qual tem direito nos termos da parte final da al. *a)* do n.º 1 do art. 59.º da Constituição. Quer a "existência condigna" se reporte apenas ao trabalhador, quer abranja também o respectivo agregado familiar como resulta da interpretação do normativo constitucional feita à luz da 2.ª parte do n.º 3 do art. 23.º da DUDH, têm aqui pleno cabimento as considerações tecidas por GUIDOTTI a propósito da fórmula da Constituição italiana — "retribuição suficiente para assegurar-lhe a si e à sua família uma existência livre e condigna" — (a citação é de BERNARDO XAVIER, *Direito do Trabalho,* pág. 372): trata-se de um "programa, uma aspiração e um conceito-norma, e não uma medida fixa, certa e pré-determinada: isto requer em todos, e provavelmente em cada caso, uma avaliação dos dados históricos e ambientais, donde pode resultar, unicamente mediante uma prudente discricionaridade, a determinação da medida concreta". E mais adiante diz o referido autor em referência ao mesmo preceito que "dar-lhe conteúdo preceptivo equivaleria a realizar uma revolução na ordem económica e jurídica não imaginada sequer pelas concepções mais audazes".

De igual modo, o *princípio da remuneração equitativa* ou da *equidade salarial* tem como destinatários principais as entidades às quais cabe quer a fixação das várias carreiras profissionais, quer a definição das diversas categorias/cargos que as integram, quer a integração destas em níveis de qualificação, com a inerente hierarquização em termos remuneratórios. É nessa sede que releva sobremaneira a ponderação da quantidade, da natureza e da qualidade do trabalho prestado, por forma a construir tabelas salariais justas e relativamente equilibradas.

Quando, como sucede no âmbito da função pública, toda essa estruturação é da competência exclusiva do legislador, este terá de conformar-se com os apontados critérios constitucionais, sob pena de inconstitucionalidade material do respectivo diploma, de que constituem exemplos práticos as hipóteses contempladas no Parecer da Comissão Constitucional n.º 8/79 (*Pareceres da Comissão Constitucional,* vol. 7.º, 1980, págs. 345 e ss.) e nos Acs. do Tribunal Constitucional n.ºs 313/89 (*BMJ,* 385.º-195) e 330/90 (*BMJ,* 401.º-139). O que bem se compreende, além do mais, quando se atente que as condições de

376 *I Congresso Nacional de Direito do Trabalho*

trabalho na função passam, todas elas, pela intermediação legislativa, não restando ao funcionário público de carreira, ou ao funcionário ou agente em exercício, mais do que conformar-se ou "aderir" à lei. A própria génese do vínculo laboral não assenta, sequer, necessariamente numa relação contratual, uma vez que o provimento para lugares dos quadros faz-se, por via de regra, por acto administrativo, ou seja, por acto unilateral, de tal modo que o consentimento do nomeado não é condição de validade do acto constitutivo daquele vínculo, mas apenas da sua eficácia.

Já não é líquido que o princípio da remuneração equitativa, tal como o concebemos, se imponha, ao menos com a mesma intensidade, no âmbito da contratação colectiva, toda ela assente numa *auto- -composição de interesses*, levada a efeito entre, por um lado, os empregadores ou as suas associações representativas, e, por outro, as associações sindicais, assente, toda ela, embora com os limites decorrentes da lei (cf. art. 6.º do DL n.º 519-C1/79, de 29-12), nas regras da autonomia privada e da liberdade negocial.

Na falta de uma tabela nacional de enquadramento das profissões em níveis de qualificação, com carácter vinculativo, está aberta a possibilidade de a mesma profissão ocupar níveis distintos no conjunto das convenções colectivas, sem que essa disparidade, face aos reflexos salariais dela emergentes, possa fundamentar um pedido de declaração de inconstitucionalidade com base em violação do princípio da equidade retributiva — isto para quem entenda que as convenções colectivas caem no âmbito do conceito de "norma" para os efeitos dos arts. 278.º da CRP e 70.º da Lei Orgânica do Tribunal Constitucional —, ou, quando menos, um pedido de declaração de ilegalidade ou de anulação, com o apontado fundamento.

5. Resta agora analisar a questão de saber se os particulares são destinatários directos do **princípio positivo "para trabalho igual, salário igual"**, de tal modo que as regras específicas de igualdade e/ /ou de diferenciação, mesmo sem intermediação de legislação infra- -constitucional que as desenvolva e adapte, se devam considerar imediatamente aplicáveis às relações laborais contratuais estabelecidas entre particulares, conferindo sobretudo ao trabalhador que se considere discriminado o direito subjectivo à reposição da igualdade.

Entendemos que a resposta não pode deixar de ser negativa, quer porque — excepção feita à discriminação em função do sexo — não

Conteúdo e Alcance do Princípio Constitucional 377

foram ainda adoptadas as medidas legislativas necessárias a tornar exequível o referido princípio, quer porque a solução contrária não só contende com o direito de contratação colectiva, como ofende, de forma intolerável, o princípio da autonomia privada e da liberdade negocial, tanto aquele como estes com assento constitucional, quer pelos efeitos perversos que induz.

A aplicação objectiva e rigorosa — digamos, científica — do princípio da igualdade salarial passa pelo prévio estabelecimento, com carácter geral e obrigatório e que abranja as diversas profissões e categorias profissionais, de *um sistema de avaliação de desempenho,* estruturado por forma a permitir a "apreciação sistemática, periódica, estandardizada e qualificada do valor demonstrado por um indivíduo, no seu posto de trabalho, do ponto de vista da organização onde trabalha", a exemplo, aliás, do que sucede quer no âmbito da função pública em geral (vid. Decreto Regulamentar 11.º 44-B/83, de 1-6), quer no âmbito de diversos regimes sectoriais do funcionalismo público ou equiparado, com destaque para o sector educativo (cf. art. 36.º da Lei n.º 46/86, Decr. Reg. n.º 14/92, de 4-7, etc.) e funcionários de justiça (DL n.º 376/87, de 11-12).

Essa avaliação ou notação profissional específica — que alguns instrumentos de regulamentação colectiva de trabalho, designadamente acordos de empresa, já prevêm, embora, por via de regra, sem carácter vinculativo e sem grandes desenvolvimentos — não pode circunscrever-se a uma observação isolada ou meramente ocasional, mas deve, sim, acompanhar o desempenho profissional do trabalhador de forma continuada, utilizando critérios e procedimentos técnicos adequados, cujos resultados, em espaços temporais pré-definidos, serão objecto de notação, por forma a fixar o valor demonstrado pelo trabalhador, seja na perspectiva da *eficácia* (resultados obtidos no desempenho da sua função), seja em termos de *eficiência* (características pessoais e competências evidenciadas no exercício da função).

A avaliação de desempenho, enquanto condicionador de *diferenciação salarial* no âmbito da mesma função e/ou de *progressão* na carreira, passa naturalmente pelo estabelecimento de duas comparações sucessivas: uma, do descritivo da função — categoria profissional — com o desempenho efectivo do trabalhador, por forma a determinar se ele executa todas, ou apenas parte, das tarefas correspondentes à função, ou se executa outras que nada têm a ver com aquela; a segunda comparação a efectuar, será entre o desempenho do trabalhador avaliado

378 *I Congresso Nacional de Direito do Trabalho*

com os desempenhos dos outros trabalhadores que têm tarefas e responsabilidades idênticas.

Na *avaliação do desempenho efectivo,* atender-se-á quer aos aspectos *quantitativos* relevantes (índice de absentismo, trabalho produzido seja ele de natureza material ou intelectual), quer aos *aspectos* qualitativos (v.g., iniciativa, empenhamento no trabalho, criatividade, espírito de colaboração, rapidez de decisão, etc.), aqueles e estes analisados tanto na perspectiva das características pessoais reveladas pelo trabalhador, como na óptica dos comportamentos relacionados directamente com o exercício da função, como na do atingimento dos objectivos (ou resultados) propostos para o seu desempenho. Em suma: para se poder concluir que dois trabalhadores, que exercem a *mesma função,* a desempenham por *forma idêntica,* de tal modo que qualquer *diferenciação salarial* é *discriminatória,* e, como tal, *injustificada,* é indispensável a adopção prévia de um complexo processo de *avaliação de desempenho, cujos* parâmetros ou são definidos por *lei,* com carácter genérico, ou são fixados em sede de *regulamentação colectiva do trabalho,* com âmbito de aplicação correspondente ao respectivo instrumento. E, acima de tudo, pressupõe uma cultura generalizada, que não corresponde, nem de perto nem de longe, ao País real que somos.

Mesmo para quem entenda — ao contrário da interpretação que perfilhamos — que a *igualdade do trabalho* se afere apenas, por imposição da al. *a)* do n.º 1 do art. 59.º da CRP, em função da sua *quantidade, natureza* e *qualidade,* tais requisitos carecem de concretização pela via legislativa, sendo manifestamente insuficientes as explicitações que deles dão GOMES CANOTILHO e VITAL MOREIRA *(ob cit.,* pág. 317), acolhidas repetitivamente pela jurisprudência, quase se diria "sem tirar, nem pôr".

Com efeito, a *quantidade* de trabalho, só por si, não é directamente valorável na generalidade das profissões, mas sobretudo naquelas em que prevalece o trabalho intelectual, nem é susceptível de medição concreta o esforço físico ou intelectual realizado por cada trabalhador; daí que, sobretudo a jurisprudência, a valorem e meçam através do recurso à *duração* da prestação fornecida pelo trabalhador, o que significa, em derradeira análise, que o factor em apreço só permite contrapor trabalho em regime de horário completo/trabalho a tempo parcial, de tal modo que *todos* os trabalhadores que pratiquem o mesmo horário de trabalho são insusceptíveis de diferenciação em termos quantitativos, salva a relevância das faltas injustificadas, e só destas (cf. Acórdão unificador de jurisprudência n.º 16/96 do STJ, acima citado).

Conteúdo e Alcance do Princípio Constitucional 379

Ainda mais inócuo e desprovido de conteúdo real é o apelo simultâneo, feito por alguma doutrina, à *"intensidade"* (do trabalho) como factor a atender na caracterização da "quantidade", sem que se perceba, ou seja explicitada de forma clara na jurisprudência que a invoca, qual a realidade que lhe subjaz.

Aliás, na prática retributiva empresarial, como forma de dissuasão do absentismo e como contrapartida de um elevado empenhamento no exercício da função, são atribuídos *prémios de produtividade*, o que representa uma dificuldade acrescida para a aplicação do critério da quantidade, na correlação "trabalho igual, salário igual".

No que concerne à caracterização do factor *qualidade,* as opiniões são ainda mais divergentes: há quem entenda que ela "deverá ser essencialmente determinada, não tanto pelo resultado económico ou utilidade (do trabalho), ou mesmo pelo seu rendimento ou rentabilidade, quanto sobretudo pela natureza da energia física ou intelectual requerida ao trabalhador e pelo conteúdo técnico-profissional das missões àquele atribuídas" (Parecer da Comissão Constitucional n.º 8179, *ob. cit.,* pág. 360); outros, caracterizam-na pelas "exigências em conhecimentos, prática e capacidade" (GOMES CANOTILHO/VITAL MOREIRA, *ob. e lug.* cits.), ora atribuindo relevância às menores ou maiores habilitações académicas (Acs. do TC n.ᵒˢ 313/89 e 303/90), ora denegando-a (Ac. STJ, de 1.3.1990: *BMJ,* 395.º-395).

Finalmente, a *natureza* do trabalho umas vezes é reportada "à espécie das tarefas a realizar, ao contexto laboral em que elas se desenvolvem, bem como às finalidades do complexo organizatório em que se inscrevem" (cit. Parecer da Com. Const. n.º 8/79), noutras, mais prosaicamente, faz-se apelo à"dificuldade, penosidade e perigosidade" (do trabalho) Acs. STJ, de 5.5.1988, 19.1.1989, 1.3.1990, em *BMJ,* 377.º -368, AD, 328.º-558 e *BMJ,* 395.º-395), numa fiel reprodução de GOMES CANOTILHO/VITAL MOREIRA, *ob cit.,* sem que minguém pareça atentar num facto tão simples, como óbvio: a penosidade e perigosidade do trabalho têm como contrapartida, tanto na função pública como no regime privado, o estabelecimento de remunerações especiais e especí-ficas, ora sob a designação de *subsídio de risco,* de *isolamento ou* de *altitude,* ora sob a forma de *subsídio de turno,* de remuneração por *trabalho nocturno,* ou de outras similares.

Um intérprete minimamente atento e descomprometido não pode deixar de concluir que a aplicação do princípio da igualdade da retribui-ção, como determinante constitucional *positiva* e forma de resolução

380 *I Congresso Nacional de Direito do Trabalho*

de litígios concretos, passa necessariamente pela concretização prévia do que deva entender-se por "quantidade, natureza e qualidade" do trabalho e pelo enunciado dos demais *critérios objectivos* que viabilizem a avaliação do desempenho das funções inerentes às diversas categorias profissionais, quer essa concretização e definição passe por uma intermediação legislativa que estabeleça, ela própria, o respectivo quadro classificativo, quer se limite a incluí-la no objecto, eventualmente obrigatória, da regulamentação colectiva.

Tanto mais que a própria *noção* de *salário ou de retribuição* constitui, hoje em dia, um problema vasto e intrincado, como bem o ilustram as frequentes solicitações dirigidas aos Tribunais com vista a obter a sua determinação qualitativa: a par da chamada *remuneração de base,* há todo um conjunto — cada vez mais extenso e diversificado, sobretudo por influência da contratação colectiva e como forma de minorar a incidência tributária e os encargos sociais — de *prestações* complementares (v.g., diuturnidades, subsídios de risco, de isolamento, de alimentação, de turno, de férias, de Natal, cartões de crédito, quilómetros, uso de viatura, isenção de horário de trabalho, etc., etc.), que, pela variedade tipológica das atribuições patrimoniais, fizeram do salário uma autêntica "selva retributiva", tornando a estrutura do salário fragmentária e quase incontrolável, com a agravante de, nos termos do n.º 3 do art. 82.º da LCT, se presumir, até prova em contrário, "constituir retribuição toda e qualquer prestação da entidade patronal ao trabalhador".

Importa, pois, saber se o princípio da igualdade só funciona em relação à *remuneração de base* ou se abrange "toda e qualquer prestação da entidade patronal ao trabalhador" que, até prova em contrário, se presume constituir retribuição (art. 82.º-3, cit.).

6. No âmbito da discriminação em função do sexo — a mais gritante e enraizada na prática empresarial portuguesa —, tanto o legislador ordinário, como recentemente a Assembleia da República, reconheceram a necessidade da criação de "normas definidoras do enquadramento legal adequado à transposição dos princípios constitucionais (fixados nos arts. 13.º e 59.º-1-a) para a realidade do mundo e do direito laborais e de mecanismos de actuação que viabilizem a aplicação prática de tais normas e princípios", necessidade essa que esteve na base da publicação quer do DL n.º 392/79, de 20-9, posteriormente alterado pelo DL n.º 426/88, de 18-11, quer da Lei n.º 105/97, de 13-9.

Conteúdo e Alcance do Princípio Constitucional

Tal facto, cobrindo a área onde as condições materiais que rodeiam a prestação do trabalho eram a tal ponto discriminatórias que a desigualdade de tratamento em função do sexo constituía a regra, permite concluir, *a fortiori,* que a desigualdade *menor,* traduzida na diferenciação salarial por motivações diferentes da "quantidade, natureza e qualidade" do trabalho prestado, carece, para alicerçar direitos subjectivos à igualação salarial, da prévia definição do enquadramento legal adequado à correlativa transposição daquele princípio constitucional para a realidade do mundo e do direito laborais, na expressão do preâmbulo do DL n.º 392/79.

E a regulamentação que venha, eventualmente, a ser editada não poderá deixar de ter presente o princípio da autonomia privada, também ele com assento constitucional directo (art. 61.º-1 da CRP) e indirecto (vid., quanto a este ponto, JOÃO CAUPERS, *Os Direitos Fundamentais dos Trabalhadores e a Constituição,* 1985, págs. 168 e s.), e que, além disso, como bem salienta J. C. VIEIRA DE ANDRADE, *Os Direitos Fundamentais na Constituição Portuguesa de 1976,* 1987, pág. 296, "o homem não é apenas um ser racional, nem é perfeito, e a ética jurídica não pode pretender que ele o seja. A liberdade do homem individual inclui necessariamente uma margem de arbítrio, também uma *liberdade emocional".*

"Em vez de se pretender — continua o cit. A. —, impor rigidamente a cada indivíduo que, nas relações com os seus semelhantes, os trate com estrita igualdade, fundamentando juridicamente os seus actos e não actuando senão com a certeza de poder justificar a sua atitude com um valor socialmente igual ou maior, deve tolerar-se um certo espaço de espontaneidade e até de arbitrariedade (...). A liberdade tem de prevalecer sobre a igualdade, constitui um limite imanente deste princípio. Contudo, o princípio da igualdade já terá de ser aplicado mesmo entre iguais, enquanto *proibição de discriminações* que atinjam intoleravelmente a dignidade humana dos discriminados, maxime que impliquem uma violação dos seus direitos de personalidade".

Na mesma linha de pensamento, JOÃO CAUPERS, *Os Direitos Fundamentais ...,* cit., pág. 176, salienta que "nem todas as diferenças de tratamento irracionais ou incompreensíveis são, por isso, inconstitucionais. O legislador constituinte não pode ter querido cercear drasticamente um certo *arbítrio emocional* profundamente humano na fraqueza da sua fundamentação".

382 *I Congresso Nacional de Direito do Trabalho*

Esse *arbítrio emocional* é particulannente relevante no momento da contratação de um dado trabalhador, sobretudo quando está em causa o exercício de funções de chefia e/ou de direcção ou de trabalho qualificado, sendo de todo insustentável que a retribuição ajustada possa servir como valor-padrão para uma actualização generalizada de todos os trabalhadores com idêntica categoria profissional.

As regras da experiência e do senso comum não se compadecem com a imposição ao empregador do dever de agir com um tão elevado grau de racionalidade e de objectividade que possa, a todo o momento, convencer um tribunal do bem fundado da sua decisão, sempre que, no início ou no decurso de determinado contrato de trabalho, decide pagar ao trabalhador visado um salário superior ao praticado em relação aos titulares da mesma categoria profissional, seja como forma de o cativar ou fidelizar, seja com o objectivo de o premiar ou incentivar, seja por qualquer outra razão não aparente, sob pena de, não logrando alcançar aquele convencimento, se ver constrangido a igualizar todos os demais pelo padrão remuneratório que criou, na convicção de se tratar de um caso isolado e de excepção.

Levar tão longe o princípio da igualdade salarial — como a jurisprudência maioritária tem feito —, é cercear intoleravelmente a autonomia privada e a liberdade negocial, enquanto valores próprios do direito privado, e é abrir caminho a um efeito "bola de neve", susceptível de conduzir quer à subversão das estruturas de custo das empresas, quer a uma litigiosidade interna, indutora de conflitos e tensões bem mais graves do que os emergentes da não sanação da discriminação retributiva que esteve na sua origem.

Por outro lado, é incontestável e incontestado que as tabelas salariais fixadas nos instrumentos de regulamentação colectiva do trabalho, seja qual for a forma que estes assumam, estabelecem *salários* mínimos, de tal modo que não é válida a fixação, por contrato individual, de retribuições inferiores àquelas, mas é expressamente permitida (art. 14.º-1 do DL n.º 519-C1/79, de 29-12), e socialmente desejável, a prática de "condições mais favoráveis para os trabalhadores" (art. cit.), as quais, uma vez estabelecidas, ficam sujeitas ao regime da inalterabilidade para menos, consignado na al. *c*) do n.º 1 da LCT.

Devido ao seu fundamento — assegurar ao trabalhador uma remuneração suficiente para ocorrer às suas necessidades básicas, que se ficciona variarem em função do respectivo nível de qualificação profissional — tais normas têm natureza imperativa apenas no que

Conteúdo e Alcance do Princípio Constitucional 383

toca aos limites mínimos, mas, na prática da contratação colectiva, não são acompanhadas da fixação de limites máximos, seja da retribuição em geral, seja da retribuição por categoria profissional.

A manter-se a actual tendência da jurisprudência, expressa na forma como tem vindo a aplicar o "princípio de que para trabalho igual salário igual", está aberto o caminho para as entidades patronais fazerem das tabelas salariais *mínimas,* tabelas salariais *máximas,* por ser essa a forma mais segura de evitar litígios laborais, ou, em alternativa, de a empresa se ver compelida, por acção dos *piores* — são estes, por via de regra, que se reclamam de discriminados —, a equipará-los aos *melhores.*

De salientar ainda que a generalização do recurso à via judicial tendente a obter a fixação de uma remuneração "ao melhor", se vier a assumir proporções incontroladas, poderá pôr em causa — numa hipótese extrema, mas dentro da lógica que lhe é imanente — não só as políticas macro-económicas de rendimentos e preços, como acabaria por transferir da contratação colectiva para os tribunais a fixação das tabelas salariais.

Com efeito, os salários assumem, hoje em dia um importante papel em todas as políticas macro-económicas de rendimentos e preços, e influenciam, por essa via, o progresso e o bem-estar social do próprio País. Daí que, na Revisão Constitucional de 1989 tenha sido criado, como "órgão de consulta e concertação no domínio das políticas económica e social", o Conselho Económico e Social, no qual têm assento "representantes do Governo, das organizações representativas dos trabalhadores, das actividades económicas e das famílias, das regiões autónomas e das autarquias locais", cabendo-lhe, como missão nuclear, "participar na elaboração das propostas das grandes opções e dos planos de desenvolvimento económico e social" (art. 92.º da CRP, na versão de 1997, correspondente ao art. 95.º na revisão de 1989), incluindo a promoção do "diálogo e a concertação entre os parceiros sociais" (art. 2.º-1-g, da Lei n.º 108/91, de 17-8) no tocante à política salarial e às demais matérias englobadas genericamente na legislação laboral. É nessa sede que, ano a ano, são definidas as grandes linhas de orientação salarial, as quais, por seu turno, vão influenciar as tabelas constantes de convenções colectivas, sendo esse o lugar próprio para incrementar o princípio da igualdade remuneratória.

7. Antes de finalizarmos, seja-nos permitida uma outra observação: não obstante a verificada falta de cumprimento, por parte do

384 *I Congresso Nacional de Direito do Trabalho*

Estado, da tarefa legislativa destinada a obter as condições materiais e institucionais necessárias à realização, no concreto, do apontado princípio da igualdade salarial, constata-se que os nossos Tribunais não só se têm substituído ao legislador ordinário e têm assumido, em decorrência, uma função de criadores do direito, extravasando do âmbito da judicatura, como, salvo mais esclarecida opinião, têm levado tão longe a *missão* igualisadora salarial, que acabaram, nalguns casos, por subverter regras tão fundamentais do nosso ordenamento jurídico laboral como seja o *princípio da filiação,* enquanto factor determinante do âmbito pessoal de aplicação de um instrumento de regulamentação colectiva de origem contratual. Assim, sob a invocação do questionado princípio massificador da *igualdade de retribuição,* já foi decidido que:

a) se uma entidade patronal paga a diversos trabalhadores determinado salário *em razão de um AE,* deve pagar esse salário, se superior, a todos os titulares da mesma categoria profissional, quer *filiados noutros sindicatos* que não assinaram o AE, quer a trabalhadores não sindicalizados (Ac. STJ, de 26.5.1988: *Col. Jur.,* 1988, 3.º-15; Ac. STJ, de 14.11.1990: *BMJ,* 401.º-368; Ac. STJ, de 17.2.1993: *Acord. Doutrin.* 378.º-709);

b) à empresa que negociar duplamente dois contratos colectivos de trabalho com duas estruturas sindicais, cabe a obrigação de harmonizar a prática salarial com o princípio constitucional de que a trabalho igual corresponde salário igual (Ac. STJ, de 25.9.1996: *Acórd. Doutrin.* 420.º-1485), ou seja, tem *de construir uma terceira tabela salarial ao melhor valor por cada categoria profissional!*

E tudo isto não obstante um A. tão insuspeito como credenciado ter escrito, há anos atrás, que "se haveria de considerar insustentável o eventual entendimento de que, em nome da igualdade de tratamento, ou — de outro ângulo — como expressão de uma prática adoptada na empresa, os benefícios consagrados numa convenção colectiva devessem ser atribuídos também aos trabalhadores não sindicalizados, ou filiados em sindicatos não outorgantes. Não só se verificaria aberta incompatibilidade com a adopção, no nosso ordenamento, do princípio do *membership* como base do critério legal de aplicação das convenções (n.º 1 do art. 7.º da LRCT), mas cairia pela base a justificação do mecanismo de extensão que, sob pressupostos rigorosamente definidos, o art. 29.º

Conteúdo e Alcance do Princípio Constitucional　　　　　　385

da LRCT prevê e regula" (A. Monteiro Fernandes, *Observações sobre o "principio da igualdade de tratamento no Direito do Trabalho, em Estudos em Homenagem ao Prof. Doutor A. Ferrer Correia,* vol. III, 1991, pág. 1029), acrescentando o mesmo A. (pág. cit., nota 30) que "a frequente generalização dos regimes convencionais aos trabalhadores não sindicalizados deriva, como é óbvio, de meras conveniências de gestão das empresas e deve ser encarada como acto unilateral do empregador".

8. Sintetizando toda a linha argumentativa sumariamente desenvolvida, dir-se-á que:

    a) A al. *a)* do n.º 1 do art. 59.º da CRP, interpretada à luz dos critérios fixados nos n.ºˢ 2 e 3 do art. 23.º da DUDH, consoante o impõe o art. 16.º da Lei Fundamental, enuncia três princípios autónomos, embora reciprocamente complementares:

      i) o da *proibição da discriminação* salarial;
      ii) o do direito a uma *remuneração equitativa,* e;
      iii) o do direito à *suficiência da remuneração*;

    b) O inciso "para trabalho igual salário igual" reporta-se ao primeiro princípio e proscreve toda a discriminação, seja ela em função da idade, sexo, raça, cidadania, território de origem, religião, convicções políticas ou ideológicas, ao passo que o estabelecimento da retribuição do trabalho "segundo a quantidade, natureza e qualidade" é atinente ao segundo princípio, o da equidade remuneratória no conjunto das profissões e categorias profissionais.

    c) O destinatário privilegiado da tríplice ordem de princípios é o legislador, ao qual compete transpô-los para a realidade do mundo e do direito laborais e criar os mecanismos de actuação que viabilizem a sua actuação prática, convertendo-os em normas de aplicação directa;

    d) Também os outorgantes de convenções colectivas de trabalho devem conformar a regulamentação laboral que lhes compete produzir com os mencionados princípios;

    e) Na ausência de legislação infraconstitucional e/ou de regulamentação colectiva aplicável que definam as condições materiais e institucionais necessárias à realização, no concreto, da igualdade *positiva* da remuneração, funciona) em relação aos empregadores, o princípio da autonomia privada e o da liberdade negocial, sem que ao trabalhador assista o direito subjectivo a uma dada igualação, salvo os casos-limite de violação dos seus direitos de personalidade.

É manifesto que não procedemos, nem de perto nem de longe, à análise aprofundada da questão que nos propusemos versar, antes nos limitámos a partilhar com V. Ex.ᵃˢ algumas reflexões eminentemente pessoais que foram desencadeadas por situações concretas com que nos defrontámos na via real.

Mas, também aqui, talvez mais importante do que o discurso erudito — que, por certo, ninguém esperaria do mestre, que não somos —, releva o suscitar de dúvidas e o contributo, por mais modesto que seja, para o seu esclarecimento, por forma a que outros, melhor dotados e preparados, se sintam motivados a retomar o tema como objecto de uma investigação séria e descomprometida, que tem tanto de aliciante, como o interesse prático.

Aqui fica, pois, uma vez, o repto.

Bem hajam pela Vossa paciência em nos ouvir.

DISCURSO DE ENCERRAMENTO

Conselheiro Armando Gomes Leandro

Director do Centro de Estudos Judiciários

DISCURSO DE ENCERRAMENTO

Conselheiro ARMANDO GOMES LEANDRO
Director do Centro de Estudos Judiciários

1. Sua Excelência o Mnistro da Justiça, na impossibilidade de participar, como seria seu gosto, na sessão de encerramento desta feliz iniciativa, conferiu-me a elevada honra da sua representação.

Propiciou-me assim o privilégio da minha presença entre V. Ex.^{as}, distintíssimos conferencistas, organizadores e participantes deste importante congresso.

Embora lamentando o empobrecimento resultante da substituição pela minha modesta pessoa, não posso deixar de exprimir o quanto me é grata a oportunidade de, em nome de Sua Excelência, todos saudar com muito respeito e apreço e felicitar V.^{as} Ex.^{as} pela generosidade da iniciativa e da paticipação numa actividade de reflexão qualificada sobre temas do maior interesse ético, cultural, social, económico, político, jurídico e judiciário.

Permita-se-me que o faça também pessoalmente e em nome do Cento de Estudos Judiciários, que dedica o maior interesse a esta área, no domínio da formação de magistrados. Tem como objectivo cooperar, mediante a actividade de formação, para uma aplicação do direito do tabalho o mais adequada possível às realidades da vida, numa postura de conjugação de esforços com os cultores da dogmática jurídica, dos advogados e demais intervenientes judiciários e numa perspectiva responsável de solidariedade interdisciplinar e interinstitucional.

2. Todos conhecemos a enorme importância contemporânea do dieito do trabalho, considerando a extema relevância do seu objecto, do seu conteúdo e das suas implicações.

Na sua primordial dimensão – a subjectiva – o tabalho participa da inalienável dignidade da pessoa humana. É elemento da sua realização pessoal, familiar, comunitária, apresenta-se como mediador importante entre o homem e a natureza, entre cada um e si próprio, entre cada homem e o outro. É, pois, simultaneamente, afirmação da pessoa, do sujeito em acção, e factor relevantíissimo de sociedade.

Não é assim de estranhar a força das interpelações que ao direito do traballao se colocam, sobretudo neste tempo hipercomplexo de tansição civilizacional que nos coube viver.

Tempo de crise, de desemprego, de aporias, de incertezas. Mas também tempo em que se abrem novas perspectivas que, na responsabilidade e na solidariedade, importa perceber e desenvolver em favor da pessoa e da comunidade.

Os desafios mais se acentuam face ao complexo fenómeno da globalização, que foi certamente objecto das vossas reflexões.

Como sabemos, esse fenómeno de globalização traz com ele uma dissociação entre a economia e a cultura, ente o mundo instumental e o mundo simbólico, o que conduz à dessocialização da cultura de massa, que compromete o indispensável trabalho lento de socialização a realizar pela família, a escola e a comunidade.

A cultura de cada sociedade deixa de ser determinante na respectiva organização social e esta perde influência significativa na actividade técnica e económica.

A **globalização** coloca-nos perante riscos totalitários de origem diferente:

- por um lado, o de um **liberalismo sem limites humanistas,** implicando a proliferação de poderes difusos, utilizados por estrategas económicos e financeiros e seus aparelhos, sem ligação afectiva e cultural às diversas comunidades com que interferem;
- por outro lado, por força de momentos menos esclarecidos e generosos de defesa de identidade – em reacção à tendência para a uniformidade que a globalização implica – o risco de um **comunitarismo que isola,** provocando expressões de associativismo, nacionalismo e integralismo agressivos, com apelos à homogeneidade e ao sectarismo, conduzindo à exclusão.

Acresce que a globalização, pela mundialização das mensagens, das técnicas e dos produtos, cria-nos a ilusão que vivemos em conjunto.

Discurso de Encerramento   391

Mas a realidade é diversa e preocupante: **não comunicamos e falta--nos o sentido do outro.** Tudo indica que a globalização não é um fenómeno transitório. Exige, por isso, que se analise e se enfrente.

Apesar dos riscos e problemas que implica, não nos impõe necessariamente um modelo e comporta certamente saídas positivas, continuando a ser-nos possível determinar os próprios termos de um novo contrato social e o grau de comunicação e de solidariedade que desejamos e de que temos absoluta necessidade.

Ponto é que não escamoteemos a realidade e nos situemos face ao fenómeno com a consciência de que passamos rapidamente a uma outra etapa da modernidade e que importa compreender a crise que vivemos e procurar os meios para reforçar a nossa capacidade de gerir a mutação e preparar o futuro.

Não há crises irreversíveis. Como acentua *JOSÉ MATOSO* há que reforçar uma atitude de confiança na vida, capaz de nos permitir conceber a própria crise como um desafio vital, considerando o momento presente como um valor em si mesmo, liberto do peso do passado e livre da obsessão do futuro.

Na busca de caminhos possíveis, várias soluções se perfilam. Mas algumas parecem ultrapassadas e outras inadequadas. Assim:

- O modelo tradicional, com o apelo à consciência colectiva, à vontade geral, à cidadania e à lei, parece já não ser o mais adequado, pois que a ideologia que o suporta, criada para acolher, conduz nas sociedades de hoje, de culturas não homogéneas, a excluir os que não se reclamam dela.
- Um pós-modernismo, com a pretensão de acelerar a ruptura entre a economia e a cultura, implicando o reinado absoluto do mercado, também não parece solução.

Se é verdade que tem atractivos nos domínios próximos da expressão cultural – cria a ilusão de uma libertação resultante do desaparecimento dos controlos sociais sobre a economia – mostra-se inoportuna e injusta quando perspectivada face às realidades sociais. Ao contribuir para o enfraquecimento das normas e dos factores essenciais ao sentimento de pertença, deixa sem defesa os mais frágeis, face à violência, à segregação e ao racismo e impede-nos de estabelecer comunicação autêntica com outros indivíduos e outras culturas.

- E que dizer da concepção, lançada por *HABERMAS,* no sentido da consciência de pertença à sociedade deixar de fundamentar-

-se no sentimento de fazer parte de uma comunidade de destino cultural, para passar a ser o de pertença a uma sociedade política que respeita os princípios de liberdade, de justiça e de tolerância, proclamados e organizados pelas constituições democráticas?

Como reconheceu *HABERMAS,* apesar da grande vantagem da tolerância e do reconhecimento da presença de culturas diferentes e do respeito por estas, tem o inconveniente de todas as soluções minimalistas – protege a coexistência, mas não assegura a comunicação.

Com *ALAIN TOURAINE*[1], parece-nos que, nas aludidas circunstâncias de globalização que caracteriza o nosso tempo, a resposta terá de encontrar-se no projecto de vida de cada um, do **Sujeito como actor,** capaz de transformar as experiências vividas em construção de si próprio. **Sujeito** que reconhece no **Outro** alguém que, como ele, trabalha, à sua maneira, para combinar a memória cultural com um projecto instrumental.

O que supõe a **comunicação** intercultural e o movimento social integrador, próprio de uma sociedade multicultural que é potenciadora de respostas capazes de evitar tanto a fragmentação da vida social em comunidades fechadas e excludentes, como a de uma sociedade de massa, unificada pela sua lógica técnico-comercial e recusando a sociedade cultural.

O que tudo exige **garantias institucionais da liberdade e da responsabilidade do Sujeito e da comunicação entre os Sujeitos.**

Ente essas **garantias institucionais** – que permitirão aos Sujeitos, em democracia, gerir as mutações, conceber e construir novas formas de vida pessoal e colectiva – avulta, sem dúvida, **o de um Direito** que parta da dignidade inviolável do ser humano, da supremacia da Ética, da indisponibilidade dos direitos fundamentais, da consideração adequada do homem concreto e situado, na perspectiva da defesa e promoção dos direitos civis e políticos, concebidos em termos de cidadania activa, da efectivação de direitos sociais, definidos em termos de Justiça e de equidade, e de direitos culturais formulados em termos de identidade e de diferença.

---

[1] *Pourrons-nous Vivre Ensemble?* Fayard, p. 22 e ss.

Discurso de Encerramento 393

Se assim é em geral, V.ᵃˢ Ex.ᵃˢ sabem bem como essas exigências são prementes no que respeita ao direito do tabalho, regulador de uma actividade instrumento de realização pessoal, profissional e comunitária, em liberdade e responsabilidade, do ser humano.

Coloca-nos, no circunstancialismo socio-económico e cultural dos nossos dias, particulares interrogações:

* A referida concepção subjectiva do trabalho exigirá uma rigidez de regulamentação que confira a relação jurídico-laboral uma natureza duradoura, estável e quase vitalícia pelo menos no que respeita à entidade patronal?
* Caso assim seja, como conciliar essa rigidez com a reclamada flexibilidade, derivada da permanente mutação das condições do mercado globalizado?
* Será possível concilir as necessidades da nova flexibilização com a manutenção da ideia de solidariedade e corresponsabilização social do poder económico?
* Estaremos numa encruzilhada sem rumo definido? E estando, como o tornar definível e construtivo?

Perguntas, entre muitas outras, de difícil resposta, e que realçam as especificidades do direito do trabalho e as particulares responsabilidades da doutrina e da jurisprudência neste domínio.

Daqui decorre o relevo da interacção dos cultores da dogmática do direito do trabalho e dos diversos aplicadores desse direito e de uns e de outros com os diversos agentes económicos e sociais. A todos cabe, para além de uma função técnico-científica, uma função axiológica, enquanto mediadores – na comunidade e para a comunidade – da ideia do Direito e dos valores que o iluminam.

Particular realce tem a aplicação jurídica do Direito, no exercício de um poder judicial independente, em harmonia com o sentido histórico e dinâmico do jurídico e a função concretamente determinadora e constitutiva da decisão que explicita o Direito no caso concreto.

Nestas circunstâncias, encontros como este são cada vez mais necessários e úteis.

Não tive o privilégio de a ele assitir, mas ao ler os temas e os nomes dos prestigiados intervenientes e ao ouvir as considerações dos oradores que me precederam nesta sessão, creio firmemente que constitui um passo significativo na busca solidária de caminhos que permitam continuar a dignificação do trabalho como valor fundamental para o ser humano e para o progresso ético, cultural, social e económico da sociedade. Só há desenvolvimento de qualidade na base da qualidade humana e esta não é possível sem tal dignificação.

Este congresso deixará certamente os seus frutos e despertará outras iniciativas de investigação e acção que reforcem a crença de que vale a pena continuar a acreditar que são possíveis mudanças positivas, se não nos deixarmos perder nas malhas estreitas de um realismo estático, sem alma. Vale a pena optar por um realismo dinâmico e criativo, indicador de caminhos e reforçador de esperanças, na linha do que Fernando Pessoa tão bem exprimiu:

«A impressionste realidade das coisas é a minha aprendizagem de todos os dias».

Tarefa difícil? Sem dúvida
Tarefa impossível? Só na concepção poética de Virgílio Ferreira: «O impossível é a medida do homem e a sua vocação».

ÍNDICE

NOTA PRÉVIA	5
Declaração de Abertura dos Trabalhos	11
As razões dum Congresso	13
Conferência de Abertura	17
O Respeito pela Esfera Privada do Trabalhador – *António Menezes Cordeiro*	19

TEMA I

Revigorar o Diálogo Social – *António Monteiro Fernandes*	41
Contratação Colectiva – *Fernando Ribeiro Lopes*	47
Negociações Colectiva, Concertação Social e Intervenção do Estado – *António Garcia Pereira*	67
A Intervenção do Estado na Promoção da Qualidade do Trabalho – *Inácio Mota da Silva*	79

TEMA II

Flexibilidade e Polivalência – *Menéres Pimentel*	95
Polivalência e Mobilidade – *Bernardo da Gama Lobo Xavier*	103
Flexibilidade e Polivalência – *José João Abrantes*	133
Flexibilidade e Polivalência Funcional – *António Vilar*	145

TEMA III

A Justa Causa de Despedimento – *Pedro Romano Martinez*	171
Sobre os Limites do Poder Disciplinar Laboral – *Maria do Rosário Palma Ramalho*	181
O Tempo no Processo Disciplinar – *Maria Manuela Maia da Silva*	199
Sobre o Poder Disciplinar da Entidade Patronal – *Costa Martins*	223

396   *I Congresso Nacional de Direito do Trabalho*

Comunicações de Congressistas 241

Trabalho de Mulheres (Reflexões breves sobre discriminações) – *Neuza Ribeiro* 243
A Concertação Social em Causa (Brevíssimas notas para uma discussão) – *Teresa Moreira* 249
Prazo para Prolacção da Decisão Disciplinar – *João Soares Ribeiro* 255
O Contrato de Reposição – *João Soares Ribeiro* 263
A Quebra de Confiança como Critério de Concretização da Justa Causa de Despedimento – *Isabel Ribeiro Parreira* 271
Grupos de Empresas e Relações Laborais (Breve introdução ao tema) – *Abel Ferreira* 281

TEMA IV

Igualdade, Precariedade e Estabilidade nas Relações Laborais. O Trabalho das Mulheres – *Maria do Céu da Cunha Rego* ... 293
Igualdade, Precariedade e Estabilidade nas Relações Laborais. O Trabalho das Mulheres – *Manuela Campino* 303
Algumas Reflexões sobre o Ónus da Prova em Matéria de Paridade de Tratamento Retributivo ("a Trabalho igual Salário igual) – *Júlio Gomes* 311
A Precaridade do Emprego – uma Interpelação ao Direito do Trabalho – *Maria Regina Gomes Redinha* 325
A Estabilidade da Relação Laboral – *Vitor Ferraz* 345

Sessão Solene de Encerramento 365

Conferência de Encerramento 367
Conteúdo e Alcance do Princípio Constitucional "para Trabalho Igual Salário Igual – *Abílio Neto* 369
Discurso de Encerramento – *Armando Gomes Leandro* 387